All About **Pull Production**

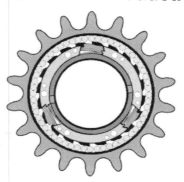

# 拉动生产

### 看板、CONWIP 和精益生产中其他 拉动系统的设计、实施和维护

［德］克里斯托夫·罗瑟（Christoph Roser） 著

谢烜 华涛杰 译

约翰·舒克（John Shook） 作序推荐

机械工业出版社

通过探索众多的方式方法，作者克里斯托夫·罗瑟将引领你去重新思考你的战略，重新考虑你的供应系统需要达成什么和为什么。你如何能让每件物品在正确的时间出现在正确的地点？如何让一个扩展价值流中的数千人和工序在正确的时间做正确的工作？供应系统的设计者有解决不完的问题，也有用之不尽的解决方法。向拉动转变是一项技术挑战，但它也需要从根本上转变供应链专业人员和首席执行官的思维方式。本书为你提供了面向 21 世纪快速发展的复杂性而创建供应系统的方法，并且不受任何地方和任何行业的限制。

Original title: All About Pull Production
Author: Christoph Roser
Translators: Xie Xuan and Hua Taojie
Copyright © Christoph Roser 2021
Original edition published by AllAboutLean.com Publishing, Offenbach, Germany.
Simplified Chinese translation rights arranged through Xie Xuan
This edition is authorized for sale in the Chinese mainland (excluding Hong Kong SAR, Macao SAR and Taiwan).

北京市版权局著作权合同登记　图字：01-2023-4914 号。

**图书在版编目（CIP）数据**

拉动生产 / （德）克里斯托夫·罗瑟
（Christoph Roser）著；谢烜，华涛杰译. -- 北京：
机械工业出版社，2024. 10. -- ISBN 978-7-111-76551
-6

Ⅰ. F272

中国国家版本馆 CIP 数据核字第 2024EU2448 号

机械工业出版社（北京市百万庄大街 22 号　邮政编码 100037）
策划编辑：李万宇　　　　　责任编辑：李万宇　李含杨
责任校对：张爱妮　李小宝　封面设计：马精明
责任印制：李　昂
河北环京美印刷有限公司印刷
2024 年 11 月第 1 版第 1 次印刷
160mm×230mm · 22 印张 · 2 插页 · 390 千字
标准书号：ISBN 978-7-111-76551-6
定价：89.00 元

电话服务　　　　　　　　　　网络服务
客服电话：010- 88361066　　机 工 官 网：www. cmpbook. com
　　　　　010- 88379833　　机 工 官 博：weibo. com/cmp1952
　　　　　010- 68326294　　金 书 网：www. golden- book. com
**封底无防伪标均为盗版**　　机工教育服务网：www. cmpedu. com

情人节在 *Haymarket* 咖啡屋首次约会。

# 法律声明

　　这本书是经过精心准备的，付出了很多努力。我相信内容是正确的，建议是合理的。正如任何工作一样，可能会有错误和失误，我希望只有些许。由于不同的生产系统，甚至其他非生产系统种类繁多，我不得不做出概括和假设，这些概括和假设可能并不适用于所有可能的系统。我基于我的经验撰写本书，对其内容不做任何推介或保证。我对错误、不准确、遗漏或任何其他不一致的地方不承担任何责任。因此，我在此声明，对于错误或遗漏造成的任何损失、损害或破坏，我**不承担任何责任**，无论这种错误或遗漏是由疏忽、意外还是任何其他原因造成的。请不要起诉我。

# 对《拉动生产》的赞誉

在本书中，你会发现许多能帮助你重新配置供应链运营的技巧和工具。但更重要的是，通过探索众多的手段和方法，本书将促使你重新思考你的战略，重新思考你的供应系统需要达成的目标以及背后的原因。这本书会提供给你，为了应对 21 世纪迅速演变的复杂性，在任何地方及任何行业所需要的创建供应系统的方法。

John Shook
全球精益联盟主席

罗瑟教授是一切有关精益知识的可靠来源。他撰写了一本对拉动生产全面介绍的权威作品。强烈推荐给任何有兴趣了解丰田拉动原则核心的人。

Torbjørn Netland 博士
苏黎世联邦理工学院生产与运营管理教授

这本书以出色的方式很好地解释了拉动生产。它彻底地揭开了拉动的神秘面纱。毫无疑问，这本书将成为初学者和经验丰富的从业者的首选指南。

Cheong Tsang
博世工厂厂长（已退休）

罗瑟教授是一位在生产管理系统的教学和研究方面不可替代的专业人士。他既有作为研究者的杰出学术才能，又有作为实践者和顾问的丰富技术能力。他在欧洲和日本都有长期的经验和丰富的知识。读者一定会从他这本关于拉动生产的书中获得很多有价值的见解和新想法。

Masaru Nakano 博士
庆应大学教授，前丰田公司经理

这是迄今为止对拉动最深入的讨论。它的全面性令人惊讶，包括注意事项、常见错误和各种拉动系统的适用性。我确信，它将成为关于拉动系统的那本标准的参考书。

John Bicheno 博士

白金汉大学精益企业荣誉退休教授

根据精益原则"能流动的地方建立流动，不能流动则建立拉动"，克里斯托夫·罗瑟以全面和以实践为导向的方式介绍了基于拉动原则的生产控制方法。这本书值得每个处理不均衡（即价值流中的变异）的人阅读，我对学生和行业从业者也推荐。

Jochen Deuse 博士

多特蒙德大学教授，生产系统研究所所长

悉尼科技大学先进制造中心主任

本书在拉动系统的应用方面提供了结构清晰、深入浅出的见解，包括从看板到鲜为人知但功能强大的替代方案等。本书对于学生和行业从业者，从精益专家到生产经理，都是一个有价值的资源。

Ralph Richter 博士

前博世生产系统负责人

博世工厂厂长

在这本经过深入研究和深思熟虑的书中，罗瑟教授超越了对拉动的简单解释，以极简的方式揭示了拉动生产。这本书提供了有说服力的案例，是拉动生产可靠的参考指南。

Peter Willats

白金汉大学教授

欧洲 Kaizen 研究所联合创始人

这本书的范围非常全面，任何考虑采用拉动系统的人都应该读一读，以便做出正确的选择。很多人只知道看板系统，并把它作为必选项。这本书让从业者可以根据自己的需要来选择。

Mark Warren

制造工程师和制造史学家、学者

你（罗瑟）写入这本书中的内容令人惊叹——这可能会在适当的时候成

为你的代表作！它将成为从业者和学术界的一个重要参考资料。

Rajan Suri 博士

工业工程名誉教授

威斯康星大学麦迪逊分校，波尔卡（POLCA）的发明者

这本书是理解和使用拉动生产的出色资料。它的信息量很大，而且是以非常优雅和令人愉快的个人风格写成的，有出色的反思和阐述。

Björn Johansson 博士

瑞典查尔姆斯理工大学，可持续生产教授

# 译者序一

2021 年 5 月,一看到罗瑟教授的网站上贴出了这本拉动系统英文书籍的介绍,我和谢烜就兴奋地联系他,说要帮忙翻译成中文版本,推介给拥有世界上最多读者的中国市场。大家一拍即合!可惜因为疫情和工作,花费了 2 年多时间,才准备好将本书的中文版本出版。但我一直坚信,一个制造大国,非常需要这样一本对制造管理中的方法和工具进行系统性总结的书籍。我国如此庞大的市场和工业体量,不缺实践的机会,但缺少专业的学者对制造管理系统理论和实践的总结。大型企业面临全球化的竞争,小微企业苦于人才缺失和成本压力,都需要这类书籍的帮助,以期使不同类型的企业在管理上都能再进一步。

这本书详细介绍了拉动系统的概念,各种拉动系统的设定和计算,以及适用范围和执行的实践经验。通过易混淆和易错概念的比较和澄清,非常精心而系统性地总结了制造业中各种拉动系统的相关应用,相信会让很多熟悉一到两个相关应用的同行茅塞顿开、融会贯通。

推介本书的另一个出发点,就是想以本书为例,告诫制造业辛苦的实业家和工程师同仁们,应在理解"精益"工具(如拉动系统)背后的原理和实践细节后,再决定如何做好企业自己的数字化。中国制造业数字化、智能化的决心和速度毫不令人担心,令人担心的是许多企业在不知所以然的时候,将流程工具的数字化和智能化完全交给了咨询公司,这是十分危险的实践。

罗瑟教授苦口婆心而又接地气的西方语言给翻译工作带来了不少困难,经过商议,我和谢烜在有些地方做了额外阐释,有些地方根据中文习惯做了简化和改写,但仍然希望读者给我们更多反馈,让书中的内容对中国读者更为友好、易读。

译者希望以本书抛砖引玉,帮助相关从业人员掌握精益知识,提高制造业的系统管理水平,也为中国制造贡献绵薄之力。

华涛杰

2024 年于江苏无锡

# 译者序二

　　早在十年前，罗瑟教授就通过他自己的网站 AllAboutLean.com 无私地分享他的研究和实践，带领读者了解行业发展趋势，介绍一些标杆企业在精益和工业 4.0 方向上的实践和探索。他的许多文章一针见血地指出了制造业持续遇到的问题和困惑，也揭开了很多"皇帝的新衣"，接地气地探讨问题背后的原因。

　　我国经历过精益变革，余热尚在，新一轮的数字化、智能化转型也在快速席卷蓬勃发展的制造业。这些全球竞争对我国制造业来说是挑战，但更多的是机遇。面对这些机遇，如果能有更系统的理论基础、先行者的经验，我国制造业可以少走很多弯路，站在巨人们的肩膀上我们总能看得更远。因此，我和罗瑟教授商量，希望能把他的经验分享给更有需求的中国市场，我国的企业更容易接受新的理念、更快的迭代，能给出更多的反馈，会有更多的思想碰撞。他毫不犹豫地接受了建议，并一直强调他建网站的初衷并不是以营利为目的，而是想让有兴趣的读者可以读到他的文章。AllAboutLean.com 的中文网站应运而生，微信公众号也随之推出。

　　《拉动生产》是罗瑟教授的第三本书，在我和华涛杰准备该书的中文版本之际，它已经被翻译成 7 国语言并在多个国家发行，同时也斩获"新乡"出版奖。本书在系统性地剖析拉动生产的同时，不断地引导读者深入地了解自己的生产系统，理清自己的价值流，理解精益概念背后的思想。拉动只是方法和手段，并不是生搬硬套的公式，在实施之前总是需要问清自己，企业的愿景是什么、想要去哪、想解决的核心问题是什么，精益理论可以避免企业走错路，但并不是解决问题的唯一出路。这个解决问题的过程因行业而异、因价值流而异、因每个企业的成熟度而异，这也是企业中每位员工发挥想象力、创造力的过程，是企业和个人成长的过程，是塑造企业文化的过程。

　　数字化、智能化的转型遵循着与精益转型相同的模式，落实精益理念，可以为新的转型奠定坚实的基础，转型效率也能事半功倍。

正如罗瑟教授一直期望的，希望自己的网站和著作能启发大家，能够重新激发对所在行业的思考，能够促使大家走出办公室，走进现场，组织好自己的行业！我和华涛杰也希望通过微信公众号获得您直接的反馈和建议，更好地帮助到我国的从业者。

谢炬

2024 年于德国萨尔州洪堡

扫描二维码关注 AllAboutLeanCom 公众号

# 序
## ——全球精益联盟主席约翰·舒克

克里斯托夫·罗瑟写了一本及时且重要的书。每个行业的全球供应链都在断裂，这一事实并不新鲜，当我在2021年写下这篇序时，情况甚至比之前更糟糕。新情况不是供应链断裂了，而是现在每个人都知道供应链断裂这个事实。同样并非新情况的是，可以极大地改善供应链断裂的方法反而因为些许不足而被指责，这个方法就是丰田公司在半个多世纪前设计的拉动系统，被众人称之为准时生产。

### 拉动

什么是拉动系统？我不会试图在这里总结作者罗瑟花了一整本书来详细解释的概念，请做好准备，你将需要付出一些精力来准确理解书中详细介绍的各种方法。在这里，我只是粗略讲一下背景信息。

Wallace J. Hopp 和 Mark L. Spearman 对拉动提出了明确的学术定义，他们在2004年发表的一篇有影响力的论文[1]中声称，拉动系统的决定性特征是存在库存限额控制："拉动生产系统是一个明确限制在制品数量的系统"。

这种简单而不确切的定义已经造成了很多危害。由于拉动是在丰田公司通过实践发展起来的，当时还没有机会接触到汽车供应商，因此是需要创新的，当时"拉动"的出发点与这个定义是完全不同的。事实上，库存甚至不是他们试图解决的主要问题（今天也不是）。要解决的关键供应链（或者，正如精益思想家们更喜欢称之为价值流）问题是，让供应链上的每一个点在任何特定时刻都能准确地知道要生产什么和需要移动什么。这确实需要解决库存问题，而库存会引出许多其他相关问题（包括库存持有成本等），由此导致专家、学

---

1  Wallace J. Hopp and Mark L. Spearman, *To Pull or Not to Pull: What Is the Question?*, Manufacturing & Service Operations Management 6, no. 2 April 1, 2004: 133-48.

者甚至从业人员都倾向于关注成堆的我们称之为库存的东西，而不去进一步了解更深层次的原因。这堆库存它就在那里，持续增多，挡住了我们的视线。

拉动系统从一个非常不同的角度来处理供应链的设计问题。我们如何组织所有的工作、所有的物料和所有的时间，使其在一条长长的供应链中尽可能有效和高效地运作？我们怎样才能让每一步在需要的时候准确地生产出下一步所需要的东西，并仅提供所需的数量？自上而下的计划过程，在大型供应系统中通知每一步何时应当生产什么，是否是最好的方式？如果一切按上述计划进行，这样的方法可能会奏效。但可惜的是，现实世界往往事与愿违：事情会出错、机器会停止运转、货车会抛锚、人类会犯错，而且无论如何，在今天的世界里，客户往往在最后一刻才做出决定，人们频繁地改变他们的想法。那么，当供应链的起点离客户有半个地球和半年的距离时，我们如何才能驾驭所有这些复杂性？

这些都是拉动系统从一系列非常规的假设中要解决的问题。可以肯定的是，最低库存是可取的，但设定库存限额绝不是决定性特征。需要的库存量是为解决另一个问题而采取的行动和决策的一个结果——如何确保需要的东西在需要的时候出现在需要的地方？

丰田很早就发现，除了设计、制造和营销产品这些显而易见的问题，汽车行业还存在着许多极其复杂的问题，如员工需要雇用和培训，零件和物料需要采购，产品需要销售和服务，还要应对监管问题。同时，还有一个棘手的问题任务，即如何管理汽车中的数千个零件和物料。尽管听起来很直白简单，但这项任务的困难度可以和将这些物料转化为产品一样相提并论。

丰田汽车公司的创始人丰田喜一郎在20世纪30年代前往英国执行考察调研任务时提出了"Just In Time"这个奇怪的名字及概念。他错过了一次火车转车，给他上了一堂永远不会忘记及时性价值的课，并激发他有了一个人应该永远"Just In Time"到达需要的地方这个想法。当时他的公司正在摸索如何制造他设计的汽车，工厂也正面临着零件和物料短缺的问题。作为一家初创公司，这家羽翼未丰的公司没有资金购买大量库存。答案是每天准时运来制造组装所需要的零件和物料。

十年后，喜一郎的机械车间经理大野耐一开始在工厂车间试验简单的拉动系统。他发现，下游工序的工人经常没有他们工作所需的物料，而上游工序却忙于生产不需要的东西。他决定扭转信息流的方向，来指挥每个操作要生产什么和移动什么。（正如罗瑟所解释的，大野并不是第一个通过"拉动"来解决这个问题的人，但他是第一个想出了一套系统方法使拉动可持续运转的人）

最后，两条简单的规则被普遍接受：永远不要生产或移动太多，或者太少。

确实很简单，但要在现实世界中实现这些简单的规则，需要把事情颠倒过来：拉动，不要推动。从连接各个工序开始，尽可能地使生产流动起来。在增值步骤间的流动不可能的时候，通过某种机制（如看板）将不同的工序连接起来，使下游工序能够在需要的时候从上游工序中获取需要的东西。简单且绝妙！

但简单并不意味着容易，绝妙同样也不一定意味着容易理解。

我第一次接触到丰田的拉动系统是在 1984 年上半年，在丰田的高冈装配厂的冲压车间。当时，丰田正在为 NUMMI（新联合汽车制造股份有限公司）的运营做准备，NUMMI 是丰田与通用汽车在加州弗里蒙特的合资企业。我的惊喜时刻——"哦，这就是 JIT 的含义！"——发生在我的工厂培训之后，而不是在培训期间，当时我应该要学习的是所有关于丰田生产系统（TPS）的知识。

虽然我当时对整个过程还很陌生，但我已经在向大多数来自通用汽车公司的来访者解释 TPS 了。尽管我已经学到了足够解释看板和"拉动与推动"的知识，但我并没有真正理解它。然后有一天，当我被逼无奈去解释什么是真正的拉动以及为什么它如此重要时，我对来自通用汽车公司的一位生产经理感到很沮丧，因为他对我同样也感到很沮丧。

一位有着几十年经验的务实中层管理者向我施压："我不明白。那又怎样？我听到了你说的话，但我不认为有什么大不了的。我为什么要关心拉动而不是推动的问题？我看不出有什么好处。"我和他一样感到沮丧，恼火的是他无法理解对其他人来说似乎已经足够的相同的解释。我们的挫败感随着互相的尴尬而上升。我记得我的脸涨得通红，因为我意识到我不能很好地解释它，因为我自己也不知道有什么大不了的。我了解工厂车间所做的基本情况，在某种程度上我也理解从抽象上来说什么是拉动，以及它是如何的不同寻常，但我不知道如何把这些点联系起来，也还没有完全掌握 JIT 和拉动的革命性之处。

我想，我的挫败首先是对我的客人，然后逐步而持续地对我自己，这是后来引导我顿悟也是带我走向惊喜时刻的火花。我终于在一瞬间被整个供应链中这些看似无休无止地重复着的快速补货循环的力量所震撼。我们观察到的物料流和信息流的小循环是分形的（分形指每个部分是整体缩小后的形状，有自相似性的特征）。我们在一条大型冲压生产线的末端看到的是整个供应链上下游都在进行着类似的场景：冲压好的钢材每隔几分钟就被运到位于不远处的存储区，该存储区以类似的方式连接到后面的工序（车身焊接车间）。第二天，我们访问了一些通过看板与装配厂相连的外部供应商：看板在两个工厂之间以每天八次的频率循环。这是一个具有反馈回路、自我纠正的系统，确实是革命性的。

在几个月内，NUMMI 开始运行，丰田以外的世界首次近距离地观察到了一个成功运转的拉动系统。然而，观察者在表面上看到的——如低库存，只是一种结果。看起来为执行这个系统而付出的幕后的工作是简单的，其实它是一种欺骗性的简单。丰田为此建立了一个完整的部门，对其供应链系统设计和运营的每一个方面进行创新。时至今日，它依然是为数不多的（尤其是在汽车行业之外）愿意投资开发成功转型为简单拉动系统所需组织能力的一个公司。（丰田认为，从推动到拉动的转换是其准时生产系统更高层次运作的一个决定性特征。准时生产是丰田生产系统的一个主要组成部分，但拉动只是准时生产的一个部分，其他部分还包括关于客户节拍，以及创造实施连续流的概念和实践）

### 误解、谬论、困惑和伤害

确实不幸的是，供应链的失败常常归咎于那些解决供应链问题最可行的办法。学者们（如上面提到的那些）没法垄断这些误解的传播，即使是最受推崇的期刊也会时不时地发表文章，将供应危机归咎于准时生产或精益生产。9·11 事件后、2008 年 9 月金融危机期间或新冠病毒大流行期间的货物短缺，无一例外地引出了一些谬论，如 2020 年底《华尔街日报》的这篇头条文章：

为什么纸巾还是不够？这要归咎于精益生产。几十年来不遗余力地通过保持低库存来获取更多利润，使许多制造商在新冠病毒到来时毫无准备，而且产量不太可能在短期内大幅增长。[2]

2021 年初，全球供应链的危机涉及半导体行业和地缘政治，面临着可能比卫生纸更具挑战的事务。过去三十年中国追求的低价策略正在转变。变化的钟摆再次开启。经历所有这些改变后，更好的方法会出现。

### 前行之路

回到克里斯托夫·罗瑟这本及时出版的《拉动生产》，这不是一本普通读者可以在社交媒体上读到的 1500 字的简短精华，本书中的内容将需要亲爱的

---

2  Sharon Terlep and Annie Gasparro, *Why Are There Still Not Enough Paper Towels ?*, *Wall Street Journal*, August 21, 2020, sec. US, https://www.wsj.com/articles/why-arent-there-enough-paper-towels-11598020793.

读者花费一些精力。

克里斯托夫·罗瑟花了几十年时间从多个维度研究精益思想和实践。作为日本名古屋丰田中央研究院的一名研究员，他可以直接获取实践知识，以及对丰田使命至关重要的——如何学习的过程。从那之后，他又继续在麦肯锡咨询公司和博世集团多个部门的工作中继续学习。罗瑟的探索通过他在德国卡尔斯鲁厄应用科技大学所做的研究，以及作为生产管理学教授的教学仍在继续。除了本书，还有很多机会从罗瑟的专业知识中获益，如通过他50多篇学术期刊文章、博客 AllAboutLean.com 上的数百篇帖子和他的 *Faster，Better，Cheaper in the History of Manufacturing* 一书。

在本书中，你会发现许多能帮助你重新配置供应链的运作技巧和方法。但更重要的是，通过探索众多的方式方法，作者罗瑟将引领你去重新思考你的战略，重新考虑你的供应系统需要达成什么和为什么。你如何能让每件物品在正确的时间出现在正确的地点？如何让一个扩展价值流中的数千人和工序在正确的时间做正确的工作？供应系统的设计者有解决不完的问题，也有用之不尽的解决方法。向拉动转变是一项技术挑战，但它也需要从根本上转变供应链专业人员和首席执行官的思维方式。本书为你提供了面向21世纪快速发展的复杂性而创建供应系统的方法，并且不受任何地方和任何行业的限制。

约翰·舒克（John Shook）
全球精益联盟主席
美国密歇根州安娜堡市

# 致谢

　　终于完成了！这是我第一本聚焦精益生产的书。近三年的写作和编辑，图片创建、封面设计，以及为了向你呈现你面前的这部作品所需要的其他许多工作，甚至还没包括近十年来对本书也有贡献的博文写作，尽管所有的博文都经过了大幅度的返工和修改。我真心希望本书能对你的工作有所帮助。

　　没有其他人的帮助，我不可能写出这本书。我特别要感谢所有提供宝贵意见并使本书变得更好的人。按字母顺序，他们是 Michel Baudin，John Bicheno，Karl Ludwig Blocher，Jochen Deuse，Björn Johansson，David Lenze，Masaru Nakano，Torbjørn Netland，Ralph Richter，John Shook，Ambika Sriramakrishna，Rajan Suri，Matthias Thürer，Cheong Tsang，Mark Warren 和 Peter Willats。

　　特别感谢约翰·舒克（John Shook），除了给我的手稿提供反馈，还撰写了序言。

　　我还要感谢我的文字校对和文字编辑 Christy Distler。英语拼写和语法不是我的强项，而她对此项工作全力以赴。也非常感谢 Iryna Makarevych 在封面设计和内文版式方面的帮助。

　　大多数图片是我自己的，偶尔也会使用别人的图片。其中，一些属于公版领域或在知识共享许可协议之下，另一些是我购买的版权。非常感谢这些图片的创作者。由于我是知识共享许可协议的忠实粉丝和支持者，我想特别感谢那些免费或在知识共享许可协议下提供的图片。其他作者的图片清单在本书末尾的"图片来源"部分。

　　通常情况下，这本书会在我去世（我希望我离它还很遥远）七十年后进入公版领域。然而，我发现这个期限过长，我认为出版后三十年更为合适。因此，我将在 2052 年 1 月 1 日，但不会更早，根据知识共享署名共享 4.0 国际许可证（CC-BY-SA 4.0）授权这部作品，有关此许可证的详细信息可以在 https：//creativecommons.org/licenses/by-sa/4.0/ 上找到。这只适用于当前这个版本，而不适用于未来的更新版本，尽管它们可能有类似的条件。

顺便说一下，如果你想知道封面上的球轴承……我对封面的外观想了很多。一开始，我设计了一个看板图，但确实不好看。然而，球轴承是拉动或看板的一个很好的说明，球在一个循环中转来转去，就像拉动系统中的看板。三个球轴承代表了一系列的看板循环。因此，我相信封面上这三个球轴承是对拉动系统一个极好的说明。

最重要的是，我真诚地希望这本《拉动生产》能够帮助你提高系统性能，提高公司的竞争力和利润率。

# 目录

# 第 1 章

# 简 介

　　**拉动对建立流动和限制库存来说是一种出色的工具**。除了极少数的例外，所有的生产系统都会从拉动中受益，拉动是精益生产的一个基石。

　　这本关于拉动生产的书是**为从业者而写的**。重点关注**拉动系统在现实世界中的实际应用**。不过，在我们开始讨论拉动系统的真正细节之前，这里有一些关于本书的适用对象，以及应该在什么时候使用拉动的建议。我也会给你一些阅读本书的指导，以及回顾一些关于拉动系统的历史。

　　在这本书中，我详细介绍了**各种拉动系统的选择、计算、实施和维护**。本书基于我在现场实施和使用拉动的实战经验，同时也基于解释拉动背后原理的学术研究。再次强调，本书的首要目的是帮助工厂里那些相关的从业者。

## 1.1　本书是为谁而写的

　　本书是一本为任何一个希望实施拉动系统的人提供的实用指南。它并不是要去解释精益生产的方方面面，而是坚定地聚焦于**拉动**。我发觉要把精益生产的所有内容装进一本书是很难的。毕竟，要把关于拉动生产的一切装进一本书里就已经够困难了。

　　本书十分侧重于实际应用。它把功能看得比理论更重要，尽管我指出了它们背后的关系。这不是一本关于精益的高深理论讨论的书，而是一本帮助你

"撸起袖子加油把活干完"的书。它是**为从业者而写的**，特别是那些没有精益部门支持的**中小型企业人员**。如果你是一家中小型公司的负责人（或负责其中某个部门），并想实施拉动，那么这本书就是为你准备的。它也可用于**大型企业**。当然，它也为精益生产的学生和研究人员提供了有益的参考。

它可以为任何制造业相关人士提供指南。它可以帮助负责制造的人和其他职能部门的人，从主管到中层管理人员，一直到首席运营官和首席执行官。它对支持制造或其他系统的人也有帮助，这可能包括像负责设计、维护和规划这种系统的人，即维护、生产计划、生产线布局和生产线设计、工业工程等方面的员工。更广泛地说，它可以帮助**任何一种可以使用拉动的系统**，包括医疗、**服务、行政、军事、政府、银行和许多其他领域**。

由于工业界的人士一直处于时间的压力之下，我在设计这本书的结构时考虑了**选择性阅读**。虽然我很想让你从头到尾读完这本书，但我完全理解**如果你只是需要一个快速解决问题的方法**！因此，我试图指出哪种类型的拉动系统对你有用，并对本书进行了结构化设计，允许跳到你最有兴趣的部分。出于同样的原因，我在使用这些变量的公式附近列出了一个变量清单，即使我之前已经解释过这些变量。变量的完整清单可以在附录中找到。目录有相当多的层次，多到超过了一般的审美愉悦度，但这也有助于你快速找到你需要的东西。文中**的黑体字突出了关键点**，帮助你扫读本书，寻找你感兴趣的部分。

理想情况下，最好是在你实施拉动系统之前阅读本书。当然，如果你已经有了一个现有的拉动系统，并且想要改进或维护它，它也可以帮到你。总的来说，本书的目标是帮助你**走出去，组织你的行业**！

## 1.2　你什么时候需要拉动

拉动生产是精益生产改善过程的一部分。**精益应该总是从某个问题开始**，然后从那里开始寻求解决方案。如果是自上而下地决定需要建立拉动，然后再寻找与之匹配的问题，那么这是种错误的做法。**如果在所有工具中你只拥有一把锤子，那么其他的都会看起来像一根钉子。**

因此，第一步是弄清楚**你想要解决什么问题**。通常情况下，答案是只有三类问题：成本、质量和交付时间。不过，这些是任何一个生产系统都会遇到的问题（假设操作人员的安全得到了保证，法规监管部门也没有上门来找你）。试着缩小范围：这些问题中的哪个问题及在哪里与你最相关。

拉动是一种帮助你稳定和控制物料流的常用解决方案，可以帮助你**改善提**

前期，从而**缩短交货时间**，提高交付能力。

拉动也有助于**降低成本**。然而，有许多方法可以降低成本，包括设计变更、工艺优化和减少浪费。如果成本是你最大的问题，拉动是一个可能的答案，但不是唯一的，也不一定是最好的。不过，拉动可以**减少库存**，这可以带来很多好处，包括降低成本。

实施拉动也是**培养员工建立精益能力**的一种方式。这也有助于**建立对精益的信任**。通过建立一个拉动系统，操作人员会熟悉精益的基本原则，这有助于向持续改进和精益文化的转变。如果能力建设和信任建设是你的目标，那么建立一个拉动系统的成功率会很高。一开始就用不熟悉拉动概念的团队来处理最棘手的生产系统可能会导致失败，从而导致团队对精益的不信任。

但还是那句话，**从识别具体问题开始，然后从那里按照你的方式向前推进**。

## 1.3 如何阅读本书

拉动是精益生产的关键概念之一。虽然它并非起源于丰田，但丰田的生产系统使整个"拉动"和"看板（Kanban）"闻名于世。它帮助丰田公司成长并成为世界上最大的汽车制造商。本书主要针对生产，但拉动也可用于许多其他领域，如服务、医疗、呼叫中心、零售、物流、行政、研发、建筑等。

拉动的概念常常被误解，它常常被定义为信息流的流向，而实际上，它是**库存限制与一个库存补充系统的组合**。每当一个零件离开系统，就会有一个替代品被生产或运输。每当一项工作完成，下一项工作就会被释放出来进行生产。因此，拉动将防止系统过载。关于这一点，你可以在第 2 章中找到更多信息。

这本书可以从头到尾阅读，但也可以有选择地阅读。最著名的拉动生产的类型是看板，但其他的还有很多。如果你生产定制产品或小批量产品，你还应该阅读恒定在制品（constant work in process，CONWIP）的相关章节，但如果你只涉及按库存生产（make-to-stock），你可以跳过恒定在制品。如果你只有流水线生产，你可能对波尔卡（paired-cell overlapping loops of cards with authorization，POLCA，直译为以授权卡片为前提的配对重叠循环）法不感兴趣。本书的目的是给你提供纯理论以外的实用建议，帮助你决定哪种拉动系统适合你，以及如何设置和维护它。第 3 章对拉动生产的不同方法进行了比较，它会指导你选择最适合你的拉动系统。针对你的情况，你应该使用哪一种？哪些可以和其他方法组合起来？如图 1 所示，第 3 章能帮助你决定哪种拉动系统与你最相关。

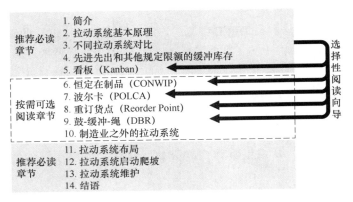

图 1：章节概览

第 4 章介绍了先进先出（FIFO）及其类型，第 5 章介绍了重要的看板系统。无论你选择哪种拉动系统，都应该阅读第 2 章到第 5 章，因为它们包括了很多基础知识，这也对理解其他拉动方法有帮助。第 6 章到第 10 可以根据你的兴趣有选择性地阅读。第 6 章介绍了适用于按订单生产的恒定在制品系统，第 7 章介绍了适用于异序作业的波尔卡法。第 8 章介绍了非常适合采购的重订货点法，第 9 章描述了深受约束理论爱好者欢迎的鼓-缓冲-绳（DBR）系统。

第 10 章探讨了传统制造业和物流业以外的拉动系统。包括医疗、项目管理、研发、行政和建筑。这一章并不打算对这些主题进行深入探讨，而是给你一些关于制造业之外拉动系统适用性的启发。

第 11 章更详细地介绍了拉动系统的布局，并帮助你决定在哪里进行拉动循环。第 12 章描述了拉动生产系统如何启动爬坡，第 13 章介绍了如何维护它。第 11 章到第 13 章再次建议大家阅读，因为它们包含与任何拉动系统相关的信息。

在这本书中，我有数以百计的插图，其中许多是简单的基于价值流图绘制的。如果你不熟悉基本的价值流图，你会在附录中找到一个简短的解释。附录中还包含了一个变量列表、科巴卡巴纳（COBACABANA）理论拉动法，以及一些推荐阅读资料。

# 1.4 拉动生产简史

拉动生产的概念最常与丰田公司发明的看板联系在一起。然而，这个想法本身早于丰田。据我所知，拉动生产的最早例子之一是零售超市。在开超市之前，典型的杂货店柜台后面都有服务员。这个人从货架上挑选你想要的商品，计算价格，然后完成交易，把商品交给你以换取金钱。图 2 所示为 1900 年左右的传统杂货店，柜台后面有服务员。

图 2：1900 年左右的传统杂货店，柜台后面有服务员（来源未知的公版领域图片）

1916 年，Piggly Wiggly 连锁超市在美国田纳西州孟菲斯的商店彻底改变了这一概念。顾客走进商店，拿起他们想要的东西，然后去结账付款。这是第一家现代超市，你肯定对这个系统很熟悉。所有商品都标有价格。你有一个购物篮或购物车，你唯一的人际互动是在结账时付款。这在当时是一个根本性的变化，节省的大量劳动力成本远远超过了因盗窃造成的损失。如今，这已成为大多数零售店的惯例。图 3 所示为 1918 年拍摄的田纳西州孟菲斯的第一家 Piggly Wiggly 超市。

然而，拉动生产有趣的部分是在幕后。Piggly Wiggly 有一个目标库存水平的系统，每天只需重新订购他们卖出的东西。由于他们的订货量只是将库存补充到目标水平，这实际上是一个**重订货系统**，因此也是一个拉动系统。

图 3：1918 年拍摄的田纳西州孟菲斯的第一家 Piggly Wiggly 超市，1916 年开业（图片来源：Clarence Saunders 在公版领域）

　　超市的想法也帮助丰田研发了看板。负责在丰田研发看板的人是大野耐一。一开始，丰田是一家纺纱和织布公司，他们的主要竞争对手 Nichibo（又称 Dai Nippon Spinning）在质量和成本方面都胜过丰田公司[3]。大野和他的团队研究了 Nichibo。其中，他们了解到 Nichibo 公司的库存要少得多，而且用于生产的原材料批量也较小。

　　大野，像当时的许多其他日本人一样，也对美国更先进的技术和方法非常感兴趣。那时的日本还没有零售超市。然而，大野在高中时就听说过这些，当时一位同学介绍了他访问美国的情况，其中包括现代超市的图片[4]。他从美国（以及管理库存的超市这一名称）获得了灵感，用于他在丰田的生产系统。大野耐一在 1948 年首次在丰田建立了一些超市。[5]

　　从 1953 年开始，工人们不断改进流程，写下小纸条，通知生产部门要补

---

3　该家族的名字是带"D"的丰田（Toyoda）。这家汽车公司最终将其名字改为带"T"的丰田（Toyota），以方便国际发音，并在日语书写中拥有幸运的笔画数，トヨタ。因此，现在集团中的一些公司被称为 Toyoda（如 Toyoda Gosei），而其他公司则称为 Toyota（如 Toyota Motor）。

4　Masaaki Sato，*The Toyota Leaders：An Executive Guide* New York：Vertical，2008，ISBN 1-934287-23-7.

5　Christoph Roser，*"Faster，Better，Cheaper" in the History of Manufacturing：From the Stone Age to Lean Manufacturing and Beyond*，1st ed. Productivity Press，2016，ISBN 978-1-4987-5630-3.

充哪些零件。很快，这些潦草的笔记变成了有条理的彩色编码卡片。1956 年，大野耐一亲自访问了美国，在那里他第一次看到了一家零售超市。这时，他的车间里的大部分物料流动已经通过使用一些卡片的拉动方式来控制，尽管它们还没有被称为**看板**。6

直到 1964 年，这些卡片才被命名为看板。在日语中，kanban 被写作"看板"。虽然通常被翻译为"卡片"，但其原始含义是"招牌、广告牌或门牌"。看板是商店上方标志的专有名词。图 4 所示为日本东京银座一家时装店入口处的传统木雕看板。

图 4：日本东京银座一家现代时装店入口处的传统木雕看板

在传统的日本，这个**看板代表了商店的声誉和荣誉**。也许你看过一部俗气的武术电影，坏人到另一个训练馆（道场），打败了主人，然后偷走或摧毁了道场的标志（看板）。这种破坏看板的行为是对被打败的道场主人的额外羞辱，因为这也"破坏了他的荣誉"。

据说，大野耐一在为他的生产系统命名卡片时，将其命名为看板，以强调

---

6  请注意，大野耐一并不是唯一一个试验这种拉动系统的人。例如，在 1954 年，洛克希德公司也在其生产的喷气式飞机中使用了类似系统。

这些信息对生产系统正常运行的重要性。看板是工厂的荣誉，你一定不能失去它！这个看板系统作为丰田生产系统的一部分，帮助丰田取得了巨大的成功。丰田仍然被认为是财务上最成功的大型汽车公司，它也是精益生产的榜样。

西方世界最终注意到 1973 石油危机期间汽车制造商的不同表现，然而精益本身在 1990 年左右才开始流行。当阿拉伯石油输出国组织的成员宣布实行石油禁运时，世界迅速出现了燃料短缺，汽车销量下降。加油站的汽油用完了，如图 5 所示。

图 5：1973 年石油危机期间，加油站的"无油供应"标志
（图片来源：David Falconer 在公版领域）

特别是那些生产大油耗车辆的美国汽车制造商遇到了问题。他们很快就被他们未售出的汽车库存所淹没。另一方面，丰田可以合理地降低产量。危机过后，汽车制造商遇到了相反的问题，即再次提高产量。在其拉动生产系统的帮助下，丰田也处理得更好。

麻省理工学院的一份报告和随后出版的《改变世界的机器》[7]一书，总结了这些成就。这份出版物将丰田生产系统以及由此产生的拉动生产列入了西方制造业的议程。他们发现了许多令西方世界尴尬的事实。美国汽车制造商需要两倍的劳动时间来制造一辆汽车。德国汽车制造商在生产线末端修复问题所需的员工与他们制造一辆汽车所需的员工一样多。在绝大多数方面，丰田的表现都好得多。这引发了世界其他地区对丰田生产系统的兴趣，后来改称**精益生产**。在西方世界，看板有时甚至被用作拉动的同义词，因为它就是最著名的拉动系统。

---

7  James P. Womack，*The Machine That Changed the World：Based on the Massachusetts Institute of Technology 5-Million-Dollar 5-Year Study on the Future of the Automobile* New York：Rawson Associates，1990，ISBN 0-89256-350-8.

　　然而，正如我们将在本书后面看到的那样，还有更多的拉动系统。虽然它们的历史没有那么悠久，但我也想简单地提一下它们的起源地。从时间上看，与看板最接近的是**鼓-缓冲-绳法**。这种方法是由高德拉特博士创造的，作为他于 1984 年出版的《目标》中"约束理论"（TOC）的一部分。[8]然而，鼓-缓冲-绳这一术语得名于他后来的《竞赛》一书。[9]

　　高德拉特从许多其他想法中获得了灵感，但通常没有明确归功于它们。在《目标》之前，还有许多由其他人提出的类似但不太出名的方法，如 Jay Forrester 在 20 世纪 50 年代提出的"系统动力学"，Morgan R. Walker 在 20 世纪 50 年代提出的"关键路径法"，美国海军在 1957 年提出的"计划协调技术"（PERT），以及 Wolfgang Mewes 在 1963 年提出的"注重瓶颈的战略"。许多其他受人尊敬的科学家声称，高德拉特的方法往往缺乏数学上的严谨性，不如其他方法。[10, 11]

　　高德拉特大力推广他的方法，当时正值"精益"在西方兴起。一些人拒绝"日本式精益"，而倾向于"西方式"的高德拉特，仅仅是因为在他们心目中，日本人仍然是第二次世界大战中被两枚核弹打败的敌人。高德拉特获得了知名度，即使他在 2011 年去世，但他的方法仍然有很多人追随。

　　另一个拉动系统被称为**恒定在制品**（constant work in process，CONWIP）法，是由 Hopp 和 Spearman 在 1990 年的一篇经常被引用的论文中提出的。[12] 它被用于按订单生产的生产方式。它也与看板非常相似，并且易于使用。有一点尤其值得注意，与鼓-缓冲-绳法不同的是，恒定在制品法并没有任何重大的商业化推广。然而，它通常不以恒定在制品这个名称为人所知，甚至常常根本就没有一个合适的名称。最常见的用法是作为按订单生产的生产线，生产线上有限的槽位数代表了库存的目标限额。这种方法很重要，但缺乏一个公认的名称。在本书中，我将使用**恒定在制品（CONWIP）**这个名字来解释这种方法

8　Eliyahu M. Goldratt and Jeff Cox, *The Goal: A Process of Ongoing Improvement*, 2nd revised ed. North River Press, 1992, ISBN 0-88427-178-1.

9　Eliyahu M. Goldratt and Robert E. Fox, *The Race* Croton-on-Hudson, New York, USA: North River Press Inc. , 1986, ISBN 978-0-88427-062-1.

10　Dan Trietsch, *Why a Critical Path by Any Other Name Would Smell Less Sweet? Towards a Holistic Approach to PERT/CPM*, Project Management Journal 36 2005: 27-36.

11　Dan Trietsch, *From Management by Constraints(MBC) to Management by Criticalities(MBC II)*, Human Systems Management 24 January 1, 2005: 105-15.

12　Mark L. Spearman, David L. Woodruff, and Wallace J. Hopp, *CONWIP: A Pull Alternative to Kanban*, International Journal of Production Research 28, no. 5 May 1, 1990: 879-94.

背后的细节。然而，请不要纠结于这个名称，因为这种方法本身是相当有用的。

　　鲜为人知的**波尔卡**（**POLCA**）拉动系统是 Rajan Suri 在 20 世纪 90 年代研发的一种方法。他的第一本书 *Quick Response Manufacturing：A Companywide Approach to Reducing Lead Times* 于 1998 年出版。[13] 波尔卡法有一小群专门的追随者。如果你想探索波尔卡法，Suri 后来的一本书 *The Practitioner's Guide to POLCA* 会更有帮助。[14]

13　Rajan Suri，*Quick Response Manufacturing：A Companywide Approach to Reducing Lead Times* Portland，Oregon，USA：Taylor & Francis Inc，1998，ISBN 978-1-56327-201-1.

14　Rajan Suri，*The Practitioner's Guide to POLCA：The Production Control System for High-Mix, Low-Volume and Custom Products* Productivity Press，2018，ISBN 978-1-138-21064-6.

# 第2章

# 拉动系统基本原理

从本质上讲，拉动是一种结构化的管理物料流的方式。**你有一个库存限额，每当一个物品或作业离开系统时，系统就会自动采取行动，替换这个物品（如果是按库存生产）或开始下一项作业任务（如果是按订单生产）。因此，这种对库存的限制，控制了下一个零件或下一项作业的开始，并防止系统过载或利用不充分。**不过，对于"拉动"究竟是什么，有许多误解，特别是与它的反面"推动"相比。

## 2.1　推动与拉动的误解

精益生产的关键特征之一是**使用拉动而不是推动**。虽然几乎每个人都知道（至少在理论上）如何使用看板来实现拉动，但对两者背后的根本区别却比较模糊。推动和拉动的区别到底是什么？另外，是什么让拉动系统比推动系统更优越？

实际上看，大多数的定义走向了错误的方向，或者至少是有些混乱的。甚至连"推动"和"拉动"这两个名字都不太适合描述这个概念，尽管这些术语在丰田公司内部被使用。常见的插图也同样解释的不准确，如图6所示。

图6：类似的插图经常被用来描述推动和拉动，非常具有误导性

让我先选取一些经常使用的推动和拉动的定义。这些不是原文引用，类似的描述可以在互联网和许多其他资料中找到。

## 2.1.1 误解1：按库存生产与按订单生产

> 推动是按库存生产，不以实际需求为基础。拉动是按订单生产，以实际需求为基础。

通常，推动和拉动是（错误地）通过"按库存生产"和"按订单生产"来解释的，如同上面的引用文所述及图7中可视化的解释。据称，推动生产在没有特定客户要求的情况下制造产品（按库存生产），拉动生产应该只在最终客户对产品有要求的情况下才能生产（按订单生产）。

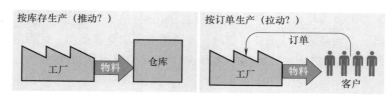

图7："推动"是按库存生产，"拉动"是按订单生产的概念不准确

对于"推动"和"拉动"的区别，这是一种非常错误的看法。即使是丰田公司，他们的一些汽车也是按库存生产且没有具体的客户订单。他们建立了畅销车型的库存，供客户随时取用。因此，使用拉动生产来管理按库存生产系统是完全可行的。看板就是按库存生产系统的一个完美例子。

此外，如果使用这个定义，那么拉动生产将会有数百年的历史，因为按订单生产是一个古老的概念。在工业革命之前，每个鞋匠只有在顾客需要时才会制作鞋子。然而，这些鞋匠并不精益，他们通常被成堆的物料团团围住。

最后，如果你从后边的仓库得到一个订单，是一个按库存生产的产品，它既是按库存生产，也是一个订单，如图8所示。这种方法是拉动还是推动？

有时，人们试图纠正上述定义，指出按订单生产中的订单不一定是最终客户，而可能是中间的一个环节。然而，即使是按库存生产，也必须有某个人从某个地方发出生产库存来生产。在这里，这个"某个人"就是客户，而任何按库存生产都与按订单生产相同。

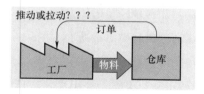

图 8：如果推动是按库存生产，拉动是按订单生产，那么从仓库来的订单是什么？

## 2.1.2　误解 2：市场预测与实际需求

推动是基于市场预测来计划的。拉动是根据实际的客户需求来计划的。

这个（同样不正确的！）定义使用了略有不同的词语，但在其他方面与上面的按库存生产和按订单生产的定义相似。没有一家工厂会生产任何东西，除非他们预计最终将该物品卖给客户。这个例子在图 9 和图 10 中得到了直观体现。

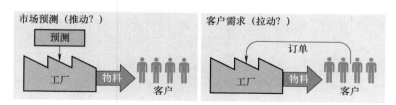

图 9：通过是否基于预测来定义推动和拉动也不准确

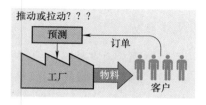

图 10：一些信号必须来自客户

任何预测都会受到当前客户订单的影响，预测只是试图预见未来的客户订单。绝大多数的按库存生产都是基于预测的，希望客户会出现并最终购买这些货物。

### 2.1.3　误解 3：信息流的方向

推动和拉动的区别在于信息流的方向。推动有一个中央物流计划，信息流的方向与物料流的方向相同。拉动有一个与物料流相反的信息流。

推动和拉动之间的根本区别常常是拥有中央物流计划与来自客户直接的信息之间的区别，如图 11 所示。如果有一个中央物流计划，就应该是推动。如果订单直接来自客户，那就应该是拉动。

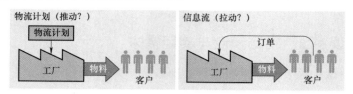

图 11：基于信息流方向定义推动和拉动的错误模型

这种解释在丰田公司也经常使用，同样并没有错。然而，我认为这个定义只从很高的层面上描述了拉动，而且很容易被误解。

我们又遇到了和以前一样的问题，物流计划不是凭空产生的，而是基于客户的预期需求，如图 12 所示。

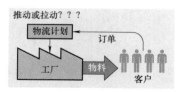

图 12：如果客户的需求进入生产计划，是推动还是拉动？

### 2.1.4　误解 4：ERP 与看板

ERP 是推动，看板是拉动。

一个实施良好的看板系统（例如，并非指只把每张纸都特意叫作看板的工厂）实际上是一个拉动系统。然而，看板并不是创建拉动系统的唯一方法。你也可以使用 CONWIP、POLCA、重订货点或其他方法。

另外，一个有效的看板系统是一个拉动系统，但它不一定要以纸质看板为基础。看板系统也可以通过 ERP[15] 系统实现数字化，在这种情况下，物流计划

---

15　ERP 是企业资源规划的缩写，是一个管理公司的软件系统。最大的 ERP 系统供应商是 SAP 和 Oracle。

将根据看板创建其订单。因此，你会拥有一个含中央物流计划的拉动系统。由此看来，用这种区别来定义推动和拉动是行不通的，因为使用 ERP 来实现拉动是完全可行的。

## 2.2　拉动是在库存限额下进行补货

上述所有的定义都没有抓住拉动系统的真正本质。这种混淆可能源于这两个相当具有误导性的名字："推动"和"拉动"。遗憾的是，拉动就是它的名称。关于推动和拉动的真正区别，Hopp 和 Spearman 可能更接近事实。他们要求**对库存有一个明确的限制**，从而使我形成了对拉动系统的一半看法。

拉动生产系统是指明确限制系统中可存在的在制品数量的系统。
[……] 推动生产系统是指对系统中的在制品数量没有明确限制的系统。[16]

然而，他们忽略了**一个物品离开系统时的信号**。这个信号**必须启动对按库存生产物品的补货或释放对按订单生产物品的下一项作业**。因此，我对推动和拉动的定义如下，同时用图 13 说明。

- 一个拉动系统必须对库存或工作负荷有一个明确的目标限额！
- **当一个物品或一批物品离开系统时**，拉动系统必须**释放一个信号**。对于成批的材料，信号可以是一批中的第一个或最后一个物品。
- 这个**信号必须对按库存生产的物品开始补货**，或对按订单生产的物品**释放下一项作业任务**。补货或释放作业必须与离开系统的物品数量或工作负荷相同。
- 缺少上述三个要求中任何一个要求的系统都是一个推动系统。

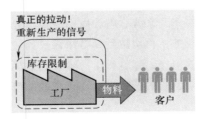

图 13：拉动系统是对库存有明确目标限额和补货信号的系统

---

16　Wallace J. Hopp and Mark L. Spearman，*To Pull or Not to Pull: What Is the Question?*，*Manufacturing & Service Operations Management* 6，no. 2 April 1，2004：133-48.

每当物品离开系统，库存低于目标值时，就必须采取措施（生产或采购），将库存再次补充到目标值。它与实物是被推动或拉动无关，也与信息流无关。

**一个真正的拉动系统只有在尚未达到库存限额的情况下才会生产。如果已经达到了库存限额，它必须停止。**只有当另一个完成的零件离开系统时，生产才能再次开始。

即使是推动，任何车间最终都有一个上限，但这并不是一个有实际意义的限额，而碰巧是由可用物理空间决定的。如果所有的可用空间都被库存塞满了，在那一刻生产就会停止。不过，这个上限并不是很明确，因为它取决于物流人员找到更多存放空间的创造力。此外，任何空间都可能被任何型号的零件所占用。一个更迫切需要空间的零件可能不走运，只是因为另一个不太重要的零件已经放在那里了。

例如，看板系统对每个零件型号的库存都有限制。你不能拥有超过看板数量所允许的物料，这个限制是由看板的数量明确定义的。当一个物品离开系统时，看板是补充这个物品的信号。

同样，对于 CONWIP 系统，只有在有可用的 CONWIP 卡片的情况下，才会启动待完成作业中的任务。虽然在 CONWIP 系统中，一个订单不会被拒绝，但它仍然需要等待，直到有一张可用的 CONWIP 卡。

总的来说，许多资料或从业人员对推动和拉动的定义是误导性的或不正确的。这可能是因为"推动"和"拉动"这两个不恰当的名字。这种混淆是很不走运的，因为拉动是一个成功的制造系统的关键因素之一。主要的区别在于库存限额加上自动补货。**拉动系统对库存有一个明确的限额。**如果是按库存生产，这个限额是针对每个零件型号的；如果是按订单生产，这个限额是针对所有作业的总和。一个零件离开系统，就会发出一个**信号**，**启动一个流程**，通过补货或释放下一项作业任务，**再次达到库存限额**。如果你有这样一个明确定义的库存限额，并有补货的信号，你就有了一个拉动系统，从而可以获得精益拉动生产的所有好处。**如果没有明确定义的库存限额，或者没有补货信号，那你有的是一个推动系统。**

## 2.3　库存限额的替代方案

任何拉动系统的关键是库存的限额。拉动系统始终以达到这个库存限额为目标。如果一个物品离开了系统，另一个物品就会在系统中释放出来进行生产。在按库存生产中，这个库存限额通常是根据产品类型确定的**产品数量**。

不过，在如何定义这一库存限额方面也有其他可能性。限制产品数量对于按库存生产的单个零件是很常见的。如果你有一个按订单生产的系统，你可以在系统中限制**作业数量**或订单数量。

为了提高不同工作量的作业的库存限额精确性，也可以不限制作业或零件的数量，而是限制这些作业或零件的**工作负荷**。这通常被称为**工作负荷控制**。系统不是限制零件数量，而是限制在加工小时数。

只有当新的作业没有将工作负荷推高到目标限额以上时，新的作业才会启动。这种方法是鼓-缓冲-绳法所默认的，但它也适用于本书中介绍的任何其他拉动系统。衡量工作负荷而不是数量，可以提供一个更均衡的拉动系统，特别是对于那些工作负荷不同的作业。

这并不是说工作负荷近似于数量，相反，数量近似于工作负荷。在拉动系统中，我们真正想要限制的是工作负荷。对于按订单生产的系统，这比对作业数量的限制更精确。

对作业数量的简单限制，对于小而快的作业和大而烦琐的作业而言没有太大的区别。与仅仅计算作业数量相比，估计和跟踪工作负荷需要付出更多的精力。在大多数情况下，简单地限制作业数量就可以了，通常没有必要对总工作负荷进行更烦琐的限制。

另外，在流程工业（以流体型材料——气、液、粉为处理原料的工业）中，产量并不总是以件数来衡量的。有时，它是用连续量来衡量的，量的单位为升、千克、立方米等。这时，你可以限制**连续量**来建立拉动。

这也适用于一个真正的连续过程，即有一个不间断的产品流。例子之一是在一个连续的过程中生产自来水的水处理厂。你的连续水量目标上限将会是你的存储容量（水塔、蓄水池等）。你的水厂会连续生产自来水直至水箱充满。如果水箱中的水位下降，你又可以重新开始生产。

相反，如果你的流程工业是分批工作的（一桶啤酒、一桶威士忌等），那么一个批次足以替代一个连续量，可以简单地通过计数来衡量。这时，一个"正常"的只需统计单位数量的拉动系统就足够了。

你还会发现其他传统生产行业之外的工作负荷衡量指标。你可能对呼叫中心的**通话**数量有目标限额，或者对访问你商店的**客户**数量有目标限额。你可以限制医院的**患者**数量（请只考虑不紧急的治疗！），或者，为个别科室，如放射科、治疗科、实验室等限制患者人数。你可以为你的会计服务限制**处理中的文件**数量。

在软件研发或技术设计中，目标限额往往是对同时开展的**项目数量**的限制。这种限制不仅适用于整个部门，也适用于单个程序员或设计师。也可以对价值链上的不同阶段有单独的目标限制，如写标书、分析、研发或测试等。

这样的可能性和节省性一样无穷无尽，许多不同的限制都是可以想象的。**创建一个带单位的目标限额，与你的工作负荷大致相当，并结合一个跟踪限额和自动补充的流程。这样，一旦工作负荷低于目标限额，系统就会释放更多的作业。**用一个易于理解和衡量的系统来做这件事，你就有了一个拉动系统。

# 2.4 为什么拉动如此优越

拉动系统帮助丰田和其他许多公司获得了成功，被广泛认为优于推动系统。但为什么这种对库存的限制会产生如此大的差异？为什么拉动系统大大优于推动生产系统？拉动生产有几个有利的作用，最重要的是库存的限制。拉动帮助你把库存水平保持在对于制造系统来说的最佳点。拉动对生产系统的稳定性有更多的积极影响，但首先让我们深入了解一下库存。

## 2.4.1 库存对业绩的影响

许多绩效指标的最佳状态往往是最大（如生产力、交付速度）或最小（如缺陷、成本）。然而，库存则不同，太多可能和太少一样糟糕。应找到一个最佳点——恰到好处的库存量。你还必须不断接近这个点，以获得持续良好的业绩。

一项研究发现，从 1986 年到 2000 年，美国制造业公司的平均库存从96 天减少到 81 天。[17] 绝大多数的减少都是在制品库存的减少，而不是成品库存。这项研究还发现，库存相对较高的公司有着最差的股市表现，拥有较小库存的公司表现得更好。令人惊讶的是，库存水平略低于平均水平的公司股市表现最好。这表明，削减库存过多或过快可能带来的好处不多，但不减少库存带来的影响就糟糕多了。

其他报告显示，减少库存的趋势仍在继续。[18] 丰田是我所知道的最精益的公司之一。他们的进货仓库只有两个小时的库存，在工厂本身中也没有多少库

---

17  Hong Chen, Murray Z. Frank, and Owen Q. Wu, *What Actually Happened to the Inventories of American Companies Between 1981 and 2000?*, *Management Science*, July 1, 2005.

18  The Economist, *Supple Supplies-Businesses Are Proving Quite Resilient to the Pandemic | Briefing*, *The Economist*, May 16, 2020, https://www.economist.com/briefing/2020/05/16/businesses-are-proving-quite-resilient-to-the-pandemic.

存。优秀的西方公司有两天的进货库存。然而，一个普通的公司往往仅在进货仓库就有超过两周或更多的库存。

库存是精益生产中七种类型的浪费（日语为 muda）之一。拥有过多的库存会产生许多负面影响，并引起隐性和非隐性的成本。除明显的**资金占用**，还有**储存、处理、税收、保险、管理、过期和盗窃**，这些还只是些重要影响。

此外，可能和之前提到的所有负面影响一样有害的是，**大量的库存使你的系统变得迟钝**。如果客户的需求保持不变，而你增加了库存，那么所有的零件都要等待更长的时间才能到达客户手中。因此，新产品或新订单将需要更长的时间才能进入市场。特别是在今天快节奏的商业环境中，公司无法承受生产延期，因为他们必须首先生产和/或先卖掉旧的产品。类似的情况也适用于产品的变更或修复新发现的系统缺陷。库存越多，修复起来就越麻烦。

总的来说，费用开支和交货延迟将使你每年损失货物价值的 30%～65%。[19]因此，若拥有 100 万欧元的平均库存将使你每年损失 30 万～65 万欧元。我不确定是否所有的公司都已经理解了这些与库存有关的开支。

但也不要削减太多库存。许多公司正在减少他们的库存，即使所有的原因往往只是丰田公司也这么做。却不知，简单地减少库存带来了另一个问题。

在任何生产系统中都存在波动。生产不同的产品，零件可能提前或推迟到达，流程会比预期的长或快，操作人员可能可用，也可能不可用。从本质上讲，物料不会以均匀的速度流动，而是经常以波浪的方式流动，有时快、有时慢。

如果你不看总库存，而是看每个单独的零件型号，这一点尤其正确。单个型号的零件库存的波动将比所有零件的总库存按比例计算的波动大得多，以零件型号为基础的物料流动更不平稳。一般来说，产品生产量越小，生产波动就越大。

减少波动是精益生产的一个重要组成部分。特别说明，均衡（日语为 Heijunka）的目的是减少源于生产的波动。然而，还有更多可能的方法，如减少零件型号数量、生产线平衡、预防性维护等。

即使你尽了最大努力，你也不能消除所有的波动。另外的选择是隔离这些波动。这时，**库存**成为你的朋友。根据拉动的循环，库存可能包括原材料、在制品（WIP）和成品。库存可用于隔离缓冲库存像波浪一样上升和下降，将波

---

19　Helen Richardson，*Control Your Costs-Then Cut Them*，*Transportation & Distribution* 36，no. 12 December 1995：94.

动隔离，这使得机器和操作员能够以恒定的速度工作。因此，你可以在需求波动的情况下向客户提供材料。然而，如果你削减库存，你隔离这些波动的能力就会下降。这些不受控制的波动会给你带来更多的问题。

除了库存，还有两种方法可以使波动隔离。库存之后，第二个选择是**产能调整**。你可以在需要时提高你的产能，在不需要时减少产能。然而，在大多数现代生产系统中，这通常在短时间内往往是不可行的。

如果你不能使用库存或产能来隔离这些波动，默认情况下将使用第三个选项：**时间**！你的制造系统将有大量的等待时间。操作员、机器和客户都在等待物料。你越是把库存削减到最佳点以下，你的利用率和交付率就越低。总的来说，你的成本会上升，因为你有很多工序因为缺料而无法生产。同时，客户在不高兴地等待产品交付，如果他们还没有转投你的竞争对手的话。

**如果你的库存减少太多，你的效率就会下降，成本就会上升，这很快就会比削减掉的缓冲库存更昂贵。** 雪上加霜的是，你的库存也不会真正减少那么多。如果系统因为缺乏物料而造成内部产能不足，但你仍然像有足够产能那样订购零件，那么你最终会有成堆的物料，而且这些物料大多是不需要的。如果你需要 100 个零件来制造一个产品，你手上会有 99 个，但由于没有隔离波动而缺少其中一个零件。因此，其他 99 个零件处于闲置状态，无法使用。

总的来说，**太少的库存和太多的库存一样糟糕，或者甚至更糟糕。** 在这两者之间有一个最佳点让你的总成本最低。如果库存不太多但也不太少，你的系统就能更有效地工作。找到这个精确的点是很困难的，而且几乎不可能准确计算。幸运的是，这个点通常是一个较宽的类似于谷地的范围。因此，库存多一点或少一点都不会有太大的影响。此外，请记住，这样的最佳点不是静态的，它可以自己改变，或者更好的是你可以改进你的系统，把最佳点移动到一个更好的地方。

虽然大多数公司都明白精益生产需要减少库存，但他们往往忽略了一点，即系统也必须得到改善。那些只是简单地减少库存，甚至把库存削减到远低于最佳点的公司，只会因为库存太少而降低公司业绩，他们实际上应该增加库存。另外，不要忘记，通过改善系统本身，是可以改变系统中的一些基本关系的。但总的来说，拥有合适的库存水平对公司的成功很重要。**拉动帮助你保持在或接近一个良好的库存水平**，帮助你避免因库存过多或过少而产生的大量成本和延误。

## 2.4.2　拉动减少并稳定了提前期

拉动可以控制和管理库存。生产提前期在很大程度上受库存的影响。利特尔定律（Little's law）描述了库存、提前期和产量之间的关系，我将在 5.4.1.3 节具体展示。

拉动可以帮助你减少库存并保持稳定，这不仅会缩短整体的提前期，也会减少其中的波动，特别是这种波动的减少使你的系统更容易制订生产计划。如果没有一个好的拉动系统，准时生产（JIT）是几乎不可能做到的。

请注意，虽然拉动生产将库存限制在一个目标限额内，但库存仍然可能会在这个限额以下波动。例如，在看板系统中，理论上，所有看板都可以和它们相关的物料一起放在超市里，这时超市中拥有我们的最大库存。但是，也有可能所有看板都在等待生产，而我们的超市库存将是零。实际情况通常介于两者之间。当然，这些波动可能会比推动系统中的波动要小，这里的一个主要因素是，补货信号几乎是自动发出的，而在推动系统中，补货信号可能延迟，直到人们注意到这个问题并开始生产。

但请记住，如果重大问题使你的物品补货时间超过拉动系统设计的可以应对的波动，那么拉动系统并不能防止库存消耗殆尽。如果供应商无法稳定地供应原材料，你还是有可能遇到库存不够的情况，无论你使用的是哪种类型的拉动或推动系统。如果客户需求超过了产能，情况也是如此。没有任何拉动（或推动）系统可以帮助你解决这个问题。

## 2.4.3　拉动（几乎）是自动运转的

拥有一个拉动系统就像拥有一个自动系统，可以使库存保持在低于目标限额附近，无论是使用看板（用于按库存生产）、CONWIP（用于按订单生产），还是其他任何类型的拉动系统或组合系统。如果该系统能够正常运行，它只需要少量的维护，即可检查丢失的卡片或偶尔优化卡片的数量。

## 2.4.4　拉动几乎适用于任何生产系统

拉动系统几乎适用于任何生产系统，无论你是大量生产几个型号的零件（通常称为高量低混），还是定制每种单独的产品（通常称为低量高混）。拉动系统适用于流水作业和异序作业，甚至适用于建筑工地等项目作业（根据你的产能限制建筑工地的数量）。拉动系统不需要考虑零件的大小，可用于离散量产品（你可以数的东西，如螺钉或汽车），也可用于连续量产品（化学品、油、气体），甚至数字计算和信息处理。拉动可用于管理流程、服务、产品设计，甚至是医院（尽管对于医院来说工作优先级排序非常重要！）。

### 2.4.5　拉动非常可靠

有不同的方法可以控制你的生产系统。你可以使用可用的产能和所需的最后期限来计划，这是传统的推动方法。不幸的是，产能和最后期限通常都是相当不稳定的，而且会迅速变化。因此，提前计划是很困难的，需要频繁改变生产计划以适应变化的情况。总的来说，使用传统的推动生产来制订可靠的计划是非常棘手的。

在拉动生产中，你只要计划库存的限额，并建立一个系统，在库存低于限额时自动补充或释放下一项作业，特别是在按订单生产中释放作业时，拉动生产通常包括对下一项生产作业进行优先排序。只要你的系统有足够的产能和材料，就没有必要详细计划产能或最后期限。**拉动大大减轻了你用于制订生产计划的工作量，因此也消除了很多出错的可能性。**

此外，该系统的稳健性非常强，即使没有达到完美的库存水平，无论库存限额设置得过高或过低，系统仍然可以正常工作。库存限额的微小变化并不会导致系统性能的较大变化。拉动生产总体上是非常稳健的，对系统的波动不敏感。

总的来说，拉动系统之所以如此强大，是因为它们有一个库存上限，而且如果设置正确的话，可以将库存保持在过多和过少之间的最佳点附近。拉动系统可以做到这一点，无论它们是使用看板、CONWIP或任何其他库存上限方法来设置的，它们几乎可以与任何生产系统一起使用。因此，如果你能把你的系统从推动系统改为拉动系统，那就去做吧！它可以帮助你组织你的行业。

## 2.5　什么能帮助你进行拉动

拉动是一个对制造和其他类型的过程非常有用的工具，但这些优势可以通过其他因素加强（或淡化）。拉动得益于精益工具箱中的许多其他工具，以及基本的精益理念。这些工具中的大多数有助于降低库存限额（或工作负荷限额），使你能够更有效地生产。

在这里，我将展示什么可以帮助拉动。对于下面的一些标准，如果表现不佳，可能需要在实施新的拉动系统之前先改善这些标准。其他的标准对拉动有好处，但不是严格要求。不言而喻，如果你最大的问题是你的操作人员的安全，那么安全应该是你的首要任务。

## 2.5.1 过程稳定性

任何拉动系统的一个重要基础是一个合理稳定的生产或物流系统。系统中的流程应该稳定运行，没有明显的停机或其他延迟。稳定性是有帮助的，但它不是一个二进制的开/关情况。如果你的系统不太稳定，你也可以实施拉动，但你需要一个更大的库存限额来应对各种可能的情况。系统运行的过程越稳定，你的库存限额就可以越低。

**如果你的过程很不稳定，在你开始实施拉动系统之前，要投入时间和精力来提高稳定性。**大的不稳定因素将需要非常大的目标库存来缓冲，从而导致许多其他问题。因此，拥有一个至少有点稳定的过程通常被视为良好拉动生产的前提条件。不稳定会导致大量的库存，或者由于缓冲库存不足而导致拉动生产的缺货。

## 2.5.2 材料供应的可靠性

这种稳定性也延伸到材料供应的可靠性。拉动系统假定来自前面工序的必要材料是可靠的。为了使拉动系统发挥作用，（大部分）情况应该是这样的。当然，即使是最好的工厂，也会出现材料供应不足的情况。然而，这需要额外的工作来处理这个问题，也可能导致下游的延误。你的材料供应可靠性越高，你的生产系统就能更稳定地运行，这使你能够降低库存。**如果材料供应的可靠性离目标相去甚远，在你开始实施拉动系统之前，要投入时间和精力来提高材料供应的可靠性。**

## 2.5.3 质量

质量愿景是零缺陷，但很少有工厂能做到这一点。为了使拉动系统运行良好，你需要合理的产品（或服务）质量。你的质量越高，解决质量问题所需的精力就越少，你的生产系统就能运行得越稳定。**如果你的质量表现离目标相去甚远，在开始实施拉动系统之前，要投入时间和精力来提高质量。**

## 2.5.4 流动

流动是精益中非常普遍且重要的概念。它更像是一门哲学，即你的物料应该沿着价值流移动，而不是闲置和等待。在现实中，一些等待时间是很难避免的，但改善流动不仅对拉动，而且对整个系统都是有益的。同时，一个好的拉动系统也有助于改善流动。这在**流水作业**里是最容易的，如果可以的话，我总是建议将异序作业转变为流水作业。

尽管定义不同，**我们常常使用单件流**这个术语。单件流指零件在一道工序完成后立即向下游移动。它在移动之前不会被预先收集在一个批次中。有些定义还要求工序之间没有库存缓冲，但这在现实中往往非常不切实际。有时它也被定义成批量为1。对我来说，单件流也可以有较大的批量，只要零件不必在开始流动前等待整个批量。

无论你如何定义流动，如果你的物料确实在流动，而不是在仓库里闲置，这对拉动就有帮助。然而，即使是最好的公司也有物料在仓库里，一些物料的闲置是不可避免的。过程缺乏稳定性、物料短缺和产品质量的缺失都会优先于实施一个新的拉动系统，但不会出现因为缺少流动而无法实施拉动系统的情况。当然，**更好的流动有助于拉动系统的实施。**

## 2.5.5 小批量

与流动类似，小批量并不是拉动系统的必要条件，但可以帮助提高拉动系统的性能。正如我们稍后会在计算库存限额时所看到的，批量对库存限额有很大影响。更小的批量有助于实现更少的目标库存。**真北（这里指终极不变的方向）是批量为1**，如果换型时间较长就很难实现。缩短换型时间将使你的批量更小。我甚至在 Denso 电装公司看到全自动铝压铸件的批量为1，令人印象深刻。[20]

## 2.5.6 均衡化

改善拉动系统的另一个因素是均衡化。有不同的方法来均衡。你可以根据数量和型号来均衡。请远离像两周模式这样的生产计划，通常称为 EPEI（每

---

[20] Christoph Roser, *Toyota's and Denso's Relentless Quest for Lot Size One*, in *Collected Blog Posts of AllAboutLean. Com 2016*, Collected Blog Posts of AllAboutLean. Com 4 Offenbach, Germany: AllAboutLean Publishing, 2020, 250-55, ISBN 978-3-96382-016-8.

个零件的每次生产间隔）均衡。这些都是很难维持的，长生产周期中发生的变化而带来的混乱很快就抵消了均衡带来的好处，而且会比以前更糟。[21]

对于大多数生产系统来说，将**日常生产计划混合进一个小批量模式的生产**是可行的。[22] 你也可以尝试**平衡你的产能**，每天生产近似的数量。[23] 如同小批量和流动一样，均衡不是拉动的先决条件，但均衡让拉动和整个组织都将从中受益。

# 2.6  什么时候不拉动

拉动系统总体上的稳健性是非常强的，适合几乎任何生产系统。事实上，拉动也可以在一般工业之外（例如，医疗、军事、呼叫中心和其他服务行业、银行或数据处理）使用。对于绝大多数的生产系统来说，拉动都是非常可取的，但也有一些例外。

## 2.6.1  缺乏对零件的到货或对作业任务的掌控

拉动要起作用有一个要求：**你需要控制到达的新零件或新任务的数量**。这是制造业的常见情况。只有当你明确订购或生产产品时，零件才会到达。如果没有采购或生产订单，你将不会得到任何零件。因此，你只需在达到库存上限时不订购或不生产更多的零件就可以控制最大库存。反例是一个维修店或一个配钥匙点，通常这样的商店不关注客户何时出现，通常不会选择限制店内顾客的数量来防止差评。所以，如果有多个顾客到达，顾客就需要等待。如果顾客来得少，员工就需要等待。通常对顾客数量的上限没有明确的限制，尽管在某一时刻，该地点可能会拥挤不堪，没有人能够再进入。

但是，通常也可以限制顾客的数量，如餐厅通常以座位数来限制顾客数。此外，也可以隔离顾客不可控的光临，由拉动系统来供应波动的需求，如一个

[21] Christoph Roser, *Theory of Every Part Every Interval*（*EPEI*）*Leveling & Heijunka*, in *Collected Blog Posts of AllAboutLean. Com 2014*, Collected Blog Posts of AllAboutLean. Com 2 Offenbach, Germany：AllAboutLean Publishing, 2020, 287-92, ISBN 978-3-96382-010-6.

[22] Christoph Roser, *Introduction to One-Piece Flow Leveling-Part 1 Theory*, in *Collected Blog Posts of AllAboutLean. Com 2015*, Collected Blog Posts of AllAboutLean. Com 3 Offenbach, Germany：AllAboutLean Publishing, 2020, 1-5, ISBN 978-3-96382-013-7.

[23] Christoph Roser, *An Introduction to Capacity Leveling*, in *Collected Blog Posts of AllAboutLean. Com 2014*, Collected Blog Posts of AllAboutLean. Com 2 Offenbach, Germany：AllAboutLean Publishing, 2020, 281-86, ISBN 978-3-96382-010-6.

餐厅的厨房可以使用拉动来订购原材料和烹饪，即使顾客的队伍绕着街区排起了长队。

## 2.6.2　加工工序的关闭太困难或太昂贵

另一个不利于拉动的情况是，如果**关停工序的成本太昂贵或无法实现**，即使客户的购买量减少，你也不得不生产和建立库存，以避免频繁关闭和重启工序所带来的更大开支。例如，这种情况就可能发生在钢铁冶炼的高炉中。传统的做法是打开炉子，然后不间断地运行20年，直到内衬变得太薄，需要更换。停止和重启的过程是非常昂贵的，因而公司应尽量避免这种情况。

另一个例子可能是石油平台，其主要成本是建立平台和钻井。一旦平台运行，即使需求和油价下降，继续运行往往也有其经济意义。再如从油砂中提取石油可能需要加热地面以液化焦油，关闭加热不仅需要大量的能源来重新加热，而且还可能永久性地损害油井的产出。

最后，一些塑料加工可能更愿意保持加工过程的运行，而不是将其关闭，造成塑料在机器中凝固后昂贵的清理成本。在这样一个昂贵的工序之后用一个缓冲库存隔离物料流，这就避免了将物料推入价值流的其他部分，即使原材料是推动进来的，只要有一个缓冲库存将其隔离，下游使用拉动系统也是可行的。但请注意，这个缓冲库存可能会变得非常大。

## 2.6.3　补货时间很长

**如果有很长的补货时间**，特别是**如果你的产品保质期明显短于你的补货时间**，那么拉动也可能是困难的。例如，以一个草莓农场主为例，农民必须提前一年决定种植哪些作物和种植数量。一旦草莓可以采摘，农民必须以任何市场价格出售。几乎没有办法选择长期储存草莓。

更为极端的是一个生产木材的森林所有者。根据木材的类型，产品可能需要几十年的时间才准备采伐。在这种情况下，建立一个拉动系统是非常困难的，尽管数量通常受到可用农田的制约。然而，同样在这里，大量的库存也可以使这个林场与下游的伐木场隔离，这就可以通过使用隔离缓冲库存使下游使用拉动。

## 2.6.4　保质期太短

与补货时间长类似，如果产品的**保质期很短**，也会出现使用推动比拉动更好的情况。较大的库存限额可能会导致库存在仓库里过期。如果没有更好的方法解决这种问题，那么应该使用推动而不是拉动。但是，你应该首先尝试其他方法来减少库存或延长保质期。关于其他选择的更多细节，请参见第 5.7.5 节。

## 2.6.5　拥有高水平的控制和卓越的知识

最后，如果你对系统有很高的控制水平，对即将到来的波动有很好的了解，则推动可能比拉动更好（也就是说，如果你在你的生产系统中接近于全知全能，你可以使用推动）。即使是这样，拉动也一样可以运作。可以想象，有一个推动系统胜过拉动系统，但前提是你对你的系统有出色的了解。每当一个零件被消耗或完成时，拉动系统会立即做出反应。一个由人类、计算机逻辑或人工智能控制的推动系统如果想要胜过拉动系统，对于相同的库存，该系统应该能提供更好的可用性，更好的利用率或更好的提前期，或这些优势的组合。要不，在相同的可用性、利用率或提前期的情况下，你应该得到更低的库存。

因此，如果人类、计算机逻辑或人工智能对未来波动和停机的知识及判断是极其出色的，那他们管理的推动生产可能会比拉动生产更好。然而，我相信这样的公司就像独角兽企业一样罕见。虽然你有时会遇到有些经理认为他们或他们的组织无所不知（通常是那些远离一线的高层），但真的是这样吗？

## 2.6.6　实施推动的无效理由

有些人提出，**如果需求过大就使用推动**，不过我反对这样做。例如，在新冠病毒流行期间，口罩的需求远远高于供应。使用推动的想法是尽可能生产任何你能生产的产品，而不必担心库存目标。

但是，每个需求的高峰都会结束，要么是因为需求下降，要么是像 2020 年那样，因为供应上升。在这时，你的推动系统生产的货物会像水一样漫出，你的库存将失去控制。你当扪心自问，当需求和供应正常化时，是否还值得承担库存过剩的风险。我仍然建议使用拉动，并调整库存限额，而不是不受控制地使用推动系统而对库存不闻不问。

同样，**如果供应极低**，你可以**使用拉动**，尽管出于类似的原因，我反对这样做。再以 2020 年的新冠病毒流行为例，客户订购的口罩比他们需要的多得多，希望至少能收到一部分。你会订购你需求量的两倍，希望至少得到实际需求量的一半。这种游戏可能会也可能不会给你的公司带来好处，但如果每个人都这样做，情况会更糟。再说，一旦供应正常化，你就有可能面临库存过多的风险，这种对供应链的负面影响被称为"牛鞭效应"。使用它的风险由你自己承担。

此外，我总是很难找到推动比拉动好的其他例子。在文献中，你常可以找到许多科学文章，声称在某些情况下推动更好，但如果你深入研究，你会发现它们并没有真正理解拉动到底是什么。拉动几乎总是在处理不确定性方面要好得多，而且在维持你的缓冲库存方面也更快。

在现实中，拉动生产照顾到了所有常规的日常生产。如果你知道自己即将出现的波动，那么调整拉动系统可能会更好。波动可能是季节性的需求变化，或者你的货船刚刚沉没，或者你所有的产品都没有通过安全测试，需要重新生产，或者你的产品因为碧昂斯说她喜欢而变得异常热销，或者你的产品像铅一样放在货架上纹丝不动，只因为碧昂斯说她讨厌这款产品，或者……或者……我相信你在你的行业中熟悉许多这样的例子。

## 2.7 拉动对哪些问题没有帮助

拉动是改善物料流的一个出色工具，但它并不是解决所有问题的万能方案。这里有几个例子，拉动无法帮你，尽管它也不会使情况变得更糟。

### 2.7.1 缺少产能

有时有人问我，拉动是否可以帮助解决产能不足的问题。不能，**如果你没有足够的产能，拉动是没法帮忙的**。它可以帮助生产正确的东西，但如果你的生产系统太小，拉动就没有帮助。如果你的流程每天可以生产 100 个零件，但你每天需要 200 个，拉动就不能解决这个问题。你需要其他工具来发现并改善瓶颈。[24,25,26]

话虽如此，拉动也可能会对产能产生一些间接的有益影响。拉动可以帮助你的系统平稳运行，减少混乱。减少混乱往往意味着系统可以更专注于生产，

---

24  Christoph Roser, *Mathematically Accurate Bottleneck Detection 1-The Average Active Period Method*, in *Collected Blog Posts of AllAboutLean. Com 2014*, Collected Blog Posts of AllAboutLean. Com 2 Offenbach, Germany: AllAboutLean Publishing, 2020, 133-36, ISBN 978-3-96382-010-6.

25  Christoph Roser, *The Bottleneck Walk-Practical Bottleneck Detection Part 1*, in *Collected Blog Posts of AllAboutLean. Com 2014*, Collected Blog Posts of AllAboutLean. Com 2 Offenbach, Germany: AllAboutLean Publishing, 2020, 1, ISBN 978-3-96382-010-6.

26  Christoph Roser, *Bottleneck Management Part 1-Introduction and Utilization*, in *Collected Blog Posts of AllAboutLean. Com 2014*, Collected Blog Posts of AllAboutLean. Com 2 Offenbach, Germany: AllAboutLean Publishing, 2020, 246-51, ISBN 978-3-96382-010-6.

而你对物料的等待时间或寻找作业任务的时间也会缩短。因此，拉动可以对你的生产系统产能产生积极的影响，但如果你有产能问题，拉动不应该成为你的主要关注点。

## 2.7.2　质量问题

同样地，**拉动也无助于解决质量问题**。拉动是告诉你的系统何时生产什么的较好方法，但它并不告诉系统如何生产。因此，质量通常不会受到拉动系统的影响。但同样，也可能存在间接影响，由于拉动系统减少了混乱，可能会减少错误和失误，因此拉动系统可以提高质量。拉动系统中的小批量产品也使你能更早地发现质量问题。然而，如果你最大的问题是质量，那么拉动就不应该是你改进工作的重点。

## 2.7.3　停机故障和材料短缺

拉动也不能帮助你解决不稳定的工序和物流。**如果你的工序异常或经常中断，或是供应商交不上货，拉动也都无济于事**。不管是推动还是拉动系统，频繁的停机和缺料都会造成混乱，缺料也会使生产系统陷入混乱。在这种情况下，你的改进重点应该是建立一个稳定的系统。你能否利用全面预防性维护或其他工具，减少故障的频率和/或持续时间？你能否安排一个更稳定的物料供应？同样，由于拉动有助于减少混乱，在这种情况下，拉动可能会带来一些间接的好处。例如，由于拉动，中断的原因可能会被提前预见。但还是那句话，如果你最大的问题是不稳定的生产或物流系统，那就先不要使用拉动，首先要减少你的不稳定性。

# 第3章

# 不同拉动系统对比

　　创建拉动生产系统的方法有很多。所有这些方法的共同点是将其所在价值流的物料限制在最大限额内，同时当物料离开系统时，系统会自动进行补料。它们控制着这段价值流的物料流，这部分通常是从末端的库存到上游的一个库存或上游的某道生产工序。对于看板来说，这被称为看板循环，同样，对于恒定在制品（CONWIP）来说，这是 CONWIP 循环。图 14 所示为看板循环示例。

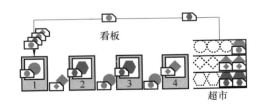

图 14：包含四道工序的看板循环示例，附着看板的物料从左向右流入超市。
超市中的物料被移出后，释放的看板流回循环的起点

　　最为人所熟知的拉动系统是看板，但即使是看板你也有不同的选择。当然，还有更多的拉动系统，如恒定在制品、鼓–缓冲–绳（DBR）、波尔卡（POLCA），甚至是简单的重订货点（reorder point）系统。

# 3.1　选择不同拉动系统的标准

不同拉动方法的选择取决于你的系统。在帮助你决定哪种拉动系统最适合你之前，让我向你展示相关因素。

## 3.1.1　按库存生产与按订单生产

在选择不同的拉动系统时，有不同的标准。最重要的标准是你的生产过程是先于客户订单，还是客户订单先于生产过程。**该产品是在客户订单之前生产、运输或购买的，还是在客户订单之后？**

如果产品是在特定客户订单之前生产的，并且产品通常在库存中等待客户订单，那么它被称为**按库存生产**（make-to-stock，MTS）。如果产品是在特定客户订单之后才生产的，则称为**按订单生产**（make-to-order，MTO）。

物流方面也有类似的系统，它通常被称为**按库存采购**（purchase-to-stock，PTS）或**按订单采购**（purchase-to-order，PTO）。然而，对于拉动系统来说，你是否为货物付款并不重要，因此将这些系统称为**按库存发货**（ship-to-stock，STS）或**按订单发货**（ship-to-order，STO）会更准确。按库存发货也可以从拉动系统中受益。然而，按订单发货通常不采用拉动来管理，你只要在你需要的时候购买或运送货物。只有当不常见的大量按订单发货有可能使供应商不堪重负时，你才应该考虑通过拉动系统来限制你的出货量。即使如此，这种情形也是非常罕见的。

研发通常是基于一个定制的订单或一个新产品，你不会两次都研发同一个产品，因此，研发将总是**按订单研发**。为了简单起见，我们也将这些情况称为按库存生产和按订单生产，尽管它们发生在采购、研发和其他领域。

在工业领域，有时会区分**大批量−少品种**和**小批量−多品种**两种情况。生产大量相同的零件还是生产许多不同的零件是不一样的，这和拉动系统相关，但不是它的决定性因素。对于拉动系统来说，关键的问题仍然是你的目标是始终有产品库存（按库存生产），还是只想在有订单且有客户必须等待的情况下才开始生产（按订单生产）。

通常情况下，大批量−少品种非常适合按库存生产，而小批量−多品种则非常适合按订单生产。在某些情况下，你可能仍然会决定按订单生产大批量−少品种的产品，或者按库存生产小批量−多品种的产品。因此，**按订单生产和按库存生产是选择拉动系统的关键因素**，如图 15 所示。这可能是选择拉动系统的最基本因素，因为按库存生产和按订单生产有着根本不同的目标。

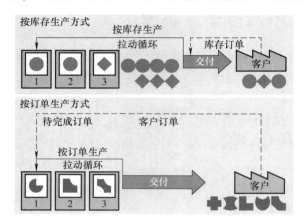

图 15：按库存生产和按订单生产系统，请注意循环末端和订单信号的区别

**按库存生产的目标是始终有零件可用，同时要求尽可能少的库存。** 你通常生产大量相同的产品（大批量－少品种），客户来订单就会交付库存里的一些产品，接着补充相同数量的产品。该产品是提前生产好的，所以客户（理论上）不必等待。

按订单生产是在接到客户订单后才开始生产。通常你有一些积压的待完成订单等着进入拉动系统，这些待完成订单可以根据其优先级进行排序。此外，零件会在生产完成后立即交付，因而你只有很少的或几乎没有成品库存。因此，**按订单生产的目标是尽量缩短接收订单和交付产品之间的时间，同时保持系统的合理利用率。** 你通常会生产许多不同的产品，批量小而品种多，甚至是完全独特的产品。只有在接到客户订单后才开始生产，客户在下单后总是需要等待交货。

至于在按订单生产系统下保持合理的利用率，这既不意味着 100% 的利用率，也不意味着所有工序都有很高的利用率。特别是对于异序作业中常见的不平衡的系统，许多工序会因为不需要而经常闲置。人为地提高这种不经常使用的工序利用率，会增加提前期，并对你的生产系统造成破坏。

这个因素对拉动系统的重要影响取决于控制拉动系统的细节水平。对**按订单生产系统来说，它在拉动循环中只需保证所有的零件控制在同一个通用的库存限额之内。但对于按库存生产系统来说，它必须为拉动循环中的每种零件型号分别设置一个限额。**

不巧的是，你们不太会遇到一个单一的按库存生产或按订单生产的系统，大多数系统都是两者的混合体。你可能会在成品库存中保留常规产品，以备客户订购（按库存生产），一些非常规的和不经常被订购的产品只会在有特定的客户需求时才会被生产（按订单生产），这两者可以在同一个制造系统中生产。在这种情况下，需要一个能够处理这两种情况的拉动系统。**这种按订单生产和按库存生产的混合通常是两个不同拉动系统的组合**，通常是看板和CONWIP，如图 16 所示。这种拉动系统的组合是绝对可行的，可以同时处理按订单生产和按库存生产。

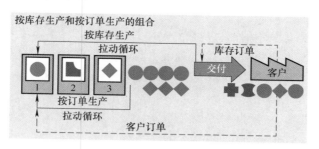

图 16：按库存生产和按订单生产的混合生产系统，
用两个不同的拉动系统来控制一个生产

你也可以按订单生产定制的终端产品，这些产品是根据你生产或大量订购的标准件组装而成的，而且你持有这些标准件库存（按库存生产）。在这种情况下，你价值流的最后一部分或多个部分可能是按订单生产或一个混合系统，而上游系统可以是按库存生产，如图 17 所示。在这里，为价值流的不同部分建立不同的拉动循环是明智的，其中下游的循环是按订单生产，而上游的循环是按库存生产。关于在哪里建立拉动循环的更多细节请见第 11 章。

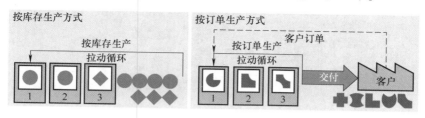

图 17：将上游按库存生产的部件接入下游按订单生产的总装

## 3.1.2　生产/研发与采购

第二个重要的区别是**产能限制**。你是生产或研发，还是在从外部供应商那里购买产品？这取决于系统的产能。**你能一次得到你想要的所有物品（采**

购），还是你必须一个一个来做（研发或生产）？你是担心产品的生产优先顺序，还是同时等所有产品都完成了也没有问题？在现实中，这些问题的答案往往决定了你要自己生产或研发产品，还是要从供应商那里订购。

生产系统通常是一个产品接着一个产品生产的，因此和订单的顺序是有关联的。你的生产系统产能有限，通常用每天生产多少数量来衡量。如果你想在同一时间生产太多，你的生产系统就会被堵塞。一些产品可能会提前完成，另一些可能需要更长时间。

不过，如果你从不同的供应商订购不同的货物，你不需要考虑订单的顺序。您不会考虑是否应该先从供应商 X 处订购零件 A，然后再从供应商 Y 处订购零件 B，您只是同时订购所有零件。即使从同一供应商处订购多个零件，你也很少担心订单的顺序。相反，你的供应商会解决这个问题。

当然，在现实中，采购物料也存在产能限制。如果你从一个较小的供应商那里同时订购了太多的东西，他们的系统可能会堵塞，而你的交货也会延迟。因此，与按订单生产和按库存生产不同，这种差异使得在两者之间存在一个灰色地带。

### 3.1.3 流水作业与异序作业

另一个相对不太重要的因素只与生产有关，而与采购无关，那就是你拥有一个流水作业还是异序作业，如图 18 所示。

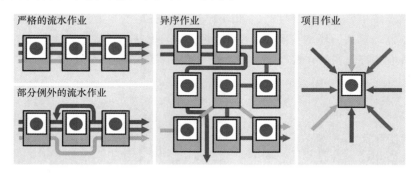

图 18：严格的流水作业、部分例外的流水作业、异序作业和项目作业图示，
不同的箭头代表不同的物料流

**流水作业显然更容易驾驭**。如果你能把你的系统变成一个流水作业，它会总让你的系统受益。你只需要控制系统的第一道工序，其他的工序通过先进先出（FIFO）自行控制。

如果你有一个异序作业，你不仅需要管理用你的系统生产什么，而且必须管理异序作业的每道工序。波尔卡（POLCA）这种拉动系统专门针对异序作业，当然需要付出的精力也更多，因为异序作业本身就复杂，需要比一般流水作业更多的管控。另一种方法，科巴卡巴纳（COBACABANA），也是专门针对异序作业的，但目前还没有实际的应用案例。因此，你可以在附录中找到关于它的介绍。

对于同时具有流水作业和异序作业的混合系统，你可以选择哪种方式更适合你的系统。你是否按照适合大多数产品的顺序来安排你的流程？那么它可能更接近于流水作业。你是否无法找到一个顺序，因为许多不同的产品有不同的顺序？那么它可能更接近于异序作业。

## 3.1.4　高需求与低需求

另一个仅与按库存生产或按库存发货相关的较小因素是某一特定物品的需求。你是大量销售还是只少量销售？这也是一个相对因素。判断一件商品是高需求还是低需求是相对于你的系统而言的，这也可能因产品类型的不同而有很大差异。特别是，它可能会影响看板系统，决定你应该使用哪种看板类型。

## 3.1.5　小型而廉价与昂贵或大型

最后，按库存生产系统的一个考虑因素是物品在库存中的成本和管理库存的精力。大多数情况下，这主要是基于物品的价值和尺寸。**如果该物品很昂贵，你可能不想因为过剩的库存而占用太多资金；如果物品很大，你可能不想占用太多的储存空间**。在这两种情况下，你可能会投入额外的精力来减少数量，从而减少被占用的资金或所需的存储空间。例如，如果你制造汽车，你不想把太多昂贵和笨重的发动机传动系统放在库存中。

**如果这些物品既不大也不贵，只要你有足够的库存就不会太担心它们**。在这种情况下，物料比需要的多一点通常没什么可担忧的。因此，在这里你可以选择一种没有最低库存限制，但对拉动系统的管理更容易的方法。还是以汽车制造为例，你可能并不关心库存中是有 500 个或 5000 个单价为 1 美分的金属板螺钉，只要有足够数量的螺钉且不占用你管理库存的宝贵时间即可。

## 3.1.6　离散量与连续量

许多生产系统以个数或作业量为单位衡量库存限额。在这种情况下，一张看板或 CONWIP 卡仅仅代表一定的数量或作业量。然而，其他生产系统会产生连续量，如 L 或 $m^3$。即使如此，根据系统的不同，一张卡片也可以代表一个固定数量的产品或工作负荷，这通常是成品的包装数量或生产过程中的批量。

然而，有些生产系统是**真正连续生产**的，如水处理厂，其中的数量是用液体高度标识器来测量的。在这种情况下，所有基于卡片的系统都很难使用，取而代之的是你必须改为跟踪生产量并始终补充到库存限额。大多数系统都可以适应这种情况，但**重订货点**这种方法的特性很适合这类的系统。

# 3.2 哪种拉动系统适合你

在学术出版物中，通常会先解释所有的选项，并在最后对它们进行比较。即便我希望你能从头到尾读完这本书，但我认为你是一个时间紧迫的专业人士，只是在寻找一个解决方案。我不希望你读了 50 页关于看板的内容，却发现看板并不适合你，因为你是按订单生产的。因此，即使我还没有解释这些拉动系统的细节，我也会给你指导，让你知道该使用哪种拉动系统。

## 3.2.1 拉动系统的适用性

首先，让我对本书后面所介绍不同拉动系统进行一个（我承认是非常主观的）评价，以及它们在不同要求下的表现。在图 19 中，我总结了哪种类型的拉动系统与按库存生产、按订单生产、按库存发货、按订单发货、流水作业或异序作业，以及与真正的散装材料连续加工兼容。请注意，任何看板系统和重订货系统从根本上与按订单生产不兼容。还要注意的是，如果你是根据客户的订单发货，你并不真正需要一个拉动系统，你只需要发出货物并让它们准时到达即可。

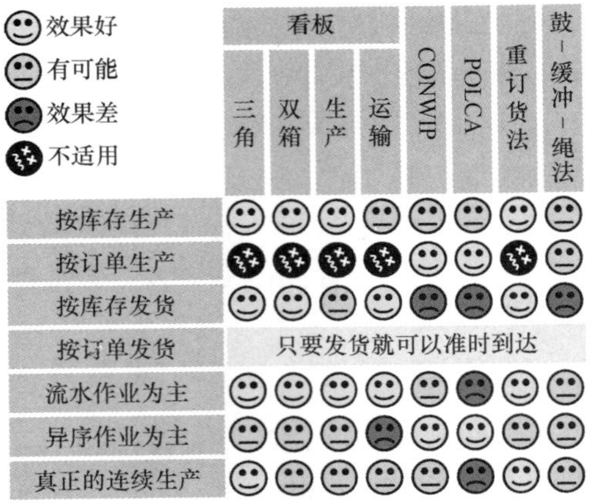

图 19：各种拉动系统对不同要求的适用性

## 3.2.2　拉动系统选择决策树

为了帮助你决定使用哪个拉动系统，我创建了图 20 和图 21 所示的决策树。请注意，这些建议中包含许多假设和概括，但总体而言，这些建议的系统都是可行的选择。由于选择的复杂性，我把它们分成图 20 所示的为生产或研发制订拉动系统的决策树和图 21 所示的为采购制订拉动系统的决策树。

图 20 中的第一个决策树关注的是生产或研发。如果是按库存生产，最佳的选择通常是看板中的一种；如果是按订单生产，你可以选择 CON-WIP 和 POLCA。POLCA 在控制库存方面要好一些，但实施和维护起来比较麻烦。POLCA 也不是为流水作业设计的，而是为异序作业和网络单元设计的。CONWIP 更容易实施和维护，但不能很精确地控制异序作业中的库存。

如果你有一个混合系统，你将需要为按库存生产和按订单生产选择两个独立的系统。在此，我建议是看板和 CONWIP 组合。

大多数系统都非常适合离散型制造，一张卡片代表一个固定的数量，即使是连续量，生产或销售也往往是固定数量的。但在真正的连续生产中，你不能用卡片来表示固定数量的物品。对按库存生产来说，最好的办法是使用重订货点法，而对按订单生产来说，最好使用 CONWIP。然而，许多其他系统也可以通过不同程度的调整来适应连续生产。

如果你正在按库存生产，你还需要做一些额外决定。首先，如果你很不幸地以异序作业按照库存生产，那么看看你是否能把它首先变成一个流水作业。如果不能，就选择一个适合流水作业的拉动系统，同时你还需要管理好这些物品在异序作业中的路径。

如果你在一个流水作业中按库存生产，你现在可以对系统进行微调。如果需求很低，而且补货时间内的需求一直小于单个容器的容量，那么你可能只需要一个双箱系统。这相当于是一个只有两张卡片的看板系统。

如果需求较高，你可以看一下物品的价值和尺寸。如果它们有点贵或体积较大，就使用带有生产和运输看板的普通看板系统，以最大限度地减少库存，从而最大限度地降低被占用的资金和/或存储空间。

如果物品非常小且非常便宜，你可以使用三角看板来减少生产的次数，尽管你仍然可以选择普通看板来创造更小的批量并提高均衡水平。

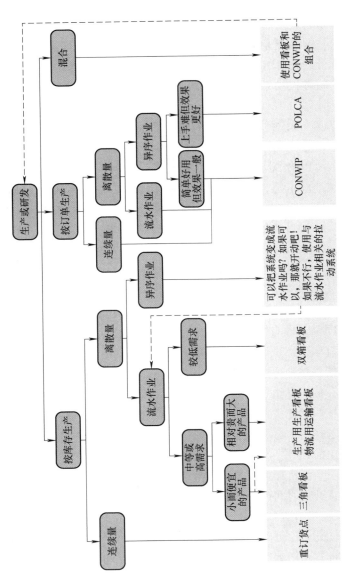

图20：为生产或研发制订拉动系统的决策树

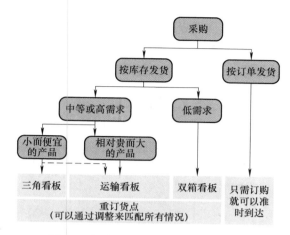

图 21：为采购制订拉动系统的决策树

决策树对于采购来说比较容易，如图 21 所示。如果你按订单发货，你根本不需要一个拉动系统。你只需订购所有你需要的物品，这样它们就能在你需要的时候准时到达。如果这些物品是你自己生产所需要的，那么拉动系统将决定何时生产什么，而你的物品就来自这个按订单生产的系统。由于你不能在零件到达前进行生产，所以交货时间是客户订单总提前期的一部分。

如果你订购物品来做库存（按库存发货），那么决策树类似于按订单生产的流水作业。如果需求很低，确保你总是有至少两个物品或两个批次。如果一个被消耗掉了，就再订购一个，而第二个物品或第二个批次可以确保有料可用。

如果需求较高，你可以对非常便宜和非常小的物品使用三角看板，对较大或较贵的物品使用运输看板，这与按库存生产类似。对于所有按库存发货的方法，重订货点系统是一个有效的替代方案，因为你可以像选择不同看板系统一样，通过调整重订货点和重订货量来适应更复杂的需求。

你可能会想那什么情况下才选择鼓-缓冲-绳这个方法呢。在我看来，鼓-缓冲-绳比起看板和 CONWIP 系统都要差，鼓-缓冲-绳要求拉动循环在瓶颈之前结束这个限制是完全不必要的。如果没有拉动循环在瓶颈处结束的这个限制，这个系统实际上与 CONWIP 非常相似，而且也能起作用。

现实世界中有一些成功使用鼓-缓冲-绳的生产系统。因此，如果你的工厂成功地使用了鼓-缓冲-绳，有熟悉这个方法的员工，而且这种方法得到了员工的支持，那么请继续使用它。我对任何有成效的方法都没有意见，只是不要人为地束缚自己，并不一定要在瓶颈处结束循环。不过，如果你还没有实施过鼓–缓冲–绳这个方法，那我还是建议你坚持使用看板和 CONWIP 系统。

## 3.3 哪些拉动系统可以组合在同一个循环内

有时你可能只需要一种类型的拉动系统，但在某些情况下，你可能希望在同一个循环内为不同的零件型号选用不同类型的拉动系统，以满足你的需求。最常见的是，有一个按库存生产的产品和按订单生产的产品的组合，这通常需要两个不同的拉动系统来实现平稳的生产。图 22 所示为同一循环内不同类型拉动系统的兼容性（同样非常主观）。

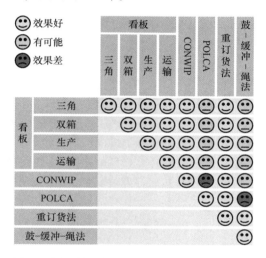

图 22：同一循环内不同类型拉动系统的兼容性

一般来说，任何看板系统都相互兼容，你只是改变了看板上的一些信息。一个 CONWIP 系统本质上就像一个可定制的看板，因此也与看板兼容。**对于按库存生产和按订单生产的组合，建议混合使用看板和 CONWIP 两个系统。**

重订货系统主要用于采购，且不需要担心兼容性问题。你订购一种货物的方式可以完全独立于你订购另一种货物的方式，你真正需要担心的是你的员工是否因为用了太多不同的系统而感到混乱。

也许有可能将拉动系统与 POLCA 或鼓–缓冲–绳组合起来，但其结果可能会从尴尬到更尴尬不等。一般来说，你拥有的系统越少，你的员工就越不容易感到困惑。如果你使用不同的系统，应确保你在循环内的第一道工序有一个清晰的标准，即哪个信号优先于其他的信号，如图 23 所示。

图 23：在同一个循环内，如果不同的零件使用不同的拉动系统，
第一道工序需要知道优先级

另外，请注意，图 23 适用于同一拉动系统中**不同的**零件或同一拉动循环内不同的产品型号。在**同一个价值流中，不要对同一零件型号使用不同的拉动系统**，也要避免图 24 所示的大嵌套。你有时可以在文献中找到这些，但我严重怀疑这种嵌套系统的益处。

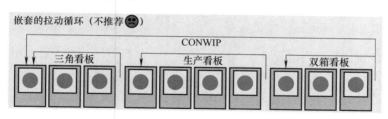

图 24：不建议使用大嵌套的拉动循环

# 第4章

# 先进先出和其他规定限额的缓冲库存

建立拉动系统的一种常见方法是限制工序中的库存，尤其是工序之间的库存。这些工序之间的库存通常是以先进先出（FIFO）的方式来组织管理的。只要规定了库存限额，那么无论通过何种库存管理方式都可以实现拉动。当然，**只有 FIFO 并不是一个完整的拉动系统，还缺乏一个触发补货的信号**。

因此，仅通过规定限额的缓冲库存（如 FIFO）无法建立拉动系统，通常它只作为拉动系统的一部分。图 25 显示了这样的一个例子，工序之间的缓冲空间被限制为四个。

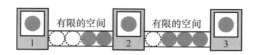

图 25：规定限额的缓冲库存

这样一个简单的系统不足以管理生产，它还缺乏一个关键信息。当一个零件离开系统时，系统内的第一道工序接下来应该生产什么？

如果整条价值流完全用 FIFO 连接各工序，这种方式也不一定行得通，而且非常不便于管理，尤其在物料流合流或分流处管理起来会很困难，如组装工序、拆装工序或一些平行工序。

如果缓冲库存除了规定限额，还要求有固定的顺序，如先进先出（FIFO）、后进先出（LIFO）或先到先出（FEFO），价值流起点的作业将沿着价值流向下游流动且不允许有任何变化，价值流将失去柔性。我们无法想象如何将某一颗螺钉提前分配到某辆特定的汽车上，所有零件都将被要求按照完全正确的顺序准时到达装配点，这种端到端的 FIFO 对物流系统来说简直就是噩梦。

作为拉动循环的一部分，FIFO 非常有用、功能强大，强烈推荐使用！图 26 所示为人们在公交车站的 FIFO 示例，当然这个示例中没有规定排队人数上限。

图 26：人们在公交车站的 FIFO 示例，图片拍摄于日本

可以通过看板、恒定在制品（CONWIP）、波尔卡（POLCA）等方式组织拉动生产，将价值流拆分成易于管理的小段，让生产系统获得更多的灵活性。其中，规定缓冲库存限额是这些更先进的拉动系统的一个关键因素。同时，也建议在看板和 CONWIP 系统使用 FIFO 方式管理库存，FIFO 能够让这些系统的优势更明显。因此，我想在讨论拉动系统之前，首先讨论缓冲库存限额，因为这是拉动系统的一个重要因素。

# 4.1　基本原理

FIFO 代表先进先出，是一种自带防错机制的物料流。第一个进入库存的零件将第一个离开库存，零件离开库存的顺序与它们进入的顺序相同。FIFO 是精益物料流的一个重要组成部分，它是定义物料流和信息流的一种简单方式，图 27 所示为 FIFO 的简单示例。

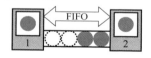

图 27：FIFO 的简单示例

### 4.1.1 FIFO 的作用：隔离

不同的工序通常需要不同的节拍[27]来处理零件，即使对于一条平衡良好的生产线，每道工序的节拍也会有细微的差异，较快的工序需要等待较慢的工序。在一个没有波动或变化的世界里，这种等待情况永远不会改变，所有工序总是要等待最慢的工序（瓶颈工序），不管工序之间有多少缓冲库存都不会改变这种状况。

假设有一个包含三个静态工序的系统，如图 28 所示。如果中间的 2 号工序一直是最慢的，那么 2 号工序前的所有库存将一直是满的，所有上游的工序每生产一个零件都会停机等待一下。同样，2 号工序后的所有库存都是空的，下游工序每加工完一个零件也都需要停机等待 2 号工序下料。所以不管工序之间的 FIFO 数量或空闲空间是多少，都不会改变这种停机等待的情况。

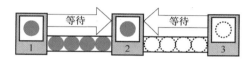

图 28：无波动静态系统的两个 FIFO 状态

在现实世界中，工序的节拍并不是恒定不变，而是一直处于动态变化中，时快时慢。任何类型的缓冲都可用于隔离各工序节拍的波动，以提高系统的利用率和产能。当然，FIFO 和其他传统类型的缓冲库存相比，优势更明显。

理想情况下，平均速度最慢的工序（瓶颈工序）永远不需要担心上游缺料或下游阻塞而停机等待。正是由于波动的存在，瓶颈发生等待的情况无法完全避免，但这种等待可以通过库存来缓解。如果暂时变慢的工序在瓶颈工序下游，那么瓶颈工序可以继续将物料填入与下游工序间的缓冲区；如果变慢的工序在瓶颈工序上游，那么瓶颈工序将从上游的缓冲库存中提取物料。

图 29 所示为波动导致的 FIFO 补充和消耗，2 号工序是名义上的瓶颈工序。在图 29a 中，最后一道工序暂时变慢，2 号瓶颈工序继续生产，补充下游缓冲库存。在图 29b 中，第一道工序变慢，2 号工序继续消耗上游缓冲库存中的零件。

---

[27] 节拍的定义要看使用环境。在这里，节拍指在理想情况下（即没有任何损失或问题）加工一个零件所需的时间。如果把平均损失包含在节拍内，它就变成了线节拍（即每天生产的零件数量的倒数）。

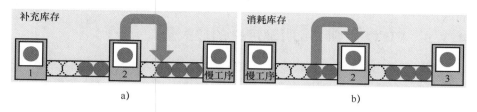

图 29：波动导致的 FIFO 补充和消耗

同样，这个理论适用于任何类型的缓冲库存。接下来我想谈谈，是哪些规则让 FIFO 成为一种优势明显的库存管理方式。

## 4.1.2　FIFO 规则 1：不超车

有两条规则对 FIFO 来说很重要。第一个进入缓冲的零件也是第一个出来的零件，FIFO 的名称也因此而来，必须确保零件的先后顺序。在 FIFO 中，任何零件都不能超车，也不允许有零件从外部插入 FIFO。图 30 所示的 "超车" 是不被允许的。

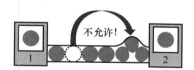

图 30：FIFO 规则 1，不允许超车

这条规则对于避免产出时间（throughput time）的波动很重要。精益生产的一个目标是要有一个顺畅的物料流，如果允许零件互相超车，那么其他零件的等待时间就会变长。这种情况如果经常发生，大部分零件的等待时间有可能会变长，最终必将导致无法按时交货。

想象一下你在超市准备结账的场景：前面有十个人在排队，虽然可能需要一些时间，但可以很容易预估。如果现在有一个人拿着 VIP 卡，插队到你前面，那么你就需要等待更长时间。再想象下，如果每结账三个人就会有一个 VIP 插队，这种情况就不会令人愉快了。极端情况，除了你，其他所有人都是 VIP，他们都能插到你前面，这时你只有等到商店快关门才有机会结账了。

尽管生产出来的零件本身不会像人一样抱怨，但等待零件的客户他们肯定会抱怨。因此，**保证 FIFO 的顺序是至关重要的**，虽然在一些特殊情况下可以打破规则，关于这点后面会详细展开讨论。

### 4.1.3　FIFO 规则 2：明确定义的最大量

第二条规则要求 **FIFO 必须有一个明确定义的最大量。当 FIFO 已满时，前道工序必须停止**，图 31 所示的过度补充是不被允许的。定义这条规则的原因是为了避免过量生产，这一点使 FIFO 或拉动系统比推动系统要好得多。

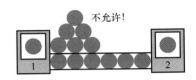

图 31：FIFO 规则 2，不能过度补充

顺便提一下，没有规则定义 FIFO 的最小量，默认是零。FIFO 的零件不可能少于零，如果没有零件，下游工序会因为缺料而自动停止。

### 4.1.4　打破 FIFO 规则

上面定义的两条规则把缓冲库存变成了 FIFO 库存，这两条规则应该遵守。但也可在极少数情况下，打破这些规则，只是需要充分认识到，如果打破这些规则，可能会产生一些看不到的影响。问题是值得这样做吗？这就需要具体问题具体分析。

假设你的 FIFO 中有不同的产品，而现在由于缺少零件，无法加工 FIFO 中排在最前面的两个产品（缺少的零件要在三天后才会到达），现在你有两个选择：

- 将所有的工序都停下来，等零件到达之后再重新启动生产。
- 将缺少零件的产品临时从 FIFO 中取出（改变 FIFO 的顺序）。

当然，也有人绝对不愿意打破规则，但实践告诉我，有时可能有必要这样做。拿上面的例子来说，我会选择打破 FIFO 的顺序，把无法继续生产的两个产品从产线上拿下来，继续生产其他产品。等到所缺的零件到达后，再把取出的两个产品放回 FIFO 中继续生产，甚至可以插到 FIFO 队列的最前面。

让我们明确一点：我不喜欢打破 FIFO 规则，但相比较而言，我更不喜欢仅仅因为缺少零件而停产三天。

同时要注意的是，如果允许有太多的例外，系统就会失控，会让产线员工感觉到 FIFO 的规则可有可无。更糟糕的是，会让系统失去改进的紧迫感。因此，请尽可能地避免违反已制订的规则。

## 4.2　FIFO 的变型

还有一些库存管理方式类似于 FIFO，它们的区别主要在于其排序规则，让我们一起来看一下这些变型。

### 4.2.1　先到先出及其变型

FIFO 是大多数拉动系统使用的库存规则，当然也有一些其他变型。对于 FIFO 来说，在系统中待得最久的零件（排在 FIFO 序列中最前面的一个）第一个被移出。在 FEFO 中，**先到期**的零件先被移除。对同一产品中的不同型号，在生产和到期时间上可能不同，则 FEFO 就特别重要。

例如，用新鲜的牛奶制作的酸奶，比那些使用临期牛奶制作出来的酸奶的保质期更长，但你想先出售那些快到期的酸奶。因此，你可能会提前出售那些不那么新鲜的牛奶制成的酸奶，即使它是晚些时候生产的。

这种方法适用于易腐货物，如食品、药品和保质期短的化学产品，如胶水等。但是，这种方法的管理成本更高，需要跟踪所有库存的过期日期。每当需要某件物料时，都需要先找到最早到期的那件。通过纸质系统管理这些库存相当困难，同样地，找到最早到期的那件物料也一样困难。通常情况下，ERP 或其他计算机系统被用于跟踪所有产品的到期日。尽管如此，这也非常耗时。

它还需要一个存储系统，每件物料都可以随时被存取。对于这种类型的物料管理，类似于 FIFO 的队列系统并不适用，除非能很容易的从 FIFO 中找到最早到期的那件物料。所以，这种存储系统通常由计算机来管理。

总之，应尽量避免使用 FEFO，除非对你的生产系统有非常明显的优势。幸运的是，大多数工业产品的保质期都非常长，而且产品的生产顺序通常也是它们被消耗的顺序。

还有一些类似的方法，但使用的不是到期日期，而是其他的一些日期，如最佳保质期，即产品在此日期之后可能仍然有效，但质量不是最佳的。

FEFO 还有一个变型，它更适用于按订单生产，你可以随时挪动具有**最早交付到期**的产品。如果产品 A 需要在 10 天内交付，产品 B 需要在 8 天内交付，那么 8 天内交付的产品 B 就比产品 A 有更高优先级。

更精细的方式是使用剩余的工作天数（工作量）除以到期天数，以确定

**剩余天数工作量占比**。再来看上面的例子,产品 A 还需要再投入 7 天的工时,而产品 B 只需要再投入 3 天工时就可以完工。因此,产品 A 需要使用 7/10 = 70%的剩余天数完成工作,产品 B 则只需要用 3/8 = 37.5% 的剩余天数完成工作。基于这种算法,产品 A 的优先级更高,会优先生产。

还可以使用**离到期日所剩余的安全缓冲时间**。产品 A 还需要 7 天的工作量,10 天后到期,因此安全缓冲时间为 3 天。产品 B 只需要生产 3 天就可以完工,8 天后到期,因此产品 B 的缓冲时间更宽裕一些,为 5 天,风险较小。在这种情况下,产品 A 被优先处理。这些例子的数据列在下面的表 1 中。

表 1:FEFO 的示例数据

| 产品 | $x$ 天后交付到期 | 剩余所需工作天数/天 | 工作天数占到期天数的比例(%) | 缓冲天数/天 |
|---|---|---|---|---|
| A | 10 | 7 | 70% | 3 |
| B | 8 | 3 | 37.5% | 5 |

还可能有更多其他的变型,这取决于产品的特性。这些类似 FEFO 的库存管理方式比 FIFO 更复杂,管理成本更高,只有在 FIFO 不能满足生产要求的前提下才考虑这些复杂的库存管理方式。

## 4.2.2 后进先出

在此介绍后进先出(LIFO)更多的是为了内容的完整性,实际上并不建议使用。在这种方法中,最晚进入库存的物料第一个被移出使用,最早进入库存的物料最后被使用。这是一个非常低级的库存管理方法,因为它使旧库存变得更旧,甚至过期。**LIFO 使平均提前期有非常大的波动,但与 FIFO 相比,LIFO 的平均提前期没有改变。**

有时会因为存储方式的限制而被迫使用这种库存管理方式。例如,如果有一大堆的煤炭、铁矿石或木屑等散装货物,从顶部添加和移除物料是最简单的方法。如图 32 所示,存储方式采用 LIFO,最后存入的物料会先被移出使用。

更好的方法是使用筒仓,物料从筒仓的顶部添加,使用时从筒仓底部取料。这种存储方式更接近 FIFO,仓储设施也更昂贵。

还有一些其他的例子,如存放 CD 或 DVD 光盘的柱子,光盘只能从最上面添加和移除;再如将土豆存储在地窖内,如图 33 所示。

图 32：LIFO 示例，从煤堆顶部补充和消耗

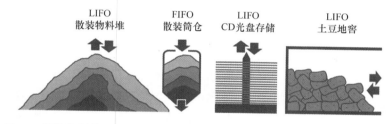

图 33：散装物料堆（LIFO）和散装筒仓（FIFO），CD 光盘存储和土豆地窖

为了避免产品过度老化，偶尔清空整个库存是有必要的。这可以在不中断生产的情况下进行，如你可以堆两堆物料，在使用第二堆物料之前，你先完全清空第一堆物料。总之，**虽然在工业领域中偶尔会使用 LIFO 的存储方式，但请尽量避免。**

## 4.2.3　其他规定限额的缓冲库存

最后，还有一种选择，就是只限制缓冲库存的大小，但移除零件的规则不遵守 FIFO、FEFO 或 LIFO，甚至没有顺序上的要求。由于缓冲库存的大小是有限制的，所以这种库存仍然可以成为拉动系统的一部分。

**但还是建议车间指定库存消耗规则。**如果没有定义任何顺序规则，那么这个顺序就不会是随机的，而将取决于员工的个人喜好。不受欢迎的工作，那些工作量大、更脏，或者收入更低的工作，将被留在最后，甚至被遗忘，而那些受欢迎的工作则会被迅速完成。

当然，根据实际情况，可以制定更详细的规则。例如，波尔卡（POLCA）是针对异序作业的一套复杂规则，规则的设定基于作业任务最早允许进入工序的时间，以及后道工序是否有空闲产能，因为这个系统限制了最大库存，所以可以建立一个拉动系统。最后，**我个人还是强烈建议，在没有特殊理由的情况下，使用 FIFO 作为库存管理方式**。

# 4.3  要素

FIFO 的关键要素是库存，且库存必须遵循上面的提到的两个规则，即**设定库存限额和遵循先进先出的顺序**。这两个规则可以通过建立标准来实现，有时也可以通过数字化的库存管理系统来实现。

当然，最明智的做法是从 FIFO 设计入手，从物理上**杜绝改变 FIFO 顺序的可能性**。通常可以通过专用传送带、滑道或有物理空间限制的轨道来实现。如图 34 所示的啤酒灌装线，员工很难在传送带上随意添加更多的瓶子，改变瓶子顺序也不容易。

图 34：啤酒灌装线，FIFO 示例（mulderphoto 图，经许可）

# 4.4  计算方法

无论是 FIFO、LIFO、FEFO，还是其他库存管理系统，一个重要的因素是缓冲库存的大小。缓冲库存对上下游两个方向都能产生作用。

- 工序下游的缓冲区未被填满，意味着工序可以继续生产。如果下游缓冲区已满，前道工序就必须停止。
- 如果工序上游的缓冲区内有零件，意味着工序可以继续生产。如果上游的缓冲区是空的，那么下道工序停止。

对于一个没有故障或没有节拍变化的静态系统，就不需要任何缓冲库存。如果有缓冲库存，那么瓶颈工序前面的所有缓冲库存都是满的，瓶颈工序后的所有缓冲库存都将是空的。

在现实中，**每道工序都会随机变化**，可能会出现故障，使工序停机几分钟、几小时或甚至更久，也可能有一些小到你注意不到的变化。例如，某个零件的平均节拍为 8min，其中有一个慢了 3s，另一个快了几秒，你可能完全注意不到。如果没有缓冲库存，任何随机波动都会影响整个系统的效率。在任何时候，当前时间点的最慢工序将决定整条生产线的速度。**如果没有缓冲库存，生产系统总是以最慢的速度运行。**

通过缓冲库存，你可以隔离这些速度差异。如果一道工序暂时比平均速度快，上游的缓冲库存就会被消耗，下游的缓冲库存就会被填充。如果该工序再次运行缓慢，上下游的缓冲库存又会做出相应改变，如图 35 所示。如果没有缓冲库存，系统中任何工序的任何波动都将拖慢整个系统。因此，缓冲库存可以预警即将出现的问题，如某道工序比它标准的速度慢了。

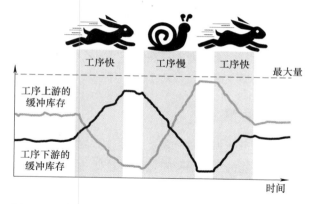

图 35：工序上下游的缓冲库存随工序速度的变化而变化

缓冲库存的大小取决于你想隔离多大的波动。**缓冲库存越大，被隔离的波动就越多越大，生产线的利用率和产出就越高。但是，缓冲库存越大，提前期也就越长，库存和管理费用越高。**总之，缓冲库存是**效率和产出**与**提前期和库存成本**之间的权衡。在精益生产中，趋势显然是朝着较少的缓冲库存发展。如果需要取舍，请选择较小的缓冲库存。

## 4.4.1　数学计算方法（不推荐）

有一些数学方法可以计算或模拟出缓冲库存的大小，但这些算法都很复杂，而且需要大量的数据，如节拍和停机时间的标准偏差，而这些数据都不易获取。因此，我强烈建议使用一些更实用的方法。如果你想了解更多的数学方

法，请查看我的其他出版物。[28,29]

## 4.4.2 基于缓冲时间计算缓冲库存

你可以根据期望被隔离的故障或中断时间来估算缓冲库存大小。假设你想让缓冲库存覆盖相邻工序 10min 以内的停机，如果相邻工序在上游，当前工序上游的缓冲库存至少要包含相当于 10min 生产的零件。如果相邻的工序在下游，则当前工序下游的缓冲库存至少能够容纳 10min 内生产出来的零件。

可以想象，如果每分钟生产一个零件，并且希望缓冲 10min 的停机，则缓冲库存就需要能够容纳 10 个零件。如果每 5 秒生产 1 个零件，10min 停机就需要 120 个零件的缓冲库存。对于生产节拍较短的产线，如果需要通过缓冲库存覆盖较长的停机时间，库存的大小很容易失控。请注意，还有一种情况，如果上游的缓冲库存已经空了，或者下游的缓冲库存已经满了，而这时上游工序继续停机，那么这个停机波动就不可能再被缓冲库存覆盖了。

还有许多额外的影响，如缓冲库存在需要时没有完全清空或填满，以及上游或下游的其他工序，都会影响与当前工序相邻的缓冲库存的隔离效果。

## 4.4.3 缓冲库存估算

还有一个方法是在车间里找一个熟悉这些或类似工序的员工，让他估计缓冲库存的大小。如果可能的话，引导该员工向较低的数值预估。如果实际观察到的结果不符合预期，可以再进行调整。

是的，这是目前确定工厂缓冲库存的最先进技术：专家估计（本质是让对工序比较了解的员工对缓冲库存做个大胆猜测）。

## 4.4.4 缓冲库存设计的一般规则

对设计缓冲库存还有一些建议：

- 瓶颈工序前后的缓冲库存比非瓶颈工序前后的缓冲库存更重要。

[28] Christoph Roser, *Determining the Size of Your FiFo Lane-The FiFo Formula*, in *Collected Blog Posts of AllAboutLean. Com 2014*, Collected Blog Posts of AllAboutLean. Com 2 Offenbach, Germany：AllAboutLean Publishing, 2020, 185-91, ISBN 978-3-96382-010-6.

[29] Christoph Roser, *The FiFo Calculator-Determining the Size of Your Buffers*, in *Collected Blog Posts of AllAboutLean. Com 2014*, Collected Blog Posts of AllAboutLean. Com 2 Offenbach, Germany：AllAboutLean Publishing, 2020, 209-12, ISBN 978-3-96382-010-6.

- 如果工序之间通过传送带连接而使工序之间的节拍有关联，并且所有零件都是同步移动的，那么工序之间通常不需要缓冲存库。
- 如果工序之间的节拍没有关联，不同工序的零件也不需要同步移动，那么工序之间应该至少有一个单位（一个零件或一箱零件）的缓冲库存。
- 手动操作台需要的缓冲库存相对较少，因为如果操作员觉得自己影响了前后道工序，或者被前后道工序影响了，他们自己会调整操作速度。
- 瓶颈工序之前的缓冲库存通常是满的，之后的缓冲库存通常是空的。因此，瓶颈工序下游的缓冲库存对系统库存和提前期的影响要小得多，但它可以防止瓶颈被下游工序堵塞。

## 4.5　优势

FIFO 有很多优点。首先，**这是一种明确定义的物料流**。两道工序之间的物料总是被限制在 FIFO 容量内。可以避免像图 36b 所示的那样，所有物料都被推到一个地方。

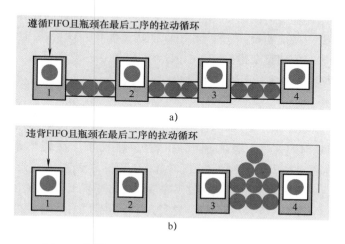

图 36：使用 FIFO 和不使用 FIFO 的拉动系统比较

此外，使用 FIFO 不会在两道工序之间过度填充库存，所以**也不可能过度填充整个系统**，因此它是一个精益物料流。系统仍然能够对需求的变化做出（相对快速的）响应。总库存被限制住了，系统性缺陷可以被更早地发现。所有七种浪费（其中过量生产是最严重的浪费）都会减少[30]，系统效率更高。

FIFO 也是一个明确定义的信息流。除了第一道工序，你不需要告诉其他工序要生产什么，它们只生产从 FIFO 流出来的零件。这使得 FIFO 易于管理，从而减少了大量的管理成本。在 FIFO 系统中，你只需要控制第一道工序，如通过拉动系统触发第一道工序，后面所有工序都通过 FIFO 自动管理。

FIFO 也有助于可视化管理。通常很容易观察到 FIFO 是满的还是空的，通过 FIFO 能够了解系统当前的状态，如瓶颈在哪。如果发现 FIFO 经常在满和空之间来回变化，可以调查发生这种情况的原因，提前识别潜在问题。永远不要低估现场观察的能力，在现场可以很容易看到系统中发生了什么。

# 4.6　劣势

FIFO 的缺点很少。通常情况下，除非有明确的理由使用其他类型的库存管理方式，否则强烈建议使用 FIFO。

## 4.6.1　前期投入

FIFO 的库存容量会比无管理的库存少一点。与无管理的库存相比，建立 FIFO 当然需要一些前期投入。但与 FIFO 的优势相比，这些缺点都是次要的。FIFO 使生产顺序的调整变得更复杂，但这就是 FIFO 的意义所在。一个需要经常改变生产顺序的系统，不适合使用 FIFO。

## 4.6.2　物料流分流时可能出现堵塞

使用 FIFO 时存在一个潜在问题，如果物料流分流，在某些情况下会堵塞其他工序。如图 37 所示，物料流在工序 1 后分流，所有的六边形零件都经过工序 2 加工，所有的圆形零件都经过工序 3 加工。如果工序 3 发生故障，工序 1 到工序 3 之间的 FIFO 已经被填满，这反过来会阻碍工序 1 将已经生产完成的圆形零件向工序 3 前的 FIFO 移动。在工序 1 前面等待生产的六边形零件序列堵在了工序 1 前的 FIFO 中，工序 2 由于堵塞缺料而无法生产，直到工序 3 的问题得到解决。这样的堵塞通常需要人为干预。

---

30　七种浪费是运输、移动、等待、过度加工、缺陷、库存和过量生产（最糟糕）。

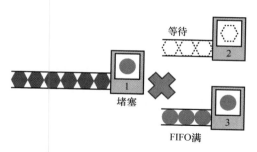

图 37：物料流分流，工序 3 前的 FIFO 满阻断了系统运行

图 37 所示的例子在异序作业中非常常见，尽管零件的种类更多。当然，如果在现实中发生这样的堵塞，操作员通常会进行人为干预，调整零件的生产顺序，让零件继续流动起来。这会打破 FIFO 规则。尽管如此，这还是比整个系统停止运行要好得多。如果想要完全避免异序作业中的堵塞问题，要么需要无限大的缓冲库存，要么需要能够预测问题发生，当然这两者都是不现实的。后面章节会介绍一种拉动系统——波尔卡（POLCA），这种方法自带反堵塞机制。

类似的情况如图 38 所示，工序 1 下游只有一条 FIFO。这种情况与图 37 类似，如果工序 3 出现问题，后道 FIFO 中排在最前面的圆形零件不能移动到工序 3，圆形零件后面所有零件都被 FIFO 中的圆形零件堵死了，这导致工序 2 停机待料。

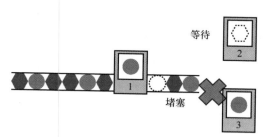

图 38：工序 1 后只有一条 FIFO，工序 3 停机阻断生产

图 38 所示的情况可以通过在工序 1 后不使用 FIFO 来避免，但这对系统的帮助有限。因为只要系统限制库存，非 FIFO 库存还是有被填满的可能性，从而迫使工序 1 停止生产，如图 39 所示。

异序作业的物料流特别容易遇到这种情况。一种解决方案是取消固定**库存上限**，当然如果没有硬性规定，物理空间上最终会有一个上限，这通常通过将操作员重新安排到工作负荷最高或等待作业最多的工序上来解决。如果整个拉动循环中有多道工序，拉动系统仍然可以限制总库存。但在这种情况下，下游的各道工序应当能够将拉动循环中的所有零件都放在一个库存。

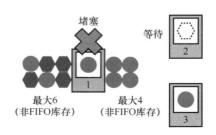

图 39：使用非 FIFO 的物料流分流系统，工序 3 阻断系统运行

另一种解决方案是采用 POLCA 拉动系统，**只有在下游有可用的存储空间或产能可以实际承担作业的情况下，才会启动下一项工作**。POLCA 的基本原理是为系统中的每一条可能的物料流都设置一个拉动循环。换句话说，在 POLCA 生产系统中会有很多小的拉动循环。

通常，对于通用系统，如果下游没有某个物料的存储空间，FIFO 顺序就会被打破，下游中具有存储空间的作业就会开始。在图 37 所示的示例中，这意味着工序 1 不生产 FIFO 中的最后一个圆形零件，而是跳过圆形零件，开始生产六边形零件。那个跳过的圆形零件将在工序 1 前等待，直到工序 3 的问题解决。

在图 39 所示的示例中，这需要考虑非 FIFO 缓冲库存中的零件类型。当非 FIFO 缓冲库存只剩下一个空位（其他库存空间都填满圆形零件）时，工序 1 应该生产一个六边形零件，这同样也需要在工序 1 之前设置一个非 FIFO 缓冲库存，或者使用超市库存。无论如何，工序 1 需要有能力根据下游的存储空间或工序产能来决定下一个应该生产哪些零件。在许多异序作业中，这需要人为干预，或者设立决策的标准流程。

# 4.7　常见问题

## 4.7.1　什么时候不使用 FIFO

FIFO 经常用于管理拉动生产中的缓冲库存。我经常听到有人说，所有的物料流都必须是 FIFO。这是不正确的，在某些情况下，不应该使用 FIFO。

### 4.7.1.1　批次、瓶子或箱子里的物料

如果零件是以大批次或大箱的形式到达，严格意义上的 FIFO 就很难实现。如图 40 所示，在这样的大箱子中移动和处理零件，就很难保证 FIFO。当然给零件编号可能是可行的，但真的值得这样做吗？我们可以让箱子本身尽可能地遵循 FIFO，箱子里面的零件可以随机排列。

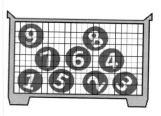

图 40：箱子中无序的零件

### 4.7.1.2　优先权和其他排序规则

在某些特定的情况下，确定生产的优先次序或给生产排序是有意义的。正如警车或救护车在交通拥堵时超越其他汽车一样，优先级高的零件也可以在生产线上超过其他零件，有时这可能有助于生产。

例如，你可能将产品分为常规品种（high runners）和非常规品种（exotic types）。对于常规品种，通常会使用按库存生产的方式。如果对非常规品种也使用按库存生产，那么库存将会急剧增加，这时可以选择按订单生产这些非常规品种，以降低库存。在这种情况下，缩短这些非常规品种的产出时间（throughput time）有助于提高客户满意度。通过插队方式**优先生产按订单生产的产品**会显著改善非常规品种的交付率，并降低整体库存，同时又只略微增加按库存生产的常规品种库存。

实际生产中也会遇到**生产或计划出现问题**，一个订单或零件被遗忘、延迟、遗漏、搞混或设计变更等，现在关键客户在催着要货（这种情况是不是很熟悉？），这时也可以通过让这些出现问题的订单插队生产，以减少来自客户的压力。**确定优先次序的关键是，尽可能避免这种情况经常发生**，十个零件中最多只允许有一两个插队，不然整个系统就会陷入混乱。

还有一个违背 FIFO 规则的原因是**优化换型**。我碰到过一些工艺，如果产品以特定的顺序出现，那么换型会更方便。例如，在注塑成型工艺中，从浅色的注塑材料开始，然后逐渐转为深色注塑材料可能会更容易。这样一来，可以

缩短清空注塑设备的时间，因为注塑机内浅色材料的残留在深色零件上看起来不太明显。反过来，留在设备中的深色材料颗粒更容易影响透明零件或白色零件的外观。对于这样的工艺，改变前道工序的顺序并重新排列零件以减少换型时间是有意义的。

如果在价值流中的不同工序有着各自理想的换型顺序，那么在价值流中可以多次打破 FIFO 规则，这将减少换型成本，代价会是更高的库存和更长的提前期。当然，纯粹的精益理论是将换型时间优化到零，以使批量为一。在实现这个终极目标之前，可以考虑打破 FIFO 规则来优化换型。

总之，需要权衡打破规则带来的好处及其影响。改变 FIFO 顺序不应该成为常态，如果经常改变顺序，那就建议遍历所有可能的原因，建立适当的标准来规范 FIFO 的调整。

### 4.7.1.3 平行通道

另一个打破 FIFO 规则的例子是，本来需要一条很长的 FIFO 通道，但由于车间里没有足够的空间，只可以将 FIFO 分成几条平行通道，如图 41 所示。这里的挑战是如何在多条平行通道上维持 FIFO。在补充和消耗零件时，上道工序和下道工序都需要遵循一定的规则，以维持这种多通道的 FIFO。

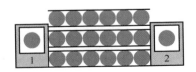

图 41：三条平行的 FIFO 通道

我见过不同的方法管理这种 FIFO，以及如何向 FIFO 使用者发出补充或消耗的信号。这些可以是精心设计的数字信号或机械结构，甚至只是在零件上面放一个廉价的塑料花盆。所有这些方法都要求在补充或消耗 FIFO 时非常小心。有时你想通过这些方法来维持 FIFO，但还是很容易就忽略 FIFO，上游和下游工序都可能随机使用 FIFO 通道，这不是一个严格意义上的 FIFO，但这对使用者来说更容易。唯一的解决方法是让员工能够严格遵守标准，否则这种平行通道的 FIFO 多多少少会出现一些问题。

还要注意一些零件在通道上停留时间过长造成的风险。这可能是偶然发生的，也可能是因为这种 FIFO 实施起来难度较大，下游工序往往会优先拿取FIFO 上容易获取的零件，特别是后者经常发生。

另一个缺点是，由于零件可能随机分布在几条通道中，当零件出现质量问题时，可能不再具有追溯性。如果在下道工序发现缺陷，就不容易锁定并行 FIFO 通道中的哪些零件会有同样的问题。

只有在保持 FIFO 有明显优势的情况下，我才会在平行通道中严格执行 FIFO。例如，像牛奶这种会快速变质的产品，或更新频繁的产品，或者 FIFO 确实有助于特定情况下的问题跟踪。

我过去也打破了平行通道上 FIFO 的规则，让员工在自己选择的任何通道随机补充和消耗零件。我当时的情况，反正没有系统来跟踪问题（当然这本身就是一个问题），产品也不会老化，而且设计也不会经常改变，所以 FIFO 就不那么重要了。只有在设计变更时，才需要特别小心，以免新旧产品混淆。这种多通道的 FIFO 不是一个完美的解决方案，很多情况下都是由于各种限制不得已而使用的方案。

总之，需要权衡维持 FIFO 的投入和产出。我自己也会打破 FIFO 规则，当然最好的办法还是降低库存，在可用空间内只有一条 FIFO 通道，这样刚才的所有问题都不需要讨论了。

## 4.7.1.4　不同的存储成本

打破 FIFO 规则也有可能降低仓储成本。如果你的工厂不仅拥有自己的仓库，同时还要租用外部仓库。你自己的仓库已经是沉没成本，不管里面存放多少产品都无所谓，但外部仓库还是会按存储面积和天数收费的。

在这种情况下，在增加外部仓库之前完全填满自己的仓库更有经济意义。同样，在清空自己的仓库之前，也应该先清空外部仓库的库存，以降低存储成本。这样补充和消耗库存的顺序将不再是 FIFO，反而更像 LIFO。

同样也有一些注意事项，要确保产品在仓库里不会过期！当然，更好的选择是改进系统并降低库存，但这并不容易。

## 4.7.1.5　异序作业

如第 4.6.2 节所述，异序作业中严格遵守 FIFO 可能导致生产堵塞。完全遵守 FIFO 会迫使其他零件等待，直到 FIFO 中排在最前面的零件能够继续进入下道工序生产，如果碰到这种情况就需要进行人工干预。

当所有零件有不同的零件流时，如分支、循环或跳过工序，就会打破 FIFO 规则。在这种情况下，零件离开系统的顺序会与进入系统时的顺序不一致。物料流越不规则，FIFO 的顺序就会越乱。

在异序作业中，对于按订单生产的产品，FIFO 规则几乎总是被打破。如果每个零件的价值流是不同的，那么零件进入和离开系统的顺序也几乎肯定是不同的。试图为异序作业按订单生产的产品建立 FIFO 规则，除了自找麻烦，没有任何意义。大多数异序作业也会用到标准零件，如螺钉或标准钢坯，这些当然可以通过 FIFO 的方式进行管理。

## 4.7.2　FIFO 的大小是否必须与库存限额相匹配

假设你有一个拉动系统，整个拉动系统的库存限额为 100 个零件。FIFO 的库存量是否必须是 100 个？很明显，不是。FIFO 的库存量可以少于系统中的最大限额。零件可以在超市里等待，或者在生产队列中排队等待生产。

你也可以想象一个系统，FIFO 的库存量比系统的库存限额多。较大的 FIFO 通常可以提高工序的利用率，但这种情况并不常见。为了能得到一个精益系统，建议**避免过大的 FIFO**。在任何情况下都可以单独决定拉动系统的库存限额和 FIFO 库存量。

第 5 章

# 看 板

看板是最经典的拉动系统。尽管有很多方法可以在没有看板的情况下实现拉动，但看板还是经常被看作是拉动的同义词。本章重点讨论看板，也会解释看板与其他拉动系统的关系。看板是附在拉动循环中所有零件上的一张卡片，当零件离开循环时，被释放的看板会继续触发对应零件的补货。

## 5.1 基本原理

对于按库存生产（make-to-stock）的生产方式，看板系统是建立拉动生产最简单的方法。通常在价值流环节的末端会有一个库存，这个库存被称为"超市"。看板循环中的所有物料，包括超市中的物料，都附有看板。看板上有关于物料的型号和数量等相关信息。

每当下一道工序或客户从超市中取走一件物料时，该物料释放出来的看板就会返回到看板循环的起点，触发同一型号物料的再生产或再订货。对于生产系统来说，最经典的看板系统也被称为**生产看板**。看板也可以用于运输或重新订购物料，在这种情况下，它被称为**运输看板**。图 42 所示为一个覆盖四道工序的生产看板循环。

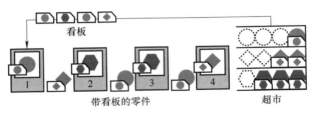

图 42：生产看板循环，每个零件都附有一张看板

因此，看板从根本上来说是附在零件上的信息。它通常是一张打印的纸或一张卡片，当然也可以采用其他形式，如容器本身、数字看板等。看板的基本规则之一是，**每个零件都有一张看板附在该零件，或者附在装有该零件的容器上**（三角看板系统是个例外）。

看板系统一般只适合重新补充库存。看板准确地描述了它所代表的零件型号，以及该张看板代表的零件数量，只补充这一张看板的零件。从根本上说，看板是用来补充按库存生产的零件或产品的库存。**看板不适合按订单生产的零件。**

一张看板至少代表一个零件，当然**也可以代表多个零件**。在这种情况下，看板触发的不是补充一个零件，而是根据看板的信息补充相应数量的零件。

某个零件的所有看板表示的零件数量的总和是这个零件型号在该系统中的库存限额，不应该出现比看板定义数量更多的零件。看板也是补货的信号，因此看板系统是一个拉动系统。但是，如果有些看板正在排队等待生产，那么拉动循环中的实际零件会少一些，如图 42 所示。确定看板的数量有点复杂，但**目标是权衡库存的高低和超市里是否始终有足够的库存来满足客户的需求。**

## 5.2　类型

除了补货生产用的标准生产看板，还有一些其他类型的看板。

### 5.2.1　运输看板

运输看板几乎在所有方面都与生产看板相同，只有一个小区别，它不是触发再生产，而只是从前道库存或供应商那里重新补料。这种看板被称为运输看板（transportation kanban）、取货看板（withdraw kanban）或传送看板（conveyance kanban）。如果根据看板在价值流中的使用范围，它也被称为供应商和生产之间的供应商看板，生产和仓库之间的成品看板，以及生产和客户之间的客户看板。我个人认为这些额外的命名没有多大的意义，图 43 所示为运输看板系统的简化示意图。

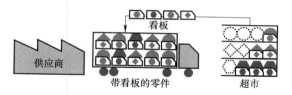

图 43：运输看板系统的简化示意图

运输看板与生产看板主要的区别是，生产工序的产能通常是有限的。如果十张看板同时到达，生产工序必须逐一处理，可能会造成一定的延迟。

运输看板与生产看板不同，只要有库存，供应商可以立即供应多张看板需要的零件。如果十张看板同时到达，就可以直接从前道超市库存中取出相应数量的零件。因此，补货时间通常要比生产看板的补货时间短得多，只受订单发送延迟和零件运输过程的影响。当然，前提是前道超市库存具有足够的零件。

这种运输看板适用于远距离运输。例如，你可以和供应商之间使用这种看板，也可以在工厂内使用。通常使用运输看板来进行循环取货，其中物料沿固定路线、以固定时间间隔送达指定站点。

**如果想要在靠近用料端再设置一个线边超市，可以通过运输看板实现主超市和线边超市之间的物料周转。**有可能会遇到以下情况：**原始库存太大**，无法直接放在后道工序附近，这时可以在后道工序前设置一个小库存，通过运输看板实现这两个库存之间的物料周转。详见第 11.2.8 节和第 11.2.9 节。

## 5.2.2　双箱看板

看板系统的另一种类型是双箱看板系统，每个零件型号只有两张看板，这些看板不是打印出来的纸，通常是贴在箱子或盒子上的标签，因此被称为双箱看板。每当一个箱子空了，这个空箱就会被送回重新填满。这实际上是有两张看板（两个箱子）的看板系统，如图 44 所示。

这适用于**一箱零件的补货时间比另一箱零件的消耗时间短得多的情况**（即系统生产或订购的速度比客户消耗的速度快）。你至少需要两张看板，否则当需要零件时，就会遇到零件已经用完，而新零件还没来得及补充进来的情况，这可以通过使用两个箱子来避免。双箱系统经常可以在消耗量低的小零件或备件的管理中见到。医院也会通过这种方式管理药品，图 45 所示为医院内使用的双箱看板系统。

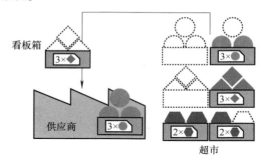

图 44：双箱看板系统示例（由于该系统既适用于再生产，
又适用于再订货，因此使用供应商图标作为示意。
当前状态：供应商正在交付一箱圆形零件，一箱菱形零件的需求已到达）

图 45：医院中使用的双箱看板系统（如果盒子前面一格空了，
第一个白色看板就会被移走，后面一格的药物被移到前面。
如果第二个格子也空了，被释放的第二张红色看板发出高优先级信号）
（图片源自 Consorci Sanitary Garraf 医院）

## 5.2.3　三角看板

三角看板不怎么需要移动看板，因为每个型号的零件就只有一张看板，这就减少了补货的频率。之所以被称为三角看板，因为在丰田公司，这种看板最初是由三角形的金属废料制成的。从废料中切出三角形的碎片比切出方形的碎片容易得多。当然，你也可以用任何你喜欢的形状制作看板，长方形的纸片也很好用。在丰田，三角看板也被称为信号看板（信号かんばん）。这种方法实际上与第 8 章的重订货点非常相似。

　　虽然大多数看板系统明确要求每个零件或零件组都要有附上一张看板，但**三角看板对每种型号的零件都只有一张看板**。这张看板被附在可用库存中靠后的某个零件上。当零件消耗到三角看板时，这意味着所剩余的零件刚好能够覆盖补货时间（包括一些安全系数），然后三角看板触发大批量的再订购或再生产该型号零件，重新补充库存。三角看板则根据卡片上的规定，再次贴到库存中靠后的某个零件上。图 46 所示为三角看板系统示例。

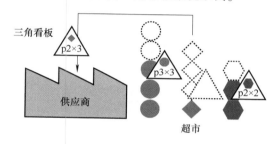

图 46：三角看板系统示例。看板上显示了放在底部 p2 或 p3 的位置，
补货量为 2 或 3。菱形零件的三角看板触发了补货信号

　　三角看板将以较大的批量订购零件。与那种每个零件（一批零件）一张看板相比，**三角看板的补货频率更低，但代表的批量更大**。这违背了均衡的基本理念（少量多次）。当然，如果没有产能限制且不均衡也不是问题，那么使用三角看板可以减少重新订货的工作量。如果换型时间非常长，有时也会使用三角看板，因为它可以通过较大的批量减少换型的次数。但是，如果能通过 SMED（快速换模）法来缩短换型时间，那将是更优的选择。

　　图 47 所示为典型的三角看板示例，它可以是你喜欢的任何形状的看板（见第 5.3.1.1 节）。与普通看板只有一个主要区别，三角看板需要包括卡片必须贴在哪个零件的信息。当看板和新零件一起返回库存时，库存操作人员需要知道他们应该把看板贴在哪个零件上。如果可能的话，保证零件的 FIFO，这样最旧的零件就会先用完，新到的零件则排在库存后面。

　　三角看板最适用于需要始终有库存的物料，这些物料体积小、价值低，而且可以很容易地大量供应。使用三角看板减少了补货频率，从而减少了重新订货的工作量。**当然，工作量的减少是以更高的库存为代价的。**

　　在我的办公室经常可以看到三角看板。如果有人只拿了一支蓝笔，并不会直接触发订单，但当有人打开最后一盒蓝笔时，就会触发三角看板，这时需要重新订购五盒蓝笔，剩下的蓝笔可以维持一段时间，直到重新订购的蓝笔到货。就算你凑巧同时订购五盒蓝、红、绿和黑笔时，也不会有什么问题，因为你个人的"峰值需求"不会对供应商造成什么压力。

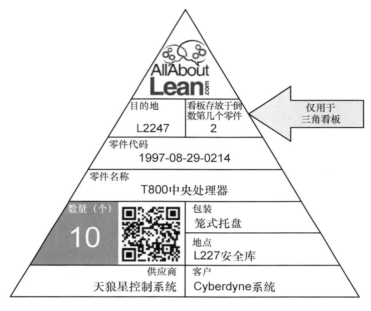

图 47：典型的三角看板示例，只有三角看板定义看板位置

三角看板还经常用于办公室茶水间补充咖啡、牛奶、糖和其他易耗品。我自己用它来触发 A4 打印纸的订购。当我和家人打开最后一包纸时，他们只需将三角看板放到我的桌子上，基于这个信号我会下班顺路再购买一些 A4 打印纸。最后一包纸通常可以撑到我买新纸回来。图 48 所示为我自己设计的用于重新订购 A4 打印纸的三角看板。

图 48：用于重新订购 A4 打印纸的三角看板

三角看板用于办公用品还有一个优势，这是一个为员工提供极好的拉动系统培训的好机会。确保咖啡的稳定供应对员工来说也是一种激励，这是一个足够简单的系统，不需要改变 ERP 系统就可以很顺畅地运转起来。

## 5.2.4  连续量看板

大多数看板系统使用物料的数量作为库存限额，一张看板对应着一定数量的零件。在某些情况下，也会遇到**连续量**。与数量这种离散量相对应，连续量使用如 L、kg 或 m³ 这样的连续量来衡量库存限额。当然，也可以用**工作负荷**来衡量，但这对看板系统来说意义不大。把测量值从离散量变成一个连续量看起来很容易，你只要把计量单位从"物料数量"改为你需要的任何计量单位，但库存限额的基本计算方法保持不变。

对于看板而言，比较简单的方法是建立一个系统，其中**一张看板代表一个固定数量**，当看板返回到第一道工序意味着补充对应的数量。如果你的客户也以一定的固定数量订购货物，这种方式就很适用。以啤酒为例，一张看板代表几箱啤酒的固定数量，返回的看板表示开始再订购这一固定数量的啤酒。你可以简单地数数看板数量，就和普通的看板一样。

如果客户要求**不同的固定数量**，那就会变得很困难。想象一下，一瓶啤酒、一箱啤酒、一桶啤酒和一车啤酒，你可以为不同的数量使用不同的看板，或者当啤酒被装入瓶子、木桶或车时，将原先可能代表一个大批量的看板更换成对应瓶子数、木桶数或车次数所适用的看板。

如果客户根本没有任何固定的订货量，而真的就给了一个**连续量的需求**，那么问题就变得极度复杂了。想象一下，从水厂出来的水到你家水管，任何数量都有可能，从一滴水到满满一泳池的水。这种情况不可能再使用传统的纸质看板，而是要发送"任意"量的补货信号，而且也不可能真的把无限小的看板附在产品上。

你需要对生产或库存中的总量进行跟踪，并始终将库存缺口补充到限额。**纸质看板不再是这种连续量需求系统的正确工具**，数字系统可能是更好的选择。在这种情况，使用重订货系统更容易。

如果不使用看板数量来限制系统库存，而是使用**工作负荷**，也可以得到一个连续量。但这对看板系统来说没有意义，因为一张普通看板总是代表一定数量的物料；重新补货生产这张看板的工作负荷也是固定的。因此，用工作负荷来衡量看板没有必要。统计零件数量和计算生产这些零件所需的工作负荷都可行，但计算工作负荷更复杂。这一点在稍后讨论像恒定在制品（CONWIP）这样的按订单生产系统时，情况会有所不同。

## 5.3　看板系统要素

　　FIFO 和生产队列对所有生产系统来说都是很常见的要素。一个典型的看板循环还包括看板、超市和看板收集盒，它还可能包括一个排序或批量生成，如图 49 所示。

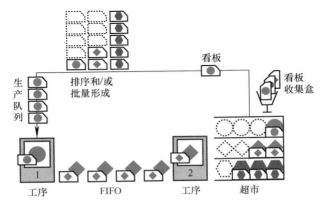

图 49：看板循环要素，示例中每 5 张看板一个批量

### 5.3.1　看板的形式和信息

　　看板描述的是零件补货的信息，这可能是再生产、再订购、一条物流链，或者任何一种可以补货的过程。因此，在其最基本的形式中，可以说"给我生产这么多数量该型号的零件"或"给我运来这么多数量该型号的零件"。虽然这种简易看板系统是可行的，但通常情况下，在看板上还包括其他一些有用的信息。在这一节中，我将详细介绍看板的形式，哪些信息必须出现在看板上，还有哪些信息可以考虑放在看板上。通常情况下，看板都会包括很多信息。

　　有一些非常简单的看板系统，只包含最少量的信息，如第 5.3.1.1.5 节的彩色垫片看板或第 5.3.1.1.7 节的无看板的看板。记住，少即是多！不要把那些很少用到的信息或经常变化的信息放到看板上面，使看板看起来很复杂，如图 50 所示。

| 生产看板 | | | | |
|---|---|---|---|---|
| 产品代码 2004-07-25-1818 | | 产品 型号101系列T-800 | | 产品号 2004-07-25-1818 |
| 数量 5 | 单位 个 | 生产位置 T-800装配线 | | |
| 包装 无 | | 客户 Skynet（客户名） | | |
| | | 备注 小心处理! 遵守安全条款! | | |
| | | 存储位置 37号库 | | |
| | | 看板编号 1 | 总看板数 4 | |

图 50：看板上包含的信息

## 5.3.1.1　看板的物理（或数字）形式

　　看板包含需要生产产品的型号和数量信息。在一些工厂，看板是一张简单的纸。不幸的是，在许多工厂，员工会习惯性地扔掉在料箱里面发现的"废纸"。尤其在混乱的工作场所，一张重要的纸质看板可能会像一张废纸一样被扔掉，看板被丢掉后就不会触发补货。**看板的丢失会导致补货减少，给系统运转带来麻烦。**

　　还有一个例子，北欧的一家工厂使用硬塑料卡片制作看板。这种硬塑料卡片可以用作汽车风窗玻璃的刮冰器（在北欧，冬天如果将车子停在室外，风窗玻璃上很容易结薄冰）。因此每到冬天，看板很快就不见了，因为员工们会用它来刮风窗玻璃。随着看板的丢失，生产也会受到影响。

　　看板可以有很多不同的形式，包括数字看板、纸质看板、塑封保护的看板、箱子或其他容器作为看板、金属看板，或者其他任何形式。我通常喜欢用容器或金属片作为看板，因为不太容易丢失。这种物理看板的可视化通常也比数字 ERP 系统看板要好。

### 5.3.1.1.1　数字看板

　　你可以把看板作为 ERP 系统的一部分来实施，直接将信息打印在纸上或显示在屏幕上。虽然这听起来是最简单的解决方案，但它有一个问题，即无论是**实施还是随后对系统的持续改进，都需要一个程序员或 ERP 专家。**

　　根据我的经验，这些专家在市场上或公司内通常供不应求，而等待这些专家会使实施工作变得缓慢。丰田公司努力让 ERP 系统远离车间管理。数字看板对于远距离的循环是最有意义的，如在供应链中，但对于像车间那样彼此靠近的系统，尽量避免只使用数字系统。一个折中的办法是定期扫描纸质看板并进行数字确认。如果纸质看板和数字看板之间存在差异，要明确哪套系统出了问题，然后修正这些数字。

### 5.3.1.1.2　纸质看板

最常见的当然还是纸质看板。可以从 ERP 系统中打印出来，一次性使用。如果想要多次循环使用看板纸，那么就需要一些保护，防止破损。它可以被做成塑料卡片、塑封，或者放在定制的塑料套里，后者可以方便地更换里面的纸张，这样的塑料套也方便挂在零件上。也可以用胶条把它们永久地粘贴在某个容器上，或者用磁条把它们暂时固定在磁性金属上，如钢架或铸铁零件上。图 51 所示为不同规格的塑料套纸质看板。

图 51：不同规格的塑料套纸质看板（以笔作为参考）

### 5.3.1.1.3　结实的塑料看板或金属看板

我也曾使用硬塑料或金属片制成的更结实的看板，包含的信息与普通的看板相同，但塑料或金属片让看板更重、更坚固。纸张会不小心被丢掉，但坚固的板子却不太可能，这降低了看板丢失的风险。在实践中，这甚至可以是一张印刷好的纸质看板，然后附在一块塑料或金属片上。

图 52 所示为一个带磁性背板的小型塑料看板，用于医院药房。由于药品通常装在小盒子里，因此看板尺寸也必须很小，并且不能携带很多信息。

### 5.3.1.1.4　看板盒、箱子或容器

如果看板信息被永久地固定在一个箱子或其他容器上，那么这个箱子本身就是看板。这个箱子的尺寸能够容纳看板所定义的零件数量。第 5.2.2 节中介绍的双箱看板经常使用这种箱子作为看板。如果看板被永久地固定在箱子上，要确保箱子不会带着零件离开拉动系统，而是回到拉动循环的起点进行补货。图 53 所示为看板箱的示例。在车间里，使用看板箱更方便、更直观，因为不需要单独移动看板卡。在可视管理方面，空箱子也比卡片更直观。

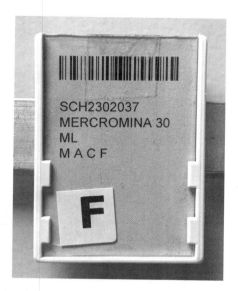

图 52：带磁性背板的小型塑料看板（尺寸为 3cm×5cm）

拍摄于 Consorci Sanitary Garraf 医院

图 53：看板箱的示例

## 5.3.1.1.5 任何可明确识别物看板

根据看板循环中产品的复杂性，可能不需要很多信息。可以使用任何物品作为看板，只要可以明确识别并可以附在零件上传达补货信息即可。丰田公司有时会使用简单的彩色垫片或彩色球来告诉前道工序应该生产什么，如图 54 所示。带圆孔的垫片代表圆形零件，带六边形孔的垫片代表六边形零件，依此类推。这只适用于型号少且工艺类似的产品。只要这些信息对供应工序来说是明确的，那么这种系统也是可行的。图 55 所示为另一个非常简单的看板，用于特内里费岛一家酒店的瓶装水补货。

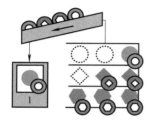

图 54：使用彩色垫片的简单看板系统　　图 55：特内里费岛 Grand Tacande 酒店
的一个简单的环形纸质看板

### 5.3.1.1.6　光信号看板

信息也可以通过光信号来传递。根据哪个灯亮起，员工就补充对应的零件。这些灯光可以是不同的形状或颜色，也可以是多个灯光的组合，只要灯光和零件之间有明确的关系即可。很容易想象还会有更炫酷的数字系统存在。

### 5.3.1.1.7　无看板的看板

最简单的看板当然是无看板的形式。如果供应工序和超市紧挨着，而且产品的型号也不多，可以简单地指示员工始终将超市填满。操作员将从超市空位最多的那个型号开始或库存数量最少的那个型号开始（如果所有型号零件有着相同的库存限额）。如图 56 所示，操作员看到超市缺货最多的是圆形零件，因此会在下次检查超市之前先生产一个圆形零件。这个系统仍是一个看板系统，但已经不需要物理看板了。

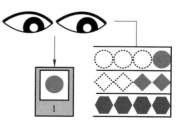

图 56：一个简单的无看板
的看板系统

### 5.3.1.2　看板的信息

看板上有很多信息，其中有些是必要的，有些则是可有可无的。尽量把重点放在必要的信息上面，并尽可能减少可有可无的信息。

#### 5.3.1.2.1　零件相关信息

一张看板代表一个或多个零件。因此，首先你需要有与该零件相关的信息。在下面所有的示例中，我假设你有物理看板（一张卡片或一个箱子上的标签）。对于数字看板而言，所需的信息是类似的，但这些信息可以与 ERP 系统中其他的数据相关联。

**零件代码**：可能最相关的信息是零件型号。在现代制造系统中，每个零件型号都有其单独的零件代码，通常是字母和数字的组合，如 13261-74040。计算机可以通过这个代码来识别零件。顺便提一下，丰田公司有时还使用三位短代码，这些代码只在价值流的某一段内有效。三位数字更容易记忆，有助于使用者在自己的工作区域内识别零件。如果你打算把纸质看板插在插槽里，可以考虑将零件代码印在看板的侧边缘。这样一来，看板就算被插入插槽中，还可以看到零件代码，如图 57 所示。

图 57：看板侧边缘的信息清晰可见

**零件名称**：人们很少能记住所有的零件代码（除非是一直与这些零件打交道的员工）。无论如何，简单地描述下零件是有帮助的。

**数量**：这是该张看板所代表的零件数量，这有时也被称为每张看板的零件数量（NPK）。一张看板可以只代表一个零件，但如果系统中有很多这个型号的零件，那么用一张看板代表一箱子或一容器的零件会更有意义。例如，一张看板可以代表一箱子 20 个零件，或一托盘 200 个零件。如果你用一张看板代表多个零件，强烈建议找一个适合这个数量的容器或盒子，这样当清空零件时很容易一眼就看清楚。如果一个大包装中包含很多小包装（如托盘上的多个箱子），你也可以将这个信息包括在看板里面（例如，一托盘 20 箱，每箱内含 5 件）。由于这是一个非常重要的信息，可以图形方式突出显示这些信息。例如，在图 50 中，数量用黑底白字印刷，这样可以防止与看板上的其他数字混淆。

**单位**：这与数量有关。如果你的螺钉看板上写着数量 20，这是指 20 个螺钉，还是 20 包每包 50 个螺钉，还是 20kg 的螺钉？大多数情况下，这可能是显而易见的，但如果有计量单位，则会更加清晰。

**图片**：有图片的看板不常见，你可以把零件的图片印在看板上，这可以帮助员工知道他们在寻找什么，但把图片添加到看板上会增加许多额外工作，而且许多零件可能看起来非常相似。我通常建议避免在看板上添加零件图片。

### 5.3.1.2.2 物料流相关信息

看板通常也有关于物料流的信息，如物料从哪里来？要到哪里去了？

**看板的类型**：有不同类型的看板，最常见的是要区分生产看板和运输看板。生产看板发出重新生产的信息，运输看板则是从前道库存中重新取货，还有一种看板是三角看板。在看板上写明它是生产看板、运输看板还是三角看板会对使用者更友好，这样就不容易混淆，以防不小心重新生产了一个零件而不是直接从库存中取货。你甚至可以考虑用不同的颜色来区分不同类型的看板。另外，看板类型不同，包含的信息也会有所不同。

**批量**：在最简单的情况下，生产的批量正好是一张看板。但是，可能由于换型时间长，会将多张看板合并成一个较大的批量一起生产。这时，如果能在看板上写上批量也是有意义的，批量可以使用零件数量或看板数量来表示，需要明确计量单位，还要标明这是否是最小批量，是否可以包括更多的看板，或者批量需要完全按照要求来做，不允许多也不允许少。然而，如果改变批量，就需要重新印刷所有的看板。所以，最好不要在看板上包含批量这个信息。

**包装**：看板还可以包括包装信息。它是一个托盘，一个托盘笼箱，一个纸板箱，一个标准尺寸的工业塑料箱等，这有助于使用者知道如何运送货物。

**发货地**：物料从哪里来。对于运输看板而言，这可能是物料仓库或任何存放物料库存的地方。对于生产看板来说，这可能是重新生产这个零件的生产线。你可以标示为员工知道的来源（如"外壳线"或"入库仓库"），你也可以使用 ERP 系统编号（如"L23-5"或"I225/4"）。对于工厂之间的循环，不仅可以添加生产线或库存位置信息，必要时还可以添加工厂或仓库（如"底特律东"或"肯塔基Ⅱ"），当然也可以添加这些地点的 ERP 代码。

**目的地**：物料要去哪里。既然是看板，那么目的地应该是超市。同样，在看板上标明物料去哪，这个信息需要是员工可以读懂的方式或使用 ERP 编号，还可能包括工厂地址。

### 5.3.1.2.3 信息流相关信息

在看了与零件和物料流相关的信息之后，我们现在看一下与零件的信息流相关的信息。

**索引号**：首先，对看板进行编号确实很有帮助。如果有 20 张看板用于一个型号的零件，可以将看板从 1 到 20 进行编号。如果想检查丢失的看板，有了编号会比较容易。例如，除了#13，所有看板都反复通过看板循环中的某个超市，那么就有可能是#13 看板丢失了，需要把#13 看板重新添加到系统中。如果打印了一张新的#13 看板，不久之后原先的那张#13 看板又突然出现了，那么现在系统里会有**两张**#13 看板，员工看到后会感到困惑。有时，看板的**印刷日期**也需要包含在看板上，使用**看板序列号**也可以避免同样的问题。另一方面，如果看板序列号是唯一的，那么管理起来会比较麻烦，但如果使用 ERP 系统管理看板，那么这种序列号的看板管理方式会经常被用到。

**看板总数**：这个零件代码有多少张看板在循环中，这对任何想要确认或了解该系统的人来说是有帮助的信息。另一方面，在看板系统中，可以通过增加和删除看板来优化看板数量。在这种情况下，可以将循环中所有看板上的看板总数信息更新一下，或者不更新这些信息，只是看板实际数量与看板上的信息不符。更简单一些，不把这个信息放到看板上。

**看板循环**：可以给看板循环起个名字和/或编号，以唯一的识别码告知看板所属的看板循环。根据实际需求确认看板上是否需要包含该信息。

**提前期**：有些看板卡还包括提前期或补货时间等信息。我个人觉得这没什么意义，因为提前期可能会随着时间的推移而发生很大的变化，而且这个信息可能也用不到。

**联系人/部门**：看板还可以包括看板发行和维护的联系人或部门，但这不常见，也不是必需的。

**打印日期和到期日期**：这对于从 ERP 系统中打印的看板来说是需要的，当看板离开超市时，需要重新打印纸质看板，这张纸质打印件会被扔掉。在这种情况下，看板可以包括订单打印日期和/或时间或看板本次循环的到期日期和/或时间，但如果看板是重复使用的，这些信息就很难处理。另一方面，如果这是**一张**与按订单生产的物品密切相关的 CONWIP 卡，那这些信息是有帮助的。

**库存中的位置（仅限三角看板）**：对于三角看板，需要知道应该把三角看板放在库存、队列的哪个位置，是应该放在最后一个零件上，还是放在倒数第二、三个零件上。

### 5.3.1.2.4 其他信息

看板可以是肉眼可读的形式，也可以是设备可读形式。

**条形码/二维码**：经典条形码形式的数字代码或可以存储更多信息的二维码。员工只要用手持式激光扫描仪就可以把看板上的信息传输到 ERP 系统，但不要低估实施这种系统复杂程度。与条形码相比，二维码可以存储更多的信息，更符合未来的需要。很久以前，丰田工厂在一张看板上打印了九个条形码，这使得其看板变得异常复杂。随后，丰田集团旗下的电装公司在 1994 年研发了二维码，这种设计还可以防污，有一定的容错性。随后，这个二维码取代了丰田看板上的九个条形码。图 58 所示为条形码和二维码的示例。

图 58：条形码和二维码的示例

**RFID**：看板还可以使用 RFID（射频识别）芯片。与激光扫码仪不同，RFID 读码器通过嵌入芯片内的天线进行无线通信来读取看板卡上的信息。这解决了看板卡污损或看不清楚的情况，但这种方法也会遇到一些其他问题，如信号被金属屏蔽等。RFID 芯片的成本也比条形码高，条形码通常是打印在看板上，几乎没有什么成本。

**公司标志**：通常情况下，看板会包含公司的标志或名称。严格来说，这不是必要的信息，但大多公司还是喜欢展示这个信息。

### 5.3.1.3　看板卡设计的最佳实践

在向看板添加数据时，有以下的注意事项。

**优先级**：哪些信息是真正需要的。看板卡上空间有限，所以不要放非必要信息，不要让看板卡上的信息过多，信息也需要有优先级。例如，**零件名称、零件代码、数量**和**条形码**或**二维码**等可能是最重要的信息，紧接着的是**发货地**和**目的地**，如果把这些内容混在一起会给下游带来很多问题。看板的索引号使用的频率较低，可以考虑将字体大小调小一些。还有些信息可能根本就不需要。另外，请记住，信息可能会发生变化，如果你在看板卡上添加了批量、看板总数或提前期，每当这些值发生变化时，就需要更换所有看板。

**可读性**：用较大的字体打印重要信息。需要记住，不是所有的员工视力都很好，关键信息应该容易识别和阅读。如果需要把纸质看板插入卡槽，那么还可以把零件号印在看板卡侧边缘，这样员工就可以在不取出看板的情况下读取零件号，如图57所示。

**描述说明**：这个信息是必需的，但要给看板卡上每个字段或格子都标上说明。例如，看板卡上有个格子里面写了"20"，这代表的是数量、包装类型，还是ERP系统编码呢？有时还可以包含计量单位（如"1000件"或"250L"）。

**颜色**：可以使用不同颜色的看板，这可能对员工有所帮助。例如，可以用颜色来区分生产看板和运输看板，还可用于区分常规品种（high runners）和非常规品种（exotic types）、发货地或目的地，或者用颜色来区分优先级。对于纸质看板，可以使用彩色纸、彩色塑料套或两者的组合，但不要有太多的颜色组合，否则员工容易搞混。

**信息明确**：避免员工根据自己的经验来进行选择。例如，一张运输看板可以从"仓库A"或"仓库B"补货，这就会造成混乱和浪费。同样，"如果……那么……"这类信息也不应该出现在看板上，如"如果仓库A的零件比仓库B多，就使用仓库A的零件"这样的指令。看板系统如果设计得不好，会造成很多浪费，幸好这类看板似乎不常见（我还没见过这种设计的看板）。

总的来说，看板设计并没有那么容易，需要考虑一些事例。在设计看板时，请花点时间来考虑这些问题。不要仅仅因为你有这些信息，就让这些信息出现在看板上。**少即是多**！

## 5.3.1.4  示例：丰田运输看板

图 59 所示为丰田的运输看板，这是我在一次参观丰田工厂时被允许拍摄的看板照片。这张纸质看板宽 210mm，高约 100mm，就像一张被三等分的 A4 纸。在丰田工厂，这种打印纸被夹在箱子上，或者被夹在文件夹中放在零件上。特别是从供应商那里来的物料，这些看板卡每次都是新打印的。下面让我们来更深入地挖掘这张看板卡上的内容。

图 59：丰田的运输看板

这张卡上包含了几个信息。我翻译了看板卡上的每块区域，并对其进行了解释，如图 60 所示。

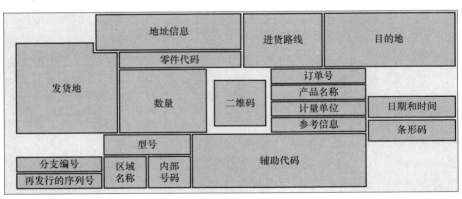

图 60：丰田运输看板对应的中文备注

### 5.3.1.4.1  与产品有关的信息

- **零件代码**（品番；*Hinban*）：产品的零件代码。在本例中，*42450-12200-0* 代表丰田后轮轮毂。

- **产品名称**（品名；*Hinmei*）：这张看板所代表的产品是一个车轴轮毂和轴承（RRアクスルハブ& ベアリン；RR *akusuru habu & bearin*）。这是一个类似图 61 所示的产品，这个产品是为欧宝 Vectra 生产的。

图 61：欧宝 Vectra 的轮毂组件（图片来源 Cschirp CC-BY 3.0 许可）

- **参考信息**（参考情报；*Sankō jōhō*）：关于该产品的其他信息，这里是 *142L*。这是一个丰田内部代码，用于丰田 Auris、Yaris、Corolla 和其他车型的丰田 ZR 发动机，如图 62 所示。

图 62：丰田 2ZR-FE 发动机（图片来源 Ypy31 公版领域）

- **型号**（型番；*Kataban*）：型号为 *3DACF027F-11NS*，是角接触球轴承轮毂单元的型号。
- **数量**（收容数；*Shūyō-sū*）：八个容器，每个容器四个零件。请注意，这一关键的信息字体很大，而且是黑底白字，突出显示。
- **计量单位**（ユニット記号；*Unitto kigo*）：填写计量单位的位置（如 L 或

kg）。这里没有填写信息，单位是件。

### 5.3.1.4.2　发货地信息

- **发货地**（出荷場；*Shukkaba*）：这些零件是从零部件供应商 *JTEKT* 的 Kokubu 工厂发货的，*JTEKT* 是丰田（集团）公司的一部分（*7372-A* ジェイテクト国分名張；*7372-A JTEKT Kokubu Nabari*），是转向系统和传动系统部件的供应商。Kokubu 工厂靠近大阪，到高冈工厂需要约 3h 的车程。根据丰田的标准，这已经算是很远的距离了。这批货物代码是 *7372-0423-04 18:34*，包含 4 月 23 日的日期，这与看板卡右侧的日期相符。

- **分支编号**（枝番；*Edaban*）：*8314* 是 JTEKT 工厂内的一个内部地址代码。

### 5.3.1.4.3　目的地信息

- **目的地**（受入；*Ukei*）：看板卡的目的地是丰田汽车公司的高冈工厂，地点代码 *1000-K 07*（トヨタ自動車 高岡工 受入；*Toyotajidōsha*，*Takaoka Ko Shunin*）。请注意，这一重要信息被印成黑底白字，突出显示。

- **进货路线**（搬入コース；*Han'nyū kōsu*）：这里是 *G 09*，是丰田的内部路线代码。

- **地址信息**（所番地；*Tokoro banchi*）：零件具体到达的目的地，这里是 *7SN-27-4*。注意，这个重要信息的字体被印得很大。

### 5.3.1.4.4　看板相关的信息

- **再发行的序列号**（再発行連番；*Sai hakkō renban*）：看板卡的序列号，*1-96578*。

- **订单号**（オーダー No；*Order No.*）：订单号是 *2013/04/23-15*，说明这批零件是在 2013 年 4 月 23 日订购的，-15 可能是供应商 JTEKT 在这一天的第 15 个订单。

- **日期和时间**（4 月 23 日 04 便 7372 00:25；*4 gatsu 23 nichi 04 ben*）：看板卡的日期和时间，4 月 23 日凌晨 00:25，还有额外的服务号码 *04* 和 *7372*，也可以在"发货地"部分找到。

### 5.3.1.4.5　其他信息

- **二维码**：用于在丰田内部扫描。如果感兴趣可以扫码试试，这个代码包含 152 个字节，并表示 JT 7372AKOB 1000K07 10042304092013042315 *Z5760 8424501220000000040FTP342 83147SN-27-4 2*，还可以在这个二

维码中找到许多其他的信息。

- **条形码**：这个条形码不包含任何信息，也许是历史遗留问题？
- **区域名称**（ゾーン名；*Zōn-mei*）：这个信息该看板卡未填写。
- **内部号码**（社内背番号；*Shanai sebangō*）：在丰田内部使用，内部号码为 65。
- **辅助代码**（補助コード；*Hojo kōdo*）：这是一个辅助代码 *FGPO/OORQK 010/010*。

### 5.3.1.5　三角看板实例

如图 63 所示，这是名古屋丰田工业和技术博物馆展出的一款没有条形码的金属板三角看板，上面包含的信息较少，但仍可以作为看板使用。

- **零件代码号**（品番；*Hinban*）：零件代码为 *13261-74040*。在图 63 中看不到第一行的第一个字符，因为看板被管道遮住了，但它与前面介绍的新式看板相同。它指的是冲压零件。

图 63：日本名古屋丰田工业和技术博物馆的金属板三角看板

- **数量**（収容数；*Shūyō-su*）：每个容器有 500 件。
- **基准数**（基準数；*Kijun-su*）：当库存达到这个水平时，三角看板会触发再生产。数字 2 在这里代表两个容器或 1000 件零件。当剩余的库存达到这个数量时，就会使用三角看板触发补货信息。这个信息是三角看板特有的，在其他类型的看板上找不到。在丰田公司，这也被称为订货点（発注点；*Hotsuchuu-ten*），这个数字还定义了三角看板的应该放置的位置。在本例中，当补货生产完成后，看板被附加在倒数第二个容器上。
- **批量**（ロット；*Rotto*）：生产批量为 4000 件。当三角看板触发生产信号时，设备需要生产 4000 件零件，相当于八个容器的量。
- **线**（ライン；*Rain*）：这个看板对应 *ER2500* 机器。

在图 64 的左下方还能看到这张看板，后面还有两个大容器放了两种不同型号的零件（13261-74040 对应 500 个连杆，41314-20020 对应 60 个法兰），两者都在 ER2500 机器上加工。

图 64：日本名古屋丰田工业与技术博物馆的金属板三角看板，看板用箭头标出

## 5.3.2 超市

简单地说，超市是看板循环末端的库存。由于超市是看板系统的一部分，它只适用于按库存生产方式中的零件库存。不是所有的库存都是超市。

### 5.3.2.1 库存如何成为超市

超市不是普通的库存，是按照一定规则组织的库存。能定义为超市的三个主要条件是：

1）**产品按零件型号划分**：在超市里，零件是按照型号分组存放的。理想情况下，它们被存储在物理组中，方便观察当前状态，有助于可视化管理。另外，它们也可以是 ERP 系统中的一个虚拟数字超市，在这种情况下，就只能通过数据挖掘来检查是否缺货。

2）**FIFO 原则**：如果需要某个型号的零件，第一个进入超市的零件也是第一个被取出的零件。根据 FIFO 原则优先使用在超市中待得最久的零件。另外，也可以使用 FEFO（先到先出）或其他规则，详见第 4.2 节。

3）**一个零件离开超市，就会触发再生产或重补货的信号**：拉动生产的要求是，任何离开末端库存（超市）的零件都会发出一个补货的信号（看板）。如果超市在生产线的末端，这个信号对应的就是再生产信息；如果超市在物流链的末端，信号对应的就是重订货信息。对于一个正常运作的超市来说，发出这个信号至关重要。由于这个信号很重要，所以强烈建议这个超市由接收信号的工序负责管理。因此，超市总是由超市上游的工序负责管理。对于一个特定零件型号的 FIFO 来说，只满足前两个条件就不是一个超市，只是一个看起来不错的库存而已。

## 5.3.2.2　最低限额（可选）

一些精益从业者，包括丰田，还在超市中增加了特定零件的**最低限额**（也称为最低线或警戒线）。这是一个即将缺货的警告信号，通常也推荐使用这样的最低限额。只要对预防缺货有帮助，就可以在超市里使用最低限额。我相信这对许多看板系统来说都是有益的，特别是在较大的看板循环中，操作员往往不能全面了解看板系统的运转情况。在一个小的看板循环中，操作员往往能很好地掌握情况，如果系统中的零件数量少了，他们可能会自动做出反应。但在较大的、复杂的拉动系统中，他们不太容易及时响应。在任何情况下，最低限额都是可选的。另外，需要注意的是，最低限额是该型号零件的所有看板表示的总库存限额的一部分，而不是额外的库存。

看板超市不设置最低限额也是有可能的。如果你发现超市需要一个最低限额，可以随时添加。我也见过的不少看板系统都没有设置最低限额，而那些就算有最低限额的看板系统，操作员也并不总是对触发限额做出响应。

如果超市中某个型号的零件库存低于最低水平，说明出了问题，超市正面临零件被用完的风险，此时需要检查是否有更多的此类零件正在生产中。如果没有，必须采取行动，重新调整生产的优先级，避免缺货。

请不要把最低限额视为不允许使用的库存。如果你需要这些零件，即使库存低于最低限额，也要使用它们，同时希望在零件用完之前，找出并解决零件低于限额的原因。

超市中的最低限额与汽车中的燃油表非常相似，如图 65 所示。如果汽车燃油不足，警告灯会闪烁，也许还会有警报声，这就使你有时间在油箱耗尽之前去加油。

如果警告灯在只够最后 3km 的燃油时才亮起，就太晚了，因为这个限额设置的太低了。另一方面，如果警告灯在还有半箱燃油时就亮了，那么它就会让人觉得这个警报并没什么意义，因为最低限额设置的太高了。最后一种情形，如果警告限值设置为 25%，但每天要闪烁报警五次，那么油箱就设计的可能太小了。超市库存的设计也是如此。

图 65：汽车上的燃油表也有最低限额警告

有些人在设置完最低限额后，还想再多做一些，如还想添加一个黄色区域来表示预警，再添加一个绿色区域表示一切正常。坦率地说，我不建议这样做，这是典型的过度标签和过度 5S。再次以燃油表为例，真的需要警告说"只剩下 75%"的燃料了吗？真的需要一个黄色和一个绿色区域吗？如果有太多的绿色、黄色和红色，就像图 66 所示的那样，会混淆关键信息，反而会使人忽视红色报警信号。

图 66：颜色太多只会让人感到困惑

有时甚至会讨论在超市中使用一个**最高限额**，迫使供应系统停止。这么做不仅没有必要，而且是多余和危险的！**只有缺少看板才能让流程停止**。如果超市中一个型号的零件装满了，就会迫使前面的工序停止，那么你就得调整前道FIFO 顺序，或者面临其他型号零件消耗完的风险。

总的来说，最低限额在看板超市中是一个有意义的警告信号，表明库存即将耗尽，使你有时间做出反应，防止缺货。触发这个信号也意味着一定程度的救火，尽管救火不是我们所期望的，但总比库存耗尽时生产线停机要好。

如果达到了最低限额，那么超市里这种零件型号的材料就太少了。有许多可能的原因，也许是由于**缺原材料**而无法继续生产。如果是这种情况，这个问题应该已经升级上报了，超市的最低限额有助于将缺料问题再次升级，使其更加紧迫。

另一种可能的原因是在前道看板等待队列中，由于其他看板排在该看板的前面，延误生产，从而导致超市中该零件的库存数量减少。这种情况比较容易解决，只需快速追踪对应的看板，并把它们调整到生产队列的前面即可。同时，确保为物流运输留出足够的时间，根据紧急程度，也可以升级上报到物流部门，以加快这些紧急看板对应零件的交付。如图 67 所示，圆形零件低于最低限额，通过升级将其中一张圆形零件看板移到生产队列的最前面。

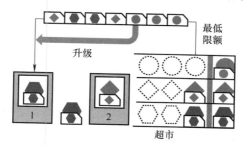

图 67：达到最低限额时，通过升级将看板移到生产队列的最前面

　　最理想的情况是，**所需的零件已经在生产中**，很快就会到达超市，这种情况可能不需要做任何响应，零件会在消耗完之前到达。如图 68 所示，圆形零件达到了最低限额，但已经有多个圆形零件在生产中，这时就不需要采取任何措施。

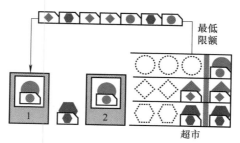

图 68：如果零件很快会进入超市，就不用升级

　　对于**提前期很长的看板系统**，大多数看板在任何给定的时间都会处于补货状态。根据最低限额，只把看板移到生产队列的前面可能还是不够，还需要提高已经在生产中的零件的优先级，也就是把所有生产环节中的该高优先级零件移到每个队列的最前面。如图 69 所示，一个已经在生产中的圆形零件被移到 FIFO 队列的最前面，以防止缺货。

　　如果允许移动已经在生产中的零件，那么超市库存可以允许设置更低的最低限额。对于补货时间很长的系统，通过这种设计可以避免过大的最低限额，这容易导致频繁的报警。如果可以的话，还是应避免移动已经在生产中的零件，**因为这会造成系统混乱，并可能引起后续其他问题**。这些后续问题解决起来比移动一张看板要费力得多。

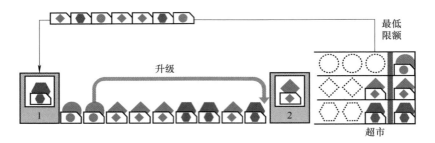

图 69：对于较长的提前期，有必要对生产中的零件进行重新排序

看板超市中的最低限额取决于你能够采取什么样的紧急措施来**加快补货时间**，以防止缺货。**最低限额应该足够大，以便在零件消耗完之前仍有时间采取措施**。通过对关键零件进行优先排序来**加快信息流**是一种方案，**加快物料流动**也是可行的，但实际操作起来会麻烦一些，而且还会造成更多混乱。

**最低限额应该能够覆盖加速补货过程中的客户需求。**在快速补货的同时，客户需要多少零件？这包括你已经达到最低限额并开始采取应对措施所需的时间，还可以加上一个安全系数，以应对不可预测的情况。

最低限额的具体实施很简单，就像超市货架划定一块彩色区域一样，如果库存低于这个水平，就达到了最低限额。这可以通过光信号或数字系统来实现最低限额报警，难的是让操作员理解这个最低限额，并让他们在识别到最低限额时做出响应。如果操作员忽视了最低限额，那么设置这个警报就没什么意义了。

你可能会发现，尽管进行了紧急升级，仍然经常缺货。特别是对于一个新定义的最低限额，需要记录最低限额被触发的频次，以及它实际需要升级的次数。如果经常缺乏原材料，这可能就是供应商的问题。**如果是内部问题，而你不能快速响应，那么可能是设置的最低限额太低了**，让你没有足够的时间解决这个问题。在这种情况下，可以提高最低限额，或者优化升级上报流程，进一步加快补货时间。反过来，如果你的响应经常让你有充足的时间解决问题，那么最低限额就可能设的太高了。

**如果最低限额被频繁地触发，也可能是看板太少或最低限额太高了。**更高的库存限额（即更多的看板）将使库存更不容易下降到最低限额。如果最低限额从来没有触发过，可能是看板太多了……尽管看板太多问题也不大。总的来说，最低限额的调整就像许多精益工具的运用一样，**需要对系统的运行进行观察，并根据实际情况进行微调**。

请注意，第 8 章的重订货点法中的重订货点有时也被称为最低库存，但它的功能完全是不同的。重订货点法中的最低库存是一个补货的信号，这个订货点会定期被触发。最低库存（重订货点）应该足够大，以便通过正常的补货程序进行补货而不会使库存降为零，这与看板超市中的最低限额有很大区别。后者是一个警告信号，补货时使用的是应急响应措施，它应该只在少数情况下才被触发。这两个概念命名相似，但不要混淆。

### 5.3.2.3　超市的物理形式

超市可以有不同的物理形式。最常见的是**滚动或滑动轨道**，容器从后面加入，向前滑动或滚动，直到撞到前一个容器或滑道的最前端。图 70 所示为卡尔斯鲁厄应用科技大学滚动架上的小型超市。一些这样的货架甚至在末端有制动装置，在料箱撞到末端挡板之前就已经减速，这样可以防止零件在料箱突然停止时由于惯性而脱落。

图 70：卡尔斯鲁厄应用科技大学滚动架上的小型超市（正面和背面细节）

这种货架可用于不同尺寸的容器，从托盘到小箱子都可以。这种货架轨道可以使用长滚筒，或者只使用如图 70 所示的小滚轮，甚至只是一个滑道。通过重力使容器向通道出口缓慢滑动，小型容器也可以用手沿着滑道推动。

甚至可以是一个简单的架子，由操作员**手动组织 FIFO 顺序**，如图 71 所示。当然，这是种方式管理起来有点麻烦，FIFO 规则也更难维持。

图 71：巴塞罗那附近的 Consorci Sanitary Garraf 医院，使用普通货架的医用超市

对于尺寸大、数量少的托盘，也可以**在地面上使用两根简单的导轨**，约

5cm 高，导轨间距根据托盘尺寸来确定。叉车司机将托盘放在一端，然后向前推，直到该通道中最前面的托盘到达通道的出口。这比滚轮便宜，但叉车司机需要小心作业，取料员工的行走的距离也较远，对地面和托盘造成的磨损也比较大。我自己更喜欢使用滚动轨道。

整个系统也可以通过**数字化方式**建立。计算机或 ERP 系统跟踪普通仓库中每个托盘或箱子的位置。每当需要材料时，计算机就会确定仓库中该型号的最早材料，并释放该材料。因此，计算机中的逻辑在每种材料类型中保持 FIFO。这样做的好处是，可以更有效地使用仓库或存储区且储存更多的材料。虽然零件的库存将不受通道长度的限制，但软件实施方面会比较费时，如果遇到软件更新就更麻烦，不如简单滚动通道可靠。最重要的是，它缺乏可视化。在一个物理通道中，可以迅速看到还剩多少材料，但在数字系统中，必须在计算机上才能查到相关信息。

### 5.3.3　看板收集盒

看板收集盒（有时也称为"看板信箱"）是超市中的一个简单盒子。每当物料被消耗，看板就应该回到看板循环的起点，但取料的人通常没有责任归还看板。为了简化这个流程，通常在超市旁边放一个小盒子，释放的看板就放在里面。每隔一段时间（30min、1h、2h 等），就会有一个超市负责人从这个盒子里取走看板，并把其移到信息流的下一环节。图 72 所示为看板收集盒示例，一个使用塑料盒，另一个使用带磁轨道。

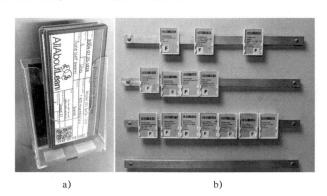

a)　　　　　　　　　　　　b)

图 72：看板收集盒示例

a）塑料看板收集盒，背面贴有磁片，可以吸在铁板上　b）Consorci Sanitary Garraf
医院带磁轨道的看板收集盒

超市负责人将看板带到看板循环中的下一步,使信息流继续流动起来。下一步可以是生产队列、批量形成等待,或者其他类型的看板排序。

为了便于可视化管理,可以安装一个预先设定时间间隔的提示灯。员工根据灯光指示检查看板收集盒并将看板送回上游,然后通过复位按钮熄灭指示灯。这种管理方式有助于员工定期从看板收集盒中取走看板。

如果看板由 ERP 系统维护,超市负责人把看板从收集盒中取出后,还需要扫描看板或输入信息到 ERP 系统。这是必要的步骤,因为系统需要知道哪些物料已经被消耗了,还需要补充什么物料。这种数字化的方式也应该立即或定期被执行。

## 5.3.4 顺序形成

最简单的看板系统根本不使用明确的排序,所有返回的看板都被简单地添加到生产队列中,以 FIFO 的顺序进行生产,这实际上就是一个 FIFO。但通常情况下,可能有一些理由需要调整看板顺序,以使生产系统变得简单。在丰田,这种排序对均衡工作至关重要。排序对于运输看板来说并不常见,因为运输看板只负责从前道的库存中取料。

下面会介绍一些常见的排序原因,这些原因也可以组合出现(例如,既有换型排序,又有批量的形成)。图 73 所示为看板排序或批量形成的工具,可以帮助你更好地了解看板排序。类似的系统也经常被称为"均衡箱(heijunka box)",是基于日语中的均衡术语 heijunka。

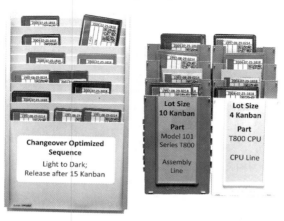

图 73:看板排序或批量形成的工具

### 5.3.4.1 批量形成

排序最常见的原因是形成定义的批量。在精益生产中，理想的批量是"1"件，但你可能还没有达到这个极致的水平，因此在看板流回循环起点的某个节点上，有人收集看板，只有当形成最小批量时才会被释放到生产队列。

车间员工往往倾向于使批量尽可能大，以减少换型的次数。但这会增加补货时间，进而增加库存，我们将在后面具体介绍。请确保员工不要尝试加大批量，对于精益的系统来说，要尽可能地使用小批量。[31]

### 5.3.4.2 换型排序

同样，调整看板顺序可以让工序换型变得容易。例如，在注塑工艺中需要添加或更换不同颜色的粒子，通常要按照从浅色到深色的顺序添加，即同一工装如果遇到多种颜色注塑，可以从最浅的透明色或白色开始，然后是越来越深的颜色，直到最深的黑色。在黄色的零件中，如果有微小的白色斑点并不明显，而白色零件上的黄色斑点则是一个明显的缺陷。

再如零件换型，有些换型只需要简单地调整工装夹具，而有些换型则需要更换一整套夹具，甚至更换多套。创建一个好的换型排序是一门艺术，这里就不详细介绍了。只是要注意，创建看板顺序需要在看板被释放到生产队列之前完成，这会增加补货时间。

与批量形成类似，或许你会想通过一个精心设计的换型排序，挤出最后一点换型时间。但需要注意的是，看板可能因此在队列中等待的时间越来越长，这将增加补货时间并需要一个更大的超市和更多的看板，或者承担超市中零件被消耗空的风险。[32]

### 5.3.4.3 工作负荷平衡

对于非常小的批量，通过顺序调整可以均衡工作负荷。例如，在汽车总装

---

[31] Christoph Roser , *How to Determine Your Lot Size-Part 1*, in *Collected Blog Posts of AllAboutLean. Com 2017*, Collected Blog Posts of AllAboutLean. Com 5 Offenbach，Germany：AllAboutLean Publishing，2020，12-16，ISBN 978-3-96382-019-9.

[32] Christoph Roser, *Changeover Sequencing-Part 1*, in *Collected Blog Posts of AllAboutLean. Com 2017*, Collected Blog Posts of AllAboutLean. Com 5 Offenbach，Germany：AllAboutLean Publishing，2020，149-54，ISBN 978-3-96382-019-9.

线上，安装四个车门比安装两个门需要的时间更长。因此，如果需要连续组装很多四门车型，车门装配工序就容易超负荷；如果之后又安排了很多双门车型，这个工位可能就又会等待其他工序；如果可以交替装配两门和四门车型，就可以均衡车门装配工位的工作量。排序方法更像门艺术，而不是科学，在这里就不详细介绍了。所以，为了均衡工作负荷，也可以对看板进行排序[33,34,35,36] 当然这也会不可避免地增加库存。

### 5.3.4.4 均衡

均衡（leveling）是指生产序列应尽可能均匀地重复和分布，这是一个非常流行的话题，至少在大公司的管理层中是这样。它充满了零件生产间隔（every part every interval，EPEI）、零件的物料规划（plan for every part，PFEP）和均衡（heijunka，日语中的"平整"）等术语。车间员工往往有着不一样的感受，他们没有管理人员那么热衷于均衡工作。均衡可以极大地帮助生产系统，但我在丰田以外的工厂看到的大多数均衡方案都有缺陷，反而给生产系统造成了混乱，而不是减少混乱。

有不同类型的均衡，有些是可以实现的，而另一些更先进、更复杂的均衡技术大多数公司还做不到。一般来说，可以进行**产量的均衡**（每天生产相同的数量）和**型号的均衡**（尽可能地混合各种零件型号并使用最小的批量）。

**使用最小的可行的批量是有益的且可行的方法**，以一天为时间单位，**按产品类型均匀地分配小批量**也是一种可操作的办法，两者都非常有利于拉动系统。有人甚至经常认为，这些是拉动的先决条件。但我认为，这些并不是一个先决条件，而是有助于降低库存，从而使建立拉动系统更容

33　Christoph Roser, *Mixed Model Sequencing-Introduction*, in *Collected Blog Posts of AllAboutLean. Com 2019*, Collected Blog Posts of AllAboutLean. Com 7 Offenbach, Germany：AllAboutLean Publishing，2020，128-32，ISBN 978-3-96382-025-0.

34　Christoph Roser, *Mixed Model Sequencing-Basic Example Introduction*, in *Collected Blog Posts of AllAboutLean. Com 2019*, Collected Blog Posts of AllAboutLean. Com 7 Offenbach, Germany：AllAboutLean Publishing，2020，143-47，ISBN 978-3-96382-025-0.

35　Christoph Roser, *Mixed Model Sequencing-Complex Example Introduction*, in *Collected Blog Posts of AllAboutLean. Com 2019*, Collected Blog Posts of AllAboutLean. Com 7 Offenbach, Germany：AllAboutLean Publishing，2020，159-64，ISBN 978-3-96382-025-0.

36　Christoph Roser, *Mixed Model Sequencing-Summary*, in *Collected Blog Posts of AllAboutLean. Com 2019*, Collected Blog Posts of AllAboutLean. Com 7 Offenbach, Germany：AllAboutLean Publishing，2020，189-93，ISBN 978-3-96382-025-0.

易。因此，我建议，如果你计划实施拉动，使用小批量并均衡每天的产量。

但要尽量**远离跨度周期较长的均衡计划，如间隔两周的生产计划**，这些对生产系统的成熟度要求都太高了。如果你都不能可靠地在明天生产你今天制订的计划，那么多周模式只会增加混乱，给车间带来更多问题。尝试这样一个多周模式的均衡计划，你会发现你的生产系统并不像你想象的那样稳定。在这种情况下，应该回到建立稳定的物料流，用标准来稳定这个物料流，实施拉动，减小批量和其他波动，并建立一个日常混合。

总的来说，均衡可以帮助你实现拉动系统，但它并不是先决条件。我的建议是尽可能地减小批量，坚持均衡的基本原则，包括小批量和每天的生产顺序，并尝试建立和运行一个良好的看板系统。以更长的周期所排出的均衡计划看起来成熟度很高，但对于大多数公司来说，因为系统成熟度不高，应该避免过度追求长周期的均衡排产。

## 5.3.5　生产队列

顺序形成后的下一个常见的要素是生产队列。这种生产队列大多发生在生产看板的拉动循环（即拉动循环覆盖一个生产系统）。对于运输看板来说，等待生产队列这种情况不常见。简言之，如果你没有足够的产能立即执行每张释放出来的看板，这时就会形成一个等待生产的队列。

生产队列是一个等待生产的作业队列，它最简洁的形式是一个没有优先级的简单队列。但在这里，你也可以考虑作业的优先级。你可以有一个正常作业的队列和一个紧急作业的队列，但要防止出现有两个及以上的优先队列[37]，除非是在医院的急诊室。（注释：作者的意思是优先级多等于没有优先级。）

生产队列可以有不同的形式，它可以是计算机中的一个列表，也可以是等待滑槽先进先出的看板队列。丰田公司中常见的是一条放置金属看板盒的滑槽，每个金属盒都可以存放一张或多张看板，返回滑槽里是空看板盒，如果有新的看板出现，就会装进空盒放入等待滑槽，如图 74 所示。

---

[37]　Christoph Roser，*How to Prioritize Your Work Orders-Basics*，in *Collected Blog Posts of AllAboutLean. Com 2016*，Collected Blog Posts of AllAboutLean. Com 4 Offenbach，Germany：AllAboutLean Publishing，2020，156-59，ISBN 978-3-96382-016-8.

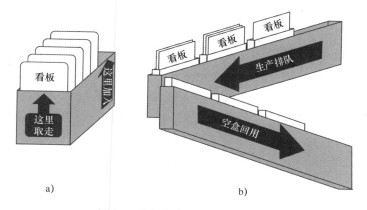

图 74：建立生产队列的两种方式

a）一个盒子，看板从后面加入，从前面取走　b）带有看板的金属盒从滑槽上滑下，
空盒再从另一个滑槽上返回

# 5.4 计算方法

在设计看板系统时，一个常见而棘手的问题是如何通过看板数量确定库存限额。有两种可行的方法：一种是你可以用看板公式来计算看板的数量，这种方法复杂、不够精确，而且也并非万无一失；另一种是你可以估算看板的数量，这种方法通常更容易。无论使用哪种方法，都需要在系统运行时对其进行调整。

当然，看板系统的第一个假设是，**该系统交付零件的速度比客户的需求快**，如果你的系统太慢，没有足够的产能，再多的看板也不能解决不了问题。第二个假设是，**看板系统中总有原材料可用**，尽管这里大量的看板可以缓解短期供应的问题。

## 5.4.1 看板计算的基本原理

为了便于理解，我将介绍这个公式是如何形成的，而不是直接呈现完整的公式。在任何情况下，都没有一个"正确的"看板公式，只有不同的方法来估算看板的数量。本章还包含了计算其他拉动生产系统的基础信息。

### 5.4.1.1 关于看板计算的精确性

看板公式、看板计算……这听起来像物理学或科学，听起来都很精确。但是，让我非常清楚地说明一点：**看板计算并不精确**！它不过是一个使用许多假设的粗略的估算公式。略有不同但同样有效的假设可能算出来的看板的数量差异有30%或更多。我将在下面指出这些假设及其影响，展示看板公式的精确程度。

看板的数量定义了拉动系统的性能。如果看板数量太少，你就会不断出现中断和延迟交付的问题，或者操作人员和工序停机待料；如果看板数量太多，就会浪费库存存储空间和占用现金流。当然，如果可以在错过交付、员工待料和车间里稍高的库存之间做出选择，我会选择稍高的库存。因此，在看板计算中，习惯上是偏向保守的。按库存生产通常是成品库存的可靠性和库存水平之间的权衡，库存的高可靠性通常具有更高的优先级。**在有疑问的情况下，使用更多的看板，并在系统运行时进行调整**。幸运的是，拉动系统的稳健性很强，看板数量的微小差异不会对系统性能产生很大的影响。

下面是确定看板数量的数学计算（估算！）。我将一步一步地开发看板公式，以使内在关联更加清晰透明。重点：**你需要为看板系统中的每个零件型号分别计算看板数量**。只对所有产品型号的总和计算一次，然后再根据各型号的数量来分配看板的做法是行不通的。如果只对所有产品型号的总和计算一次看板数量，那么当你需要一些零件时，可能会有库存，但很可能不是所需要的零件型号。

## 5.4.1.2 基础——客户节拍

对拉动系统的需求是由客户需求和可用的生产时间来决定的。客户订购零件之间的平均时间是计算看板数量或拉动系统的任何其他库存限额的基础。这就是**客户节拍**（customer takt）。takt是一个德语单词，意思是战术、脉冲或计时。这个词在二战期间从德国的容克斯飞机制造到日本的三菱零式制造，再传到丰田，并从那里传到精益生产中。

要计算一个型号的客户节拍，首先需要确定想看多长时间段。例如，这可以是一个星期或一个月，然后需要估计**工作时间段**，即系统在这个时间段内实际运行的时间。接下来，需要估计**在这个时间段内对这个型号零件的需求**，这是预计在这个时间段内客户会订购的该型号零件的总数。**该型号的客户节拍就是系统总的可用工作时间除以该时间段内该型号零件的客户总需求**，具体计算显示在公式1中。客户节拍是在工作时间内对单一产品需求的平均时间，以每个零件的时间来衡量。公式1的倒数就该型号零件的需求频率，用单位时间的件数或数量来衡量。

$$TT_n = \frac{TW}{D_n} = \frac{1}{DF_n}$$

公式 1：零件型号 n 的客户节拍

公式 1 和公式 2 中的变量如下。本书中使用的所有变量的列表可以在附录中找到。

$D_n$ 在给定的时间段内零件型号 n 的需求（数量）

$DF_n$ 零件型号 n 的需求频率（数量/时间）

$Q_n$ 零件型号 n 的生产数量（数量）

$TL_n$ 零件型号 n 的线节拍（数量/时间）

$TP_n$ 零件型号 n 的单位时间产出（数量/时间）

$TT_n$ 零件型号 n 的客户节拍（数量/时间）

TW 系统的工作时间段（时间）

定义**工作时间段**通常的做法是使用生产系统的工作时间，如果你的生产线每周工作 5 天，每天 7h，那么每周的总工作时间是 35h。如果总需求是每周 2100 个零件，那么客户节拍就是 35h 除以 2100 个零件或每个零件 1min。

如果拉动循环中所有的工序有着有相同的工作时间，这就很容易理解。不过主要是在物流领域，拉动循环的不同零件可能使用不同的时间。供应商可能每周工作 5 天，货车司机在周末和深夜也不间断开车，这时必须使用最能代表你的拉动循环的工作时间段，这甚至可能是一个全天候的时间段，即 7 天 24h。

与客户节拍类似，还有**线节拍**。客户节拍是对某种产品的每个需求的平均时间，线节拍是完成一个合格产品的平均时间。请确保只计算合格的零件，不要包含有缺陷和报废的零件。公式 2 显示了根据零件型号 n 的生产数量来计算该型号零件的线节拍。

$$TL_n = \frac{TW}{Q_n} = \frac{1}{TP_n} \approx TT_n$$

公式 2：零件型号 n 的线节拍

这个线节拍也是生产频率的倒数，经常被称为单位时间的产出或吞吐量（throughput）。有些近乎抽象哲学的讨论，关于什么时候应该使用客户节拍，什么时候使用线节拍，或者类似于需求频率或产出。在现实中，这通常区别不大。

**对于一个好的生产系统来说，客户节拍与线节拍是非常相似的。**对于一个正常的生产系统来说，实际生产的产品的平均数量和需要生产的产品的平均数量应该是非常接近的。如果客户订购的产品数量少，则这个系统的工作时间就会减少，直到线节拍再次与客户节拍大致相等。同样，如果客户需求增加，可以加班或增开额外的班次，使线节拍与客户节拍相近。我更倾向于使用客户节拍来计算看板卡的数量，但如果你更习惯使用线节拍，也没多大问题。

请确保区分**单个零件**型号的客户节拍或线节拍，以及**所有零件**型号的综合客户节拍或综合线节拍！后者有时被称为**综合节拍**。对于看板计算，可能这两个都需要。例如，你需要当前零件型号的客户节拍来将时间转换成看板数量，如公式11所示。但是，在计算生产队列中的节拍时，需要用到对应所有零件型号的综合客户节拍。**确保不要把不同的客户节拍（针对单个型号还是所有型号）混为一谈！**

公式3展示了如何合并计算多种零件型号的综合客户节拍。公式4用于计算合并后的总需求频率。综合客户节拍可以使用所有零件型号的总需求，根据公式1来计算，如公式5所示。总需求只是各个型号需求的总和，如公式6所示。

$$TT_{All} = \frac{1}{\sum_{n=1}^{m} \frac{1}{TT_n}}$$

公式3：m个不同零件型号的综合客户节拍

$$DF_{All} = \sum_{n=1}^{m} DF_n$$

公式4：m个不同零件型号的总需求频率

$$TT_{All} = \frac{TW}{D_{All}} = \frac{1}{DF_{All}}$$

公式5：所有零件型号的综合客户节拍

$$D_{All} = \sum_{n=1}^{m} D_n$$

公式6：所有零件型号的总需求

公式3~公式6的变量含义如下：

$D_n$      在给定的时间段内零件型号n的需求（数量）

$D_{All}$    在给定的时间段内所有零件型号的需求（数量）

$DF_n$    零件型号n的需求频率（数量/时间）

$DF_{All}$  所有零件型号的需求频率（数量/时间）

$m$       拉动循环中所有零件型号计数（无单位）

n　　泛指某个零件型号（无单位）

$TT_n$　零件型号 n 的客户节拍（数量/时间）

$TT_{All}$　所有零件型号的综合客户节拍（数量/时间）

TW　系统的工作时间段（时间）

如果有多个连在一起的看板循环，每个循环客户节拍总是该看板循环的工作时间除以后道工序或客户的需求。这就说明了由于质量损失导致的需求沿着价值流向上游增加，节拍也随着子部件的数量而变化。如果一辆车的客户节拍是 60s/辆，那么对车轮来说，客户节拍就是 15s/个，因为一辆车需要四个车轮。在大多数情况下，价值流越往下游，节拍与最终客户的节拍越接近。

### 5.4.1.3　零件数量、看板数量和时间的相互转换

看板公式的目标是计算出一个库存限额，它可以用零件的数量来表示，也可以用看板的数量来表示，还可以用时间来表示。

**有些用于看板计算的变量是时间**，如一个准备时间（setup time），这些变量必须转换为零件数量，然后转换为看板的数量；**另外一些用于计算的变量是数量**，如生产系统中的库存，这些数量也必须转换为看板数量；最后，**有些变量很容易直接用看板数量计算**，不需要转换，如批量。

将一种单位转化为另一种单位对于看板计算来说非常重要。为了把一个时间单位转化为若干个零件，需要客户节拍或需求频率。这可以针对所有型号的零件，也可以只针对某个特定型号的零件，或者针对一组型号的零件。

用时间除以客户节拍，或乘以需求频率，就可以得到在这段时间内可以或应该生产的数量，如公式 7 所示，将数量转换为时间的方法见公式 8。

公式 8 实际上是一个著名的公式，称为利特尔定律（Little's Law）。利特尔定律在被约翰·利特尔科学地证明之前，已经为人所知很长时间并简单地认为是正确的。[38] 该定律给出了等待时间或生产时间、系统中的零件数量和客户节拍或需求频率之间的关系。[39] 该定律非常简单，相当精确，让我看到了数学之美。

---

[38]　John D. C. Little, *A Proof for the Queuing Formula：L＝ΛW*, *Operations Research* 9，no. 3 June 1961：383-87.

[39]　在原文献中，这个命名法通常被称为等待时间、库存和产出。为了更好地配合本书的主题，我在这里做了修改。

$$Q = \frac{T}{TT} = T \cdot DF$$

公式 7：将时间转换为数量

$$T = Q \cdot TT = \frac{Q}{DF}$$

公式 8：将数量转化为时间

公式 7 ~ 公式 12 的变量含义如下：

DF　　　　需求频率（数量/时间）

$DF_n$　　　零件型号 n 的需求频率（数量/时间）

$NC_{看板,n}$　零件型号 n 的看板数量（看板数量）

$NPC_n$　　零件型号 n 每张看板的零件数量（数量/看板）

Q　　　　　通用数量（数量）

$Q_n$　　　零件型号 n 的生产数量（数量）

T　　　　　通用时间（时间）

TT　　　　客户节拍（时间/数量）

$TT_n$　　　零件型号 n 的客户节拍（时间/数量）

你可以把数量转换成若干张看板。经常会有一张看板正好代表一个零件。在这种情况下，这个零件型号的每张看板的零件数量是 1，这个零件型号的数量等于看板的数量。但是如果一张看板代表一个较大的数量，那么需要用这个数量除以这个零件型号每张看板上的零件数量，以得到看板的数量，如公式 9 所示。将看板数转换为零件数量，见公式 10。

$$NC_{看板,n} = \frac{Q_n}{NPC_n}$$

公式 9：将零件数量转化为看板数量

$$Q_n = NC_{看板,n} \cdot NPC_n$$

公式 10：将看板数量转化为零件数量

结合公式 7 和公式 9，可以将时间转换成看板数量，如公式 11 所示。反过来，将看板数量转换成时间，如公式 12 所示。

$$NC_{看板,n} = \frac{T}{TT_n \cdot NPC_n} = \frac{T \cdot DF_n}{NPC_n}$$

公式 11：将时间转化为看板数量

$$T = NC_{看板,n} \cdot TT_n \cdot NPC_n = \frac{NC_{看板,n} \cdot NPC_n}{DF_n}$$

公式 12：将看板数量转化为时间

## 5.4.1.4　看板计算的基本公式

如果计算补货时间对应的看板数量，可以套用公式 11。因此，看板计算的基本公式 13 可用于计算看板数量或各种拉动系统的库存限额。但是，先不要直接使用这个公式，因为这里面的变量关系复杂，特别是关于波动处理方面。

$$NC_{看板,n} = \frac{RT_n}{TT_n \cdot NPC_n} = \frac{RT_n \cdot DF_n}{NPC_n}$$

公式 13：看板计算的基本公式

（请不要原样使用，因为该公式还未考虑波动）

公式 13 的变量含义如下：

$DF_n$　　零件型号 n 的需求频率（数量/时间）

$NC_{看板,n}$　零件型号 n 的看板数量（看板数量）

$NPC_n$　零件型号 n 每张看板的零件数量（数量/看板）

$RT_n$　　零件型号 n 的补货时间（时间）

$TT_n$　　零件型号 n 的客户节拍（时间/数量）

这里的挑战是如何计算补货时间，更困难的是需要包含哪些波动。一般来说，**按库存生产的拉动系统的库存计算需要保守些，库存限额需要能够覆盖大部分波动**，这里用看板数量表示**库存限额**，这可以确保良好的交付能力。对于按订单生产的系统来说，交付能力主要取决于提前期，这个提前期的平均值经常被用来确定库存限额。

因此，公式 13 很难直接使用。我将在下面展示影响看板数量的主要因素，然后再详细介绍不同看板系统中不同要素的计算方法。

## 5.4.1.5　影响看板数量的因素

通常来说，一个拉动系统的看板数量或库存限额取决于两个主要因素，补货时间和客户需求。在最后展示（我的）看板公式之前，再多讲一点理论基础。

## 5.4.1.5.1　补货时间

补货时间是一张看板转完一圈所需的时间。如果一个零件被从超市中取出，释放的看板会被送回补货。因此，从这张看板离开超市到它带着新零件回到超市的这一段时间被称为**补货时间**。在看板计算中，这个补货时间需要用来估算看板的数量，以便超市在重新补货的过程中还可以继续向客户供货。图 75 所示为生产看板和运输看板的补货时间和客户需求。

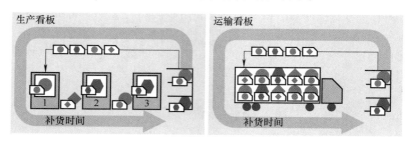

图 75：生产看板和运输看板的补货时间和客户需求

我们需要足够多的看板来覆盖某个零件型号的补货时间。根据公式 11，这个时间可以转化为零件数量，然后继续转化为看板数量。如果用足够的看板数量表示平均补货时间，可以确保在超市里平均至少会有一件货物。对于一个完全稳定的生产系统和一个完全固定没有需求波动的客户来说，看板数量就代表了平均补货时间，如公式 14 所示。但是，这也是不现实的！请注意，客户节拍必须是**针对特定型号的客户节拍**。

$$NC_{看板,n} = \frac{RT_{\varnothing,n}}{TT_n \cdot NPC_n} = \frac{RT_{\varnothing,n} \cdot DF_n}{NPC_n}$$

公式 14：对于一个完全稳定的生产系统和没有波动的客户，看板数量的计算

公式 14 和公式 15 的变量如下：

$DF_n$     零件型号 n 的需求频率（数量/时间）

$NC_{看板,n}$     零件型号 n 的看板数量（看板数量）

$NPC_n$     零件型号 n 每张看板的零件数量（数量/看板）

$RT_{Max,n}$     零件型号 n 的最大补货时间（时间）

$RT_{\varnothing,n}$     零件型号 n 的平均补货时间（时间）

$S$     安全系数（看板数量）

$TT_n$     零件型号 n 的客户节拍（时间/数量）

但现实中没有完全稳定的系统，无论如何都会有波动，补货时间和客户需求都会波动。对于生产系统来说，波动可能是由于暂时缺少材料、故障、维修、换型、产品组合的变化和其他许多原因造成的。使用公式 14 中的平均补货时间将意味着你在超市里平均有一个零件，这意味着可能有一半时间是缺货的。如果客户一直等待取货，客户的排队时间就会接近无穷大，你的准时交付率就会接近 0%。

然而，看板系统希望提供一个良好的交付能力。即使在不稳定的情况下，

超市里也应该有物料可以供后道工序使用。为了对生产系统的波动做出响应，最好在**估计补货时间时保守一些**，以确保不会缺货。这在公式 15 中显示，其中客户节拍是针对特定的零件类型，我还添加了一个安全系数。

$$\mathrm{NC}_{看板,n} = \frac{\mathrm{RT}_{\mathrm{Max},n}}{\mathrm{TT}_n \cdot \mathrm{NPC}_n} + S = \frac{\mathrm{RT}_{\mathrm{Max},n} \cdot \mathrm{DF}_n}{\mathrm{NPC}_n} + S$$

公式 15：对于波动的生产系统，但仍有一个完全稳定的客户，
使用保守的补货时间计算零件型号 n 的看板数量

请注意，这种保守的估计只建议用于按库存生产或按库存发货（ship-to-stock）系统，因为这些系统的目标是确保物料供应的高可靠性。这在与按订单生产的系统中是不同的，在这种系统中，只有在客户下了订单之后才能开始生产。因此，任何客户都必然会等待订单交付。按订单生产的系统与按库存生产的系统有着不同的目标，按订单生产的目标不是物料供应的高可靠性，而是在短的交货期和良好的设备利用率之间的权衡。因此，对于按订单生产的系统，使用平均补货时间是可行的，我们将在第 6.4.1 节中看到这一点。

### 5.4.1.5.2　客户需求

波动的一个来源是生产系统，另一个来源是客户需求。如果客户需求完全稳定，一个订单为一张看板，公式 15 就完全可以用来计算看板的数量，但客户的需求也是会波动的。

客户需求的波动有两个主要因素。首先，客户可能会订购大于一件的数量。如果补货系统保证超市里有一件商品，那么客户一次订购两件就必须等待。因此，客户**最大订单**必须在看板计算中予以考虑。

其次，即使批量较小，你的客户也可能有一个**峰值需求**。他们可能会临时订购比平时更多的东西。如果你的客户每月平均订购 100 件，而他们在某个月内想订购 130 件，你又不想让他们失望。为了满足这一峰值需求，你需要额外的看板来代表这额外的 30 件。因此，这两个因素也会增加看板的数量，我们将在后面的 5.4.2.1.8 节和 5.4.2.1.9 节中看到。

## 5.4.2　生产看板的看板公式

让我们从生产看板的计算公式开始。这里的主要困难是如何确定补货时间，因为有很多不同的要素可能对补货时间及其波动造成影响。另外，这种计算方法只是计算看板数量的一种可能方式。看板公式有许多不同的版本。我并不期望你完全按照这个公式来计算。相反，要了解影响看板数量的要素，以及

计算时如何考虑这些要素。

### 5.4.2.1 生产看板计算的要素

补货时间很容易定义为看板离开超市和该张看板带着新零件返回超市之间的时间。但补货时间很难测量，同样地，客户的需求峰值也很难准确预测。图76所示为影响生产看板数量的可能要素。对于如何确定这些数值，甚至包括哪些数值，有许多不同的方法。根据你的喜好，看板公式可能看起来很不一样，结果也会稍有不同。

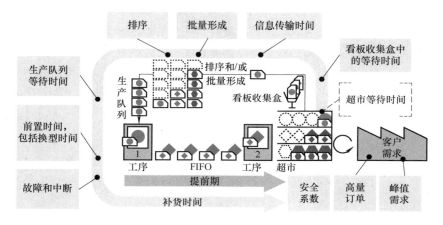

图76：影响生产看板数量的可能要素，虚线括号内的超市等待时间不包含在补货时间内

请注意，**超市等待时间不是补货时间的一部分**。在一个零件被消耗后，我们要把它的替换零件送回超市。在按库存生产的系统中，超市是应对波动的缓冲区域。由于按库存生产系统的目标是物料供应的高可靠性和良好的交付率，所以需要这个超市库存来隔离波动的影响。由于超市中的卡片已经为客户"准备好"，所以它不属于补货时间的一部分。因此，看板在超市里的等待时间是不需要担心的。这是与按订单生产系统的主要区别之一，因为这些系统有不同的目标，补货时间也有不同的起点和终点。

### 5.4.2.1.1 在看板收集盒中的等待时间

第一个要素是零件从超市取出后，看板在超市的看板收集盒中的等待时间。这既适用于物理看板，也适用于数字看板，数字看板在被扫描或处理之前可能有一段等待时间。这里最好不要使用平均值，而是使用最坏情况，以确保超市中物料的供应。

请注意，对看板的运输或扫描，有一个清晰明了的标准是非常有帮助的。如果不遵守标准，或者没有标准，班组长随心所欲地移动看板，那么估算在看板收集盒的等待时间就更困难了。如果没有一个好的标准，就不得不对等待时间采取更保守的估计，这可能比标准时间长很多，这会增加波动，从而又得继续增加库存限额来缓冲这些波动。

如果班组长每小时把看板从超市的看板收集盒中带回生产现场，那么看板在超市收集盒中的平均等待时间为 30min。如果一个张看板在班组长刚收集完之后就放入收集盒，那么这张看板就需要等待 60min。尽管如此，看板系统仍然需要正常运作。因此，我们把收集看板的时间间隔作为超市的最长等待时间。在这个例子中，看板在收集盒中的最长等待时间是 60min。

### 5.4.2.1.2　信息传输时间

看板必须从看板收集盒运回等待批量形成和排序，再从那里送到生产队列。对于数字系统来说，这个信息传输时间是以毫秒为单位的，即使是物理看板，也很少超过几分钟。因此，这个信息传输时间通常比补货时间的其他要素小得多。**大多数情况下，这个信息传输时间可以安全地忽略**，因为它不会产生太大的影响。只有在信息传输时间很长的情况下，才应该把它计算在内。

### 5.4.2.1.3　批量形成等待时间

看板的数量也取决于看板批量形成的等待时间。在这里，我们必须区分以零件数量衡量的批量和以看板数量衡量的批量。为了确定等待时间，需要以看板数量来衡量批量。

如果你的批量是 100 个零件，当一张看板代表 100 个零件时，你的批量就是一张看板。这也是最简单的情况，这张看板不需要等待，因为这一张看板就形成了一个批量。在这种情况下，**如果批量是一张看板，则可以忽略批量形成的等待时间**。

但是，如果你的批量是多张看板，那么一个批量中的第一张看板必须等待更多的看板到达，直到批量完成。例如，如果你的批量是 7 张看板，第 1 张看板必须等待后面 6 张，第 2 张等待 5 张，第 3 张等待 4 张，依此类推。在批量为 7 张看板的情况下，每张看板平均需要等待 3 张看板，直到批量形成。但在测量批量形成的等待时间时，我们不取平均值，而是取最坏的情况。因此，在这个批量为 7 的例子中，一张看板在最坏的情况下要等待 6 张看板。或者更简单地说，**一张看板的最多等待时间为该批量要求的看板数减去 1**。如果批量是一张看板，则等待时间为零。

较大的批量会导致较长的批量形成等待时间，继而导致在生产队列中更长的等待时间。**批量对看板数量的影响，以及随后对整体库存和提前期的影响都很大，所以这是精益旨在尽可能减少批量的一个原因。**

现在我们可以按照公式 12 将以看板衡量的等待时间转换成实际的等待时间，因为补货时间是以时间单位衡量的。但在后面，我们希望根据公式 11 把补货时间重新转换成看板数量。我建议避免这种反反复复的计算，而只是将批量形成的等待时间表示为看板数量，这样随后的计算也更容易些。

### 5.4.2.1.4 排序等待时间

由于可能有多种排序规则，所以也可能有一个等待时间。这个等待时间在很大程度上取决于排序规则，这个规则可能是一个换型顺序、一个优先顺序等。很难对这种计算方式进行概括。我只能肯定地说，**如果你没有任何额外的排序规则，那么可以忽略排序等待时间。**

如果需要排序，那就需要确定排序增加了多少补货时间。例如，如果你的标准是在换型之前收集 10 个批量的看板，那么在最坏的情况下，第一个批量还需要等待 9 个批量。请注意，这里 **9 个批量**的看板，不一定是 9 张看板。

这听起来与批量形成的等待时间相似，但有一个关键的区别。当等待批量形成时，一张看板必须等待更多相同型号的零件的看板，我们可以简单地将这个看板数量直接作为补货时间的一部分。当排序等待时，一个批量的看板必须等待更多批量的**其他型号**的看板。

因此，不能把看板数量直接代入看板公式。相反，实际上必须用**综合客户节拍**将看板数量转换成时间，类似于公式 12。之后，必须把这个等待时间再转换成看板数量，类似于公式 11，但现在是用**这个特定零件型号的客户节拍**。请确保不要把所有型号的综合客户节拍与特定零件型号的客户节拍混为一谈！此外，不要把一张看板和一个批量的看板混为一谈！

### 5.4.2.1.5 生产队列等待时间

排序的批量可能不会立即处理，因为可能已经有其他批量在等待处理。我们必须包括**在生产队列中的等待时间**。这通常是补货时间的主要部分，很容易占到整个补货时间的 50%。不巧的是，这也是很难估计的。我在上面强调过，看板计算只是一个非常粗略的估计。生产队列等待时间是导致不精确的关键所在，其他批量的等待时间可能会有很大的波动。你还必须区分你是有一个生产队列，还是有多个生产队列。后一种情况可能是有高优先级的非常规品种，或者与恒定在制品（CONWIP）系统相结合。

让我们从**只有一条生产队列**的简单情况开始。可以用利特尔定律来计算这个等待时间，但在理论上很难确定。

我通常的做法是，**假设对于每一个批量，刚到达的批量前面总有其他所有的常规品种的一个批量（可能是多张看板）。**[40] 例如，假设你有 10 个型号的产品，其中 3 种是常规品种，每个型号批量为 4 张看板。在这个假设的情况下，最新到达的一批常规品种的看板可能要等待另外两个常规品种，也就是 8 张看板。这时如果再来一个非常规品种，它就需要等待前面 3 个型号的看板，也就是 12 张看板，如图 77 所示。但同样，这只是最粗略的估计。

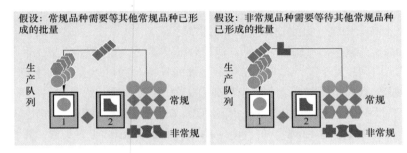

图 77：常规品种和非常规品种的排队等待时间

根据我们的假设，±30%的差异是很正常的。精确地定义看板公式中其他的要素是一种浪费，因为这个生产队列中的等待时间占比太大，其他要素计算的再精确意义也不大。**不可能得到生产队列等待时间的精确数据，但不能忽视它，因为它是补货时间的一个重要部分。**

与上面的批量一样，其他批量的等待时间也可以用看板来表示。但是，与排序类似，我们不能简单地把所有这些等待生产的看板加到某个型号的看板循环里面，因为这个生产队列可能包含系统中生产的所有零件的看板。因此，必须把生产队列的等待时间从看板转换为实际等待时间，通过使用针对**所有零件型号的综合客户节拍**。后面我们还将把它转换回成看板数量，但现在使用的是**这个特定零件型号的客户节拍**。这种计算也必须**为每个型号的零件单独计算**。不同型号的不同批量计算出来结果也不一样。

要小心，不要把客户节拍搞混。如果你开始为看板计算的复杂程度感到紧张，请放心，通常我更喜欢估算，而不是这种相当复杂的计算。稍后会有更多关于估算的内容。

---

40　非常感谢 Holger Friebe 教授我这个技巧（以及其他许多实战技巧）。

这种方法也适用于第 6.2.3 节中解释的看板与 CONWIP 的混合系统，不过有两个条件：首先，它们必须使用同一个生产队列；其次，CONWIP 卡数量必须远远少于看板的数量。

如果你有**一个以上的生产队列**，那就更复杂了。一个常见的例子是使用看板来组织按库存生产的产品，同时使用 CONWIP 来组织按订单生产的产品。换句话说，在独立的生产队列中，按订单生产的 CONWIP 卡的优先级高于按库存生产的看板，以便更快地将 CONWIP 卡对应的产品交付给客户。我将在第 6.2.4 节中更详细地解释这种混合系统。一张高优先级的卡到达生产队列时，将比优先级低的卡等待时间要短。低优先级的等待时间或延迟在很大程度上取决于高优先级看板或 CONWIP 卡的数量。

如果优先级卡的占比低于20%，就相对比较容易。你可以假设优先生产队列中的等待时间接近于零，而非优先级卡增加的等待时间可以忽略不计。[41] 图 78 所示为优先级和非优先级零件的等待时间的变化趋势取决于优先级零件的占比，数据来源于我的硕士研究生 Yannic Jäger 的论文。[42,43] 如果系统中有 20%~30% 的优先生产的零件或工作负荷，可以把优先级零件的等待时间设置为零，而非优先级零件的等待时间则是基于之前的估算方法。当然，最好的办法是实际测量。

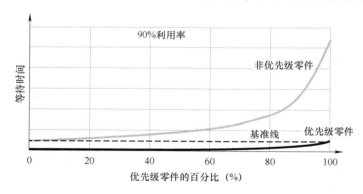

图 78：优先级和非优先级零件的等待时间的变化趋势取决于优先级零件的占比

41 Christoph Roser, *Effect of Prioritization on Waiting Times*, in *Collected Blog Posts of AllAboutLean. Com 2018*, Collected Blog Posts of AllAboutLean. Com 6 Offenbach, Germany: AllAboutLean Publishing, 2020, 113-20, ISBN 978-3-96382-022-9.

42 Yannic Jäger and Christoph Roser, *Effect of Prioritization on the Waiting Time*, in *Proceedings of the International Conference on the Advances in Production Management System* International Conference on the Advances in Production Management System, Seoul, Korea, 2018.

43 Yannic Jäger, *Einfluss von Priorisierung auf das Verhalten eines Produktionssystems* Master Thesis, Karlsruhe, Germany, Karlsruhe University of Applied Sciences, 2017.

如果优先级卡的占比增加，优先级卡的等待时间也会变长，而非优先级卡的等待时间将变得无限长。具体影响在很大程度上取决于你的系统，很难一概而论。如果你担心从哪里得到这个数字，需要提醒你，看板公式不过是一个带有数学暗示的猜测，只需对等待时间的变化进行最好的猜测，并在以后系统运行时调整看板的数量。无论如何都需要估算这种额外的等待时间，并添加到看板计算中。如果你有多个生产队列，请考虑将其计入等待时间。

### 5.4.2.1.6　提前期（包括换型时间）

如果你生产不同型号的产品，就会有换型时间。如果运气好，这种换型时间非常短，则可以忽略不计；如果换型时间较长，则可能需在看板计算中考虑这些时间。我发现最简单的做法是在计算提前期时把换型时间包含进去。

**提前期**是从第一道工序的实际加工开始，到带看板的零件回到超市的时间，其中包括换型时间。可以使用公式 8，即利特尔定律计算提前期。图 79 所示为生产系统和运输系统的提前期。

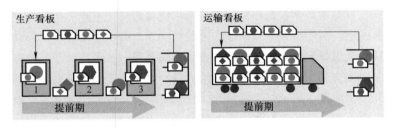

图 79：生产系统和运输系统的提前期

例如，假设系统中有 150 个零件的库存，生产线节拍是 5 个零件每小时。在这种情况下，总提前期是 30h［150 个/5（个/h）］。一个很好的例子是在超市排队等候，如果在你前面有 15 个人，而结账人员平均每分钟为 3 个客户服务，那么你将等待 15 个/3（个/min）= 5min。

利特尔定律是广泛有效的，而且相当精确。不巧的是，不精确性来自于获取的数据，这又给非常粗略的看板估算增加了更多的模糊性。对于系统中的零件该用什么数字？当然，你现在可以计算它们，但这些数字明天仍然有效吗？关于看板的计算，我建议采取保守的方法，采取适合你的系统的最大零件数量（即假设所有的 FIFO 都是满的，并且所有工序都被填满）。这种情况可能会发生，也可能不会发生，但一旦发生，我们还希望看板系统能够正常运转。

另外，零件离开系统的速度是多少？在这里，需要使用**所有零件型号的综合客户节拍**。这样做的好处是它还包括系统的平均损失和换型时间。

当然，如果提前期包括批量加工或运输的延迟，这一点也要考虑进看板计算。例如，看板循环包括从中国发货，那么无论船上有多少零件，发货都需要两个月，包括海关清关。在这种情况下，提前期将是两个月。同样，如果针对正在计算的特定零件的换型时间非常长，也要把这个换型时间添加到前置时间中。

### 5.4.2.1.7 故障和中断

生产系统也会有波动，并非一切都会按计划进行，有时会出现延迟。尽管做了保守估计，但我们上面计算的提前期在某种程度上是一个平均值。在计算零件离开系统的速度时，我们使用了系统的客户平均节拍。因此，计算中**已经包括了长期的平均损失**。

但我们没有考虑**短期问题**。假设系统出现技术问题，并且已停机两小时，这时可以选择在系统中准备足够的看板，以覆盖这两小时，直到系统能够重新恢复正常。同样，如果想覆盖长达 4h 的故障，就需要 4h 的看板。

但无论计划覆盖多长的中断，系统都可能很容易地出现一个比计划覆盖时间更长的问题，尽管概率不太高。在这种情况下，必须决定想要覆盖什么。需要**决定在什么时候宁愿冒着子弹耗尽库存，而不是一直保持疯狂的库存**。

这个决定应基于你对系统可靠性的经验，这还基于如果延迟交货，你的公司会遇到多少问题。请记住，到目前为止，我们总是对其他因素采取保守的估计，但所有可能的最坏情况都不可能同时发生。为覆盖一种波动而增加的看板也可以覆盖另一种波动，只要它们不同时发生。这种对故障和中断的覆盖通常是以时间的形式给出的，后面可以根据看板公式转换成看板数量。

### 5.4.2.1.8 客户最大订单

客户的订单可能也是波动的。对于生产系统来说，订单少通常不是问题，因为只会导致库存填满，尽管这对公司来说不是好事。一旦订货量超过平均水平，可能就很棘手了。这里需要考虑两个因素。

有时可能会遇到**较大的订单**，并非所有的客户都是一个一个地订购他们的产品，客户在同一时间订购多个产品的情况更为常见。一个客户可能把所有需要的产品集中在每周或每月的一张订单中。

到目前为止，上面计算的看板系统只能确保你的系统在任何时候都只有一张看板的零件。如果客户在一个订单中需要超过一张看板的零件，就需要增加看板数量。请注意，一张看板可能代表多个零件。可以将预期的最大订单加入计算，并根据公式 9 转换为看板数量。接下来你要减去一张看板，因为由于正常的看板循环，这张看板已经在超市里了。由此产生的额外看板不应小于零。

例如，假设客户通常一次最多订购 200 个零件，每张看板代表 20 个零件，这表示需要 10 张看板。减去 1 张看板（看板计算已经考虑有 1 张看板在超市里），得到 9 张看板。因此，需要在看板总数中再增加 9 张看板。

### 5.4.2.1.9　客户峰值需求

客户有时可能会有比平均水平更高的**峰值需求**，这可能是一个问题，即使订单本身很少。订单少通常不会直接产生问题，但如果客户的订单变多，就需要额外看板。

需要估计在一个补货时间内可能出现的峰值需求是多少。可以用百分比来表示，但用数量会更方便。

首先需要估计客户在补货时间内零件的正常订购量是多少，其次需要估计客户在补货时间内最大可能的订购量是多少。更准确地说，你想覆盖的最大可能订货量是多少？**在补货时间内，"正常"需求和"最大"需求之间的差值就是峰值需求**，需要将其加入库存限额中。

这也是计算中的一个模糊部分。你既不可能准确知道补货时间，也不可能准确知道客户的需求峰值。这个需求峰值有时也会与客户的最大订单重叠。不需要太担心准确性，尽可能地猜的准一些。

如果是可以事先知道的**季节性需求**，可以选择在季节开始前增加额外的看板，并在季节结束后再将它移除。但也可能需要覆盖随机的超额需求，如由于天气、时尚变化、媒体炒作等。

### 5.4.2.1.10　安全系数

最后要添加的是安全系数。从技术上讲，由于对大多数其他要素都使用了保守值，通常情况下就不再需要额外的安全系数了。上面讲的看板计算通常都是相当保守的，尽管有不确定性，甚至也可以用更少的看板来让系统运转。在许多工厂里，车间员工或基层管理人员以前有不太好的经历，高层管理人员太在意利润，损害了工厂的业绩，给车间员工造成了更多的问题。另外，实际问题可能比想象中的要多，因此安全系数是有帮助的。

安全系数给那些担心计算是否准确或担心车间是否会出现混乱的人提供的额外的安全措施。我更喜欢在计算时先不考虑安全因素，最后再加上安全看板。有了不含安全系数的看板数量，我能更好地感受到多少安全系数才是合适的。

安全系数要么是看板的数量，要么是在看板计算基础上增加的百分比。如果计算出来看板数量很少，简单地四舍五入到下一个整数也就够了。严格来说，安全系数不是必要的，但额外的几张看板可以让车间不会一直处在救火状态。

### 5.4.2.1.11  其他要素

以上讲述的是常见的影响要素，还有一些不太常见的要素也要予以考虑。根据生产系统的不同，在极少数情况下，可能要考虑的还有更多。例如，如果你的排序过程是由一个经理每周确认一次的，那么可能会有额外的延迟。你将需要更多的看板来补偿这个延迟，否则生产队列可能会空着，直到经理有时间来排序。

另一个例子是一个同时使用看板和 CONWIP 的混合系统。在这种情况下，由于 CONWIP 卡导致的看板延迟也必须包含在看板的计算中。

生产系统中当然还有其他异常因素也可能导致补货延迟，或者客户的行为可能有些特别，都需要将其包含在计算中。试着找出这些因素是否对看板数量有大的影响，如果不大就忽略它们；如果有影响，不要太担心准确度，大致准确即可。

## 5.4.2.2  计算生产看板的数量

有了所有的信息就可以估计看板的数量。表 2 列出了影响生产看板数量的变量，包括需要考虑的、单位、相关性，以及是否和型号相关。

**表 2：影响生产看板数量的变量**

| 类　别 | 要　素 | 单　位 | 是否受零件型号影响 | 是否相关 | 变量名 |
|---|---|---|---|---|---|
| 补货时间 | 看板收集盒中的等待时间 | 时间 | 否 | 是 | WB |
| | 信息传输时间 | 时间 | 否 | 很少 | TI |
| | 批量形成时间 | 看板 | 是 | 批量>1 的看板 | KL |
| | 排序等待时间 | 时间 | 可能 | 只在需要排序时 | WQ |
| | 生产队列等待时间 | 时间 | 是 | 是 | WP |
| | 提前期 | 时间 | 否 | 是 | LT |
| | 故障和中断 | 时间 | 很少 | 是 | BD |
| 客户 | 客户最大订单 | 数量 | 是 | 是 | OS |
| | 客户峰值需求 | 数量 | 是 | 是 | PD |
| 其他 | 安全系数 | 看板 | 经常 | 是 | S |
| | 其他要素 | ??? | ??? | 否 | 不适用 |

　　为了计算所选择的型号的在整个看板循环中的看板数量，只需将表 2 中的要素转换为看板并进行汇总即可。有些已经用看板衡量了，简单加进去即可，时间和数量需要用公式 11 和公式 9 转换为看板数量。

　　也很可能要为系统中的多个零件型号计算看板数量。记住，**看板循环中的每个型号都要单独计算看板数量**。看板公式的一些要素是针对特定零件型号的，其他要素可能对系统中的任何零件型号都一样。表 2 还显示了哪些需要为每个型号的零件单独计算。

　　其中一些要素几乎与每个看板系统都相关，而另一些要素只是在某些特定情况下才相关。在这里，表 2 也给出了一个提示，告诉你哪个要素是必须考虑的。最后，还包括我在本书中用于公式的变量名。

　　应该在公式末尾加上安全系数，这个安全系数也经常用于将所得的看板数量四舍五入向上取整。计算生产看板的完整公式见公式 16。

$$NC_{看板,n} = \frac{WB + TI + WQ_n + WP_n + LT + BD}{TT_n \cdot NPC_n} +$$

$$\left(\frac{OS_{Max,n}}{NPC_n} - 1\right) + (KL_n - 1) + \frac{PD_n}{NPC_n} + S$$

公式 16：生产看板的看板公式

公式 16 中的变量含义如下：

BD　　覆盖故障和中断的额外时间（时间）

$KL_n$　　零件型号 n 一个批量的看板数量（看板数量）

LT　　提前期（时间）

$NC_{看板,n}$　　零件型号 n 的看板数量（看板数量）

$NPC_n$　　零件型号 n 每张看板的零件数量（数量/看板）

$OS_{Max,n}$　　零件型号 n 的客户最大订单（数量）

$PD_n$　　零件型号 n 的客户峰值需求（数量）

S　　安全系数（看板数量）

TI　　信息传输时间（时间）

$TT_n$　　零件型号 n 的客户节拍（时间/数量）

WB　　（看板、CONWIP 等）收集盒中的等待时间（时间）

$WP_n$　　零件型号 n 的生产队列等待时间（时间）

$WQ_n$　　零件型号 n 的排序等待时间（时间）

　　这里有一个用于任何复杂计算的小技巧，我在变量后面标明单位，并在计算时把单位一起代入公式。最后，应该只剩下我想计算的单位。如果没有，那就可能计算错了，这也是对公式 16 的建议。例如，如果最后算出来的结果是以 "看板小时/s" 为单位，那么可能混淆了时间单位。虽然这一招不能防止所有的错误，但能避免不少问题。

请记住，这只是一个粗略的估计。此外，这并不是计算看板数量唯一的方法，还存在许多不同风格的公式，通常输入和假设也有所区别。同样，这种看板公式不像物理只有一个有效的公式定律，它们只是一种估计，因此与其说是计算公式，我更倾向于说这是一种估算方法。你可以在第 5.4.2.4 节中找到一个计算示例。

## 5.4.2.3　丰田看板计算公式

公式 16 是计算看板数量的一种方法，尽管数学上看起来很准确，但它也只是一个估算。到目前为止，它也不是确定看板数量唯一的公式。作为一个替代方法，让我们看看估算生产看板数量的 "丰田公式"[44]。没有一个正确的看板公式，所有这些公式只是不同的估算方法，它们的区别主要在于计算补货时间的方式，以及如何包括不确定性和波动。

$$NC_{看板,n} = \frac{TWT_n + PT_n}{TT_n \cdot NPC_n} \cdot (1 + \alpha)$$

公式 17：估算生产看板数量的 "丰田公式"

公式 17 的变量含义如下：

$NC_{看板,n}$　零件型号 n 的看板数量（看板数量）

$NPC_n$　零件型号 n 每张看板的零件数量（数量/看板）

$PT_n$　零件型号 n 的所有工序时间之和（时间）

$TT_n$　零件型号 n 的客户节拍（时间/数量）

$TWT_n$　零件型号 n 的所有运输和等待时间之和（时间）

$\alpha$　安全系数（%）

如果将公式 17 与公式 16 进行比较，会发现有很多相似之处。与所有的看板公式一样，它是补货时间除以客户节拍和每张看板的零件数量。补货时间的确定没有那么详细。丰田将等待时间和信息传输时间作为一个变量，将工序时间之和作为另一个变量，它们加起来就是补货时间。丰田让你自己想办法获得这些时间数据，而我的公式 16 提供了一些指导，告诉你构成补货时间的各个要素。

---

44　Koichi Shimokawa et al., *The Birth of Lean* Cambridge, Massachusetts: Lean Enterprise Institute, Inc. , 2009, ISBN 1-934109-22-3.

对于安全系数，丰田使用了一个百分比而不是一个绝对值，但效果是一样的。当大野和他的团队开发这个公式时，大野坚持要包括这个安全系数 α，以便让人类的经验进入这个公式。这个安全系数在丰田被认为是非常重要的。

然而，丰田公式中缺少所有与波动有关的要素，这包括补货时间的波动、客户最大订单，以及我们希望在补货时间内覆盖的峰值需求。这不是疏忽，而是丰田公司在生产管理时采用的特殊方法。

让我们从**补货时间的波动**说起。尽管丰田在控制这些波动方面做得很好，但确实还有一些波动，如计划外的停机、缺陷或减速。但在日本的丰田，他们不是用库存（即看板）来覆盖这些波动，而是用产能来隔离波动。在日本的丰田，一个班次并不是时间一到就结束的，而是当达到目标产量时，这个班次才会结束。因此，如果问题导致生产延迟，那么这个班次就会简单地延长（最多 2h）。同样，如果产线的问题较少，员工就可以提前回家。

因为他们通过产能隔离生产波动，因此就不需要用库存（即看板）来隔离波动。请注意，在许多国家，工会不允许这样做。如果不想自找麻烦，就用库存而不是产能来隔离这些波动，并相应地计划看板的数量。

此外，丰田不需要覆盖客户的需求波动，无论是**客户最大订单**还是**客户峰值需求**。丰田在其大部分供应链中都设法拥有一个极其稳定的生产系统。我曾访问过丰田的三级供应商，他们向我展示了他们当月的生产计划，对于相同的零件，每天都有完全相同数量，没有任何偏差。如果丰田在一个月的每天都生产 637 辆汽车，那么供应商每天将生产 637 个方向盘，而次级供应商每天将生产 637 个方向盘套。这个每日配额仅可以在月底前改变，但必须提前通知并严格限制改变数量（即提前 30 天通知，数量改变不能超过 10%）。

在丰田的供应链上并没有真正的客户波动，最终客户的波动通过他们销售网点的库存和终端客户的等待时间来隔离。因此，丰田不需要在他们的丰田公式中考虑客户波动。但是，大多数公司不可能像丰田那样均衡，因此最好根据客户的波动幅度，增加额外的看板。

## 5.4.2.4　生产看板计算示例

在下文中，我将给出一个计算生产看板数量的示例。首先，我将列出系统的所有参数和信息，然后一步步地计算看板的数量。

为了获得最佳学习效果，你可以先尝试自己计算，然后将你的计算结果与这里给出的示例进行比较。由于涉及很多假设，你算出来的结果可能与我的有些区别。试着理解这些差异，看看这些差异是基于不同的假设还是哪里算错了，希望你能得到类似的看板数量。

### 5.4.2.4.1 生产系统数据

如图 80 所示，以按库存生产的方式生产三种不同颜色（即红色、蓝色和黄色）的木制玩具汽车。红色和蓝色非常受欢迎，但黄色是一种非常规品种，需求很低。由于需求不同，它们的批量也不同，每张看板上的零件数量也不同。

图 80：该示例系统生产黄色、红色和蓝色的玩具汽车

生产计划估计了每种产品未来几个月的预期月度需求，以及预期的最大订单和峰值需求。表 3 列出了生产看板计算示例的参数，包括每张看板的批量和零件数量。

**表 3：生产看板计算示例的参数总览**

| 颜　　色 | 批量/辆 | 每张看板的零件数量/（辆/看板） | 预计月度需求/辆 | 最大订单/辆 | 峰值需求/辆 |
|---|---|---|---|---|---|
| 红色 | 560 | 80 | 10000 | 200 | 650 |
| 蓝色 | 300 | 50 | 4000 | 120 | 420 |
| 黄色 | 30 | 10 | 200 | 60 | 80 |
| 共计 | 不适用 | 不适用 | 14200 | 不适用 | 不适用 |

生产系统本身非常简单。第一道工序是切削，从一块木板上切出汽车的形状；在第二道工序中，汽车被喷漆；在最后的组装工序中，安装车轮，汽车就完成了。这三道工序之间使用 FIFO 连接，每个 FIFO 上限为 100 辆，尽管平均每个 FIFO 中只有 50 辆车。每道工序一次最多可以生产一辆车，这个价值流如图 81 所示。

该生产系统每月工作 20 天，每天 1 个班次，每班 7h。主管每小时从看板收集盒中取走看板，并把它们带到批量形成处。从看板收集盒走到批量形成处大约需要 3min。当一个批量的汽车类型的看板足够多时，这个零件类型的看板就会被移到排序处。

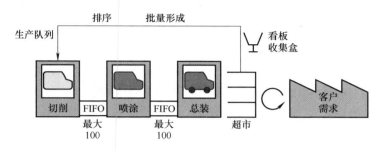

图 81：示例系统的价值流

为了减少换型时间，喷漆工序需要按照从黄色到红色再到蓝色的颜色序列排序。排序需要等待，直到至少有 1000 辆汽车从批量形成处出来，然后将它们依次释放到生产队列。管理层已经决定，他们希望系统能够覆盖 2h 的故障和中断。如果超过这个时间，他们宁愿缺货，也不愿意永久有过高的库存。

## 5.4.2.4.2　要素的计算

对后续计算来说，一个重要的变量是**客户节拍**。表 3 中给出了预期月度需求，每月的总工作时间为 20 天，每天 1 个班次，每班 7h，每月总共 140 个工作小时。将可用工作时间除以预期需求就可以得到客户节拍。在本例中，如果以 h/辆来衡量，这将是一个很小的数字。因此，我们用 140h/月×3600s/h，得到 504000s/月的工作时间。现在可以分别计算所有零件的客户节拍，也可以计算所有零件的综合客户节拍。红色汽车的客户节拍计算如公式 18 所示。表 4 列出了生产看板计算示例中的客户节拍。

$$TT_{Red} = \frac{TW}{D_{Red}} = \frac{20d \times 7\frac{h}{d}}{10000\ 辆} = \frac{140h}{10000\ 辆} = \frac{504000s}{10000\ 辆} = 50.4s/\ 辆$$

公式 18：红色汽车客户节拍计算

**表 4：生产看板示例中的客户节拍**

| 颜　　色 | 预计月度需求/辆 | 客户节拍/(s/辆) |
|---|---|---|
| 红色 | 10000 | 50.4 |
| 蓝色 | 4000 | 126.0 |
| 黄色 | 200 | 2520 |
| 共计 | 14200 | 35.5 |

为了确定看板的数量，需要确定看板数量的不同要素。按照第5.4.2.1节的顺序，我们从**看板收集盒中的等待时间**开始。由于主管每小时都会取走收集盒子里的看板，所以最长等待时间是1h。请注意，我们选择的是最长的1h，而不是平均的30min。这个时间对任何一种产品都一样。

**信息传输时间**在描述中也已经给出，为3min。由于这与其他数值相比很小，实际计算中我通常会忽略这个时间，但为了学习这个计算过程，我还是把它留在公式中。

**批量形成等待时间**取决于批量。由于每种产品类型都不同，需要为每种产品型号分别确定。最简单的方法是以件为单位的批量除以每张看板的零件数量，就可以得到以看板数量为单位的批量。现在可以计算出平均等待时间，但由于这是一个按库存生产的过程，需要最大的等待时间，也就是一个批量的看板数量减去1。因此，批量为7的红色汽车最多需要等待6张后面的看板，蓝色汽车需要等待5张，黄色汽车需要等待2张，才能完成各自的批量形成。表5列出了批量形成的等待时间。

**表5：批量形成的等待时间**

| 颜　　色 | 批量/辆 | 每张看板的零件数量/（辆/看板） | 批量/看板 |
| --- | --- | --- | --- |
| 红色 | 560 | 80 | 7 |
| 蓝色 | 300 | 50 | 6 |
| 黄色 | 30 | 10 | 3 |

比较难估计的部分是**排序等待时间**。这充其量是一种猜测，而且取决于你如何处理这个问题，你算出来的结果可能看起来和我的不一样。请记住，整个看板公式只是一个估计，轻微的差异并不重要。标准要求在开始排序之前，至少要有于1000个准备好的零件进行排序。使用排队理论或模拟数据来确定更精确的平均等待时间是可行的，但这些对看板计算来说都太复杂了。因此，在这里，我简单地使用了积累1000个零件所需的时间。由于这些零件可能是任何颜色的，我必须使用表4中的所有零件型号的综合客户节拍，即35.5s/辆。将1000辆×35.5s/辆，可以得出排序中的等待时间为35493s，即大约9小时52分钟，这对所有零件型号都是一样的。

你可能已经发现这种方法有不少"漏洞"，如第一个形成批量的批次要比最后一个形成批量的批次等待的时间要短。我们的批量因产品型号而异，当然可以决定在什么时候使用哪个批次，并从总数中扣除这一个批次，但这将带来其他问题。总的来说，除了实际测量或使用更高级数学算法和模拟，排序等待时间的问题没有完美的答案。但我们先把这点记在在心里，这个等待时间可能有点高估了，也许后面我们可以把安全系数定得小一些。

**生产队列等待时间**也是一个混乱的计算过程。在第 5.4.2.1.5 节中，我介绍了我的方法，尽管准确性不太高。每个批次都可能等待其他常规品种的一个批次。因此，红色零件必须等待一批蓝色零件，蓝色零件必须等待一批红色零件，而黄色零件必须等待一批红色零件和一批蓝色零件。某个零件型号的一个批次的等待时间是以件为单位的批量乘以该零件型号的客户节拍。

例如，需要等待 560 辆×50.4s/辆 = 28224s 才能形成一个批次的红车。在生产队列中，红车等待一个批量的蓝车，蓝车等待一个批量的红车的，而黄车等待一个批量的红车加一个批量的蓝车。因此，这个等待时间对每种产品都是不同的，见表 6。

**表 6：生产队列中的等待时间**

| 颜　　色 | 批量/辆 | 客户节拍/(s/辆) | 批量/s | 生产队列等待时间/s |
|---|---|---|---|---|
| 红色 | 560 | 50.4 | 28224 | 37800（蓝色） |
| 蓝色 | 300 | 126.0 | 37800 | 28224（红色） |
| 黄色 | 30 | 2520 | 75600 | 66024（红色+蓝色） |

**提前期**可以用利特尔定律来确定。看板循环中的每个 FIFO 平均有 50 个零件（每条 FIFO 最多能够容纳 100 个零件），加上每道工序中的 1 个，系统中平均共有 103 个零件。一方面我们不希望超市里一直有库存，另一方面又希望我们需要零件时超市里有库存。因此，可以考虑最坏的情况。最坏的情况是两个 FIFO 被填满了，每个 FIFO 有 100 个零件，每道工序里面有 1 个零件，总共有 203 个零件。用**综合客户节拍**（35.5s/个）乘以 203 个零件，得到最坏情况下的提前期为 7205s。这对所有零件都是一样的。

管理层确定用于覆盖**故障和中断**的额外时间为 2h，这在后面会算进看板里面。

表 3 中的**预期客户最大订单**是超过一张看板的最大预期订单，这个订单无论如何应该在超市里。在后面的看板公式中，我们将把零件数量转换为看板数量，并从最大订单中减去一张看板，得到覆盖这个最大订单所需的额外看板数量。

表 3 中也已经给出了**峰值需求**。请注意，这是针对不同产品类型的。此外，常规品种（high runner）的波动相对于它们的需求来说较小，而非常规品

种（exotic type）的波动则相对比较大，这里也是如此。

**安全系数**将在最后添加，因为首先要计算的是没有安全系数的看板数量。到目前为止，我们考虑了需要计算到看板数量的所有要素。

### 5.4.2.4.3　计算结果示例

表 7 列出了生产看板数量计算的要素。请注意，它们的计量单位不同。

**表 7：生产看板数量计算的要素，不包括安全系数**

| 要　　　素 | 单　　位 | 红色汽车 | 蓝色汽车 | 黄色汽车 | 变量名 |
|---|---|---|---|---|---|
| 看板收集盒中的等待时间 | h（s） | 1（3600） | 1（3600） | 1（3600） | WB |
| 信息传输时间 | min（s） | 3（180） | 3（180） | 3（180） | TI |
| 批量 | 看板 | 7 | 6 | 3 | KL |
| 排序等待时间 | s | 35493 | 35493 | 35493 | WQ |
| 生产队列等待时间 | s | 37800 | 28224 | 66024 | WP |
| 提前期 | s | 7205 | 7205 | 7205 | LT |
| 故障和中断 | h（s） | 2（7200） | 2（7200） | 2（7200） | BD |
| 客户最大订单 | 辆 | 200 | 120 | 60 | OS |
| 客户峰值需求 | 辆 | 650 | 420 | 80 | PD |

对于后续计算，我们需要将时间转换为统一的单位，在这里将所有时间转换为 s，因为我们的客户节拍也是以秒每个零件来衡量的。现在可以把这些数据代入公式 16 计算生产看板的数量。红色汽车的数学计算见公式 19，包括相应的单位。确保所有的单位相互抵消，最后只得到"看板"。

$$NC_{看板,Red} = \frac{WB + TI + WQ_{Red} + WP_{Red} + LT + BD}{TT_{Red} \cdot NPC_{Red}} +$$

$$\left(\frac{OS_{Max,Red}}{NPC_{Red}} - 1\right) + (KL_{Red} - 1) + \frac{PD_{Red}}{NPC_{Red}} + S$$

$$= \frac{3600s + 180s + 35493s + 37800s + 7205s + 7200s}{50.4\frac{s}{辆} \times 80\frac{辆}{看板}} +$$

$$\left(\frac{200\,辆}{80\frac{辆}{看板}} - 1\,看板\right) + (7\,看板 - 1\,看板) + \frac{650\,辆}{80\frac{辆}{看板}} + S$$

$$= 38.3\,看板 + S$$

公式 19：红色汽车的生产看板计算

如果这时你担心计算复杂，在后面会讲到估计方法。如果不考虑安全系数，我们得到的红色汽车需要 38.3 张看板。类似的计算会得到蓝色汽车 27.8 张看板和黄色汽车 19.8 张看板。

现在我们可以增加安全系数。由于我们已经对排序等待时间有了一个非常保守的估计，可能不需要额外增加太多的安全看板，我会简单地将看板数量按四舍五入向上取整。但如果你对此有顾虑，也可以多加一些看板。安全系数常常用百分比来表示，如添加 10% 或更多。

如果我们简单地取整，最终会得到红色汽车有 40 张看板，蓝色汽车有 30 张，而黄色汽车有 22 张，见表 8。因此，安全系数为看板总数的 4%～10%，其中订单峰值波动最大的非常规的黄色汽车的安全系数最大。如果你自己计算，结果应该在这个数字附近，尽管 30% 的差异在不同的假设前提下是有可能的。

**表 8：生产看板计算示例中有无安全系数的看板数量**

| 颜　色 | 无安全系数的看板数量/张 | 安全系数（看板）/张 | 有安全系数的看板数量/张 | 安全系数（%） |
|--------|-----------------------|-------------------|-----------------------|--------------|
| 红色 | 38.3 | 1.7 | 40 | 4.2 |
| 蓝色 | 27.8 | 2.2 | 30 | 7.3 |
| 黄色 | 19.8 | 2.2 | 22 | 10 |

也可以确定看板系统中的每个要素对看板数量的贡献。图 82 所示的瀑布图直观地表示了各要素对红色汽车看板数量的影响。影响最大的要素是生产队列、排序等待和峰值需求。如果想降低库存，不得不减少批量，这样可以减少排序等待时间、生产队列等待时间和批量形成时间，也可以减少峰值需求。将所有的批量减半，将减少看板数量，从而使总库存可以降低 30%。另一方面，信息传输时间可以被安全地忽略。

图 82 主要显示了原始的看板数量。由于这很容易地转化为零件数量或时间，所以也给出了数量和时间（h）的轴。图 83 所示为蓝色汽车的瀑布图，其中峰值需求的影响最大，其次是排序和批量形成。图 84 所示为黄色汽车的瀑布图。对非常规品种来说，像最大订单和峰值需求这样的波动对低产量的黄色汽车的看板数量影响最大。

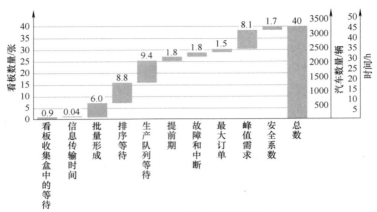

图 82：红色汽车看板数量的瀑布图

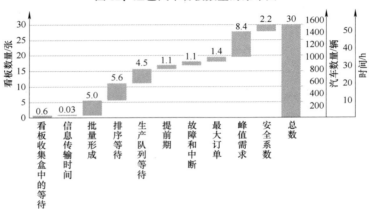

图 83：蓝色汽车看板数量的瀑布图

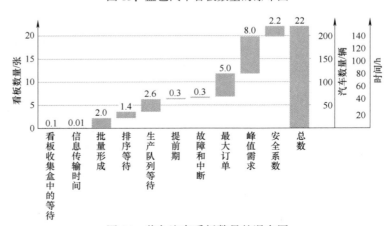

图 84：黄色汽车看板数量的瀑布图

## 5.4.3 运输看板的看板公式

运输看板的计算与上述生产看板的计算非常相似,但更简单。由于不需要重新生产零件,整个补货时间的计算就简化了很多。一个主要的区别是,客户节拍需要基于与你自己的生产系统不同的时间段,使用最能代表你的系统的时间段。此外,与生产看板类似,明智的做法是**使用保守的估算数值以确保物料供应的高可靠性**。

### 5.4.3.1 运输看板计算的要素

图 85 所示为影响运输看板数量的要素。这是在图 76 基础上对运输看板的具体内容进行了调整。

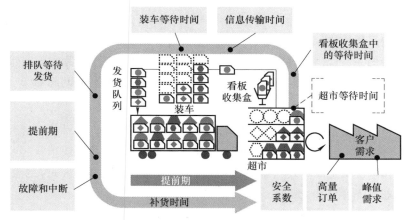

图 85:影响运输看板数量的要素,虚线括号内的超市等待时间不包含在补货时间内

其中大部分与生产看板相同或非常相似,有些计算起来更简单。**超市等待时间**在这里也无关紧要,看板的**排序等待时间**也不存在,因为运输不需要特定的产品顺序。

**批量形成**通常也不需要,取而代之的是装车等待时间。可能会有例外,如在直送上线(ship-to-line)和按顺序交货(just-in-sequence)的情况下,物品会直接按顺序运送到生产线上。在这种情况下,需要将排序等待时间算进补货时间。但即便如此,计算起来也要容易得多,因为它通常只涉及按正确的顺序从前道库存中挑选需要的货物。

#### 5.4.3.1.1 在看板收集盒中的等待时间

看板收集盒中的等待时间与生产看板是相同的。如果有定期取货,相关时间是取货的间隔时间。最坏的情况，如果看板是在取货人刚离开后被添加到看板收集盒里的，看板会在看板收集盒中等待最长的时间。

### 5.4.3.1.2 信息传输时间

运输看板的信息传输时间只是运输看板所需的时间。对于生产看板来说，这可能是可以忽略不计的。对于数字运输看板，可以忽略微秒级的延迟，但对于物理运输看板来说，如果必须把看板运送回看板循环的起点，这个延迟可能会比较长。

### 5.4.3.1.3 装车等待时间

产品装车需要时间，大多数运输公司只想满载后再发车。因此，他们会等到有足够的订单来装满一辆货车，这样可以降低运输成本，但这也会增加整体库存。丰田公司更倾向于使用小型货车，提高运输频次，所以这个等待时间的计算取决于运输系统设计。

建议采用比较保守的方法，并使用更多的看板数量。通常，这是以时间单位来衡量的，不像生产看板的批量形成可以用看板来衡量。如果我们安排定期发车的货车，等待时间应该考虑最坏情况下两辆货车之间的时间间隔。

### 5.4.3.1.4 排队等待发货时间

排队等待发货时间与生产队列中的等待时间有些类似，但计算起来要简单得多。一张订单需要等待多长时间，直到货车准备就绪并可以装车？这可能包括用于按顺序交货的序列创建，也可能与装车等待时间重叠，因此大多数情况下可以忽略不计。

这也可能包含其他延迟，如由于缺少司机或由于货车无法在目的地关门前到达，而将发车时间推迟到第二天，这都取决于你的系统。

### 5.4.3.1.5 提前期

提前期仅仅是货物被装车并运输到目的地所需的时间，这也可以称为运输时间。它与提前期相似，但通常更容易计算。这个时间应该采取保守的估算，因为这个提前期也应该考虑交通高峰时段的情况。

### 5.4.3.1.6 故障和中断

根据目前估算的保守程度，还可以为故障和中断增加额外的时间，类似于生产看板。例如，可能会发生交通事故，即使没有涉及你的货车，但也可能被堵在路上。在这里，我们也不可能涵盖所有的可能性，当然也不应该为了很少见的问题而提高库存水平。

### 5. 4. 3. 1. 7　客户最大订单

对最大订单的影响估计与生产看板相同，即转换为看板的最大合理预期订单减去一张看板。客户最大订单也完全有可能与平均客户订单相同，如客户的生产系统可以实时地发送任何需求，而且这种情况经常能够遇到。

### 5. 4. 3. 1. 8　客户峰值需求

同样，系统也必须满足客户峰值需求。在一个补货时间内，预计客户最大的额外需求是多少？平均需求和最大需求之间的差额就是峰值需求。这个数量的信息需求被转换成看板数量，并添加到看板总数中。

### 5. 4. 3. 1. 9　安全系数

此外，还可以增加一个安全系数，可以是看板的绝对数量或百分比。根据其他要素估算的保守程度，可以有一个相适应的安全系数。与生产看板类似，这个系数可以带给车间员工或物流人员安全感。

### 5. 4. 3. 1. 10　其他要素

与生产看板类似，也可能有其他异常要素影响补货时间或客户需求波动。这些都比较罕见，可能不适用于你的系统。

## 5. 4. 3. 2　计算运输看板的数量

上面提及的要素涵盖了大多数情况，但如果你的运输看板系统还有这些要素以外的延迟或波动，也需要将其包括在计算中。表9列出了影响运输看板数量的变量。

表 9：影响运输看板数量的变量

| 类　别 | 要　素 | 单　位 | 是否受零件型号影响 | 是否相关 | 变量名 |
|---|---|---|---|---|---|
| 补货时间 | 看板收集盒中的等待时间 | 时间 | 否 | 可能 | WB |
| | 信息传输时间 | 时间 | 否 | 否 | TI |
| | 装车等待时间 | 时间 | 否 | 可能 | WT |
| | 排队等待发货时间 | 时间 | 否 | 可能 | WS |
| | 提前期 | 时间 | 否 | 是 | LT |
| | 故障和中断 | 时间 | 否 | 是 | BD |
| 客户 | 客户最大订单 | 数量 | 是 | 是 | OS |
| | 客户峰值需求 | 数量 | 是 | 是 | PD |
| 其他 | 安全系数 | 看板 | 经常 | 是 | S |
| | 其他要素 | ??? | ??? | 没有 | 不适用 |

根据这些要素，可以计算出运输看板的数量。属于时间或零件数量的要素必须用公式 11 和公式 9 转换为看板数量。运输看板的完整看板公式显示在公式 20 中。与公式 16 中的生产看板类似，我建议在整个计算过程中使用并检查计量单位。

$$NC_{看板,n} = \frac{WB + TI + WT + WS + LT + BD}{TT_n \cdot NPC_n} + \left(\frac{OS_{Max,n}}{NPC_n} - 1\right) + \frac{PD_n}{NPC_n} + S$$

公式 20：运输看板的看板公式

公式 20 中的变量含义如下：

| | |
|---|---|
| BD | 覆盖故障和中断的额外时间（时间） |
| LT | 提前期（时间） |
| $NC_{看板,n}$ | 零件型号 n 的看板数量（看板数量） |
| $NPC_n$ | 零件型号 n 每张看板的零件数（数量/看板） |
| $OS_{Max,n}$ | 零件型号 n 的客户最大订单（数量） |
| $PD_n$ | 零件型号 n 的客户峰值需求（数量） |
| S | 安全系数（看板数量） |
| TI | 信息传输时间（时间） |
| $TT_n$ | 零件型号 n 的客户节拍（时间/数量） |
| WB | （看板、CONWIP 等）收集盒中的等待时间（时间） |
| WS | 排队等待发货时间（时间） |
| WT | 装车等待时间（时间） |

### 5.4.3.3　运输看板计算示例

与生产看板一样，我将给出一个详细的运输看板的计算示例，并提供所有必要的参数，你可以在看我的解决方案之前自己先尝试计算。由于有较多假设，你的计算结果可能与本书有所不同。试着理解这些差异，看看这些差异是基于不同的假设，还是哪里算错了。

#### 5.4.3.3.1　运输系统数据

运输看板的例子与生产看板的例子一样，生产三种不同颜色的玩具汽车。玩具汽车的车轮是从供应商那里购买的，并被运送到生产地点进行最后组装。不同颜色的汽车，轮毂盖也有对应的颜色。车轮和最终产品如图 86 所示。

客户的需求总体上保持不变，但每辆车都需要四个车轮。因此，装配线对车轮的需求正好是装配线上整车需求的四倍。这里我们假设有缺陷和报废的零件可以忽略不计。

图 86：车轮和最终产品，该示例运输系统供应轮毂颜色不同的车轮

这个运输系统可以处理任何批量，因此不需要创建更大的批量。因此，我们默认的批量是一张看板。每张看板上的零件数量也是需要的。管理层出于简单的考虑，决定车轮的看板应与汽车的看板相匹配。因为一辆汽车有四个车轮，所以以车轮每张看板的零件数量是相应颜色的汽车每张看板零件数量的四倍，见表 10。

表 10：运输看板计算示例的参数

| 颜　　色 | 每张看板的零件数量/（个/看板） | 预计车轮月度需求/个 | 峰值需求/个 |
|---|---|---|---|
| 红色 | 320 | 40000 | 1300 |
| 蓝色 | 200 | 16000 | 680 |
| 黄色 | 40 | 800 | 70 |
| 共计 | 不适用 | 56800 | 不适用 |

生产系统不断地从库存中移除车轮，一旦释放一张看板，这张看板就会返回给供应商。因此，我们没有任何最大订单，因为标准订单是一张看板。但我们会有峰值需求，终端客户（购买玩具汽车的客户）的波动在一定程度上被下游的生产系统缓冲了。因此，本例中供应商的波动比生产系统的波动要小。

但请注意，实际情况并非总是如此，牛鞭效应会导致波动沿着供应链往上游走时越来越大。这里对于车轮的峰值需求估计低于对最终产品峰值需求的估计（表 10 中的峰值需求并不是直接用表 3 中的峰值需求乘以 4）。

图 87 所示为运输看板循环的价值流。看板每小时被扫描一次。之后，ERP 系统将订单以数字看板形式发送给供应商。一旦有一辆货车装满 10000 个车轮，供应商就发车。车程平均需要 5h，包括装卸货。如果遇到交通拥堵或发生事故，就会需要更长的时间。管理层决定，要求库存能够覆盖 3h 的中断。

客户和供应商的仓库每天都开放 16h，每月有 20 个工作日。在我们的例子中，如果货车司机不能在当天交付，他们就不会发车。如果离当天结束还剩不到 6h，货车就会等到第二天再发车。

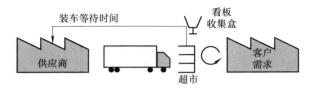

图 87：运输看板循环的价值流

### 5.4.3.3.2 要素的计算

对于生产看板，首先需要计算的是**客户节拍**。与生产看板的客户节拍相比，有两个主要区别：第一，需要的车轮数量是我们需要的汽车数量的四倍；第二，时间段也与生产看板不同，供应商和客户（总装厂）每天可以发送和接收货车的时间是 16h，每个月有 20 天。货车司机也只在这些时间内发车，超过这个时间段他们就无法卸货。因此，我们的时间段是 20 天，每天 16h，即 320h。把这个时间除以需求，我们就得到了各个颜色车轮的客户节拍，也得到了所有零件的综合客户节拍，见表 11。

表 11：运输看板示例的客户节拍

| 颜 色 | 预计车轮月度需求/个 | 客户节拍/（s/个） |
| --- | --- | --- |
| 红色 | 40000 | 28.8 |
| 蓝色 | 16000 | 72.0 |
| 黄色 | 800 | 1440 |
| 共计 | 56800 | 20.3 |

看板收集盒中的看板每小时被扫描一次，因此**看板收集盒中的等待时间**最多只有 1h。为了安全起见，我们使用最长等待时间而不是平均值。在扫描之后，看板被 ERP 系统以数字方式发送，因此**信息传输时间**接近于零，可以直接忽略。

**装车等待时间**则更为重要，只有在装满 10000 个零件的情况下才能发车。将 10000 个乘以所有零件综合客户节拍（任何颜色的车轮都为 20.3s/个），得到装车等待时间为 202817s，或 56 小时 20 分钟。

这个时间大部分与**排队等待发货时间**重叠。然而，如果工作日只剩下 6h，那么卡车要到第二天早上才会离开，因为他们无法在收货工厂下班前赶到。为了确保稳定的材料供应，应该把这个可能的最大的排队等待发货时间 6h 计算在内。你可以很容易地感受到，越是深入研究看板计算的细节，假设前提就会越多，计算结果也就越不可能精确。不要试图达到完美，对于实际的系统来说，完美的看板计算几乎是不可能的。你必须根据自己的最佳猜测进行操作，当看板系统运行时，无论如何都要调整看板的数量。

提前期已经给定为 5h，额外的**故障和中断**是 3h。由于生产系统的持续需求，我们没有任何**客户最大订单**，我们的最大订单是一张看板。由于设计看板循环时我们在超市里都会设有一张看板，所以对计算没有影响，为了避免大家忽略这个要素，我将其保留在公式中。表 10 中也已经给出了**峰值需求**，这是针对特定零件的。**安全系数**将在最后添加，因为我们首先要计算无安全系数的看板数量。到此为止，我们考虑了看板数量计算中包含的所有要素。

### 5.4.3.3.3　计算结果示例

表 12 列出了到目前为止我们所确定的运输看板数量计算的要素。请注意，其中一些数值有不同的单位。

**表 12：运输看板数量计算的要素，不包括安全系数**

| 要　　素 | 单　位 | 红色车轮 | 蓝色车轮 | 黄色车轮 | 变　量　名 |
|---|---|---|---|---|---|
| 看板收集盒中中等待时间 | h（s） | 1（3600） | 1（3600） | 1（3600） | WB |
| 信息传输时间 | （s） | 0 | 0 | 0 | TI |
| 装车等待时间 | s | 202817 | 202817 | 202817 | WT |
| 排队等待发货时间 | h（s） | 6（21600） | 6（21600） | 6（21600） | WS |
| 提前期 | h（s） | 5（18000） | 5（18000） | 5（18000） | LT |
| 故障和中断 | h（s） | 3（10800） | 3（10800） | 3（10800） | BD |
| 客户最大订单 | 个 | 320 | 200 | 40 | OS |
| 客户峰值需求 | 个 | 1300 | 680 | 70 | PD |

对于后续的计算，我们需要将这些时间转换为统一的单位。这里把这些时间转换为 s，因为客户节拍也是以 s 为单位。现在可以将数据代入到公式 20 中计算运输看板的数量。

我们可以忽略信息传输时间 TI，因为它接近零。也可以忽略客户最大订单的要素，因为没有任何订单大于一张看板。用红色车轮的要素进行计算，如公式 21 所示，包括相应的单位。确保所有的单位相互抵消，最后只得到"看板"。

$$NC_{看板,Red} = \frac{WB + TI + WT + WS + LT + BD}{TT_{Red} \cdot NPC_{Red}} +$$

$$\left(\frac{OS_{Max,Red}}{NPC_{Red}} - 1\right) + \frac{PD_{Red}}{NPC_{Red}} + S$$

$$= \frac{3600s + 0 + 202817s + 21600s + 18000s + 10800s}{28.8\frac{s}{个} \times 320\frac{个}{看板}} +$$

$$\left(\frac{320\frac{个}{320\frac{个}{看板}} - 1 看板\right) + \frac{1300\frac{个}{320\frac{个}{看板}} + S$$

$$= 31.9 看板 + S$$

公式 21：红色车轮的运输看板计算

我们得到的红色车轮运输看板总数为 31.9 张，无安全系数。对于生产看板，它在计算时包含很多保守的估算，因此我采用了一个较小的安全系数。对于运输看板，我有点不太自信，因此会采用一个稍大的安全系数。表 13 列出了有无安全系数的所有颜色车轮的看板数量。安全系数的百分比是基于看板的总数。如果你自己进行计算，应该会得到一些相近的数字，30% 以内的差异是可以接受的。

**表 13：有无安全系数的所有颜色车轮的看板数量**

| 颜　　色 | 无安全系数的看板数量/张 | 安全系数（看板数量）/张 | 有安全系数的看板数量/张 | 安全系数（%） |
|---|---|---|---|---|
| 红色 | 31.9 | 3.1 | 35 | 8.8 |
| 蓝色 | 21.2 | 3.8 | 25 | 15.1 |
| 黄色 | 6.2 | 1.8 | 8 | 22.4 |

公式 21 还可用于分析各要素对看板数量的影响，从而分析库存来源。图 88 所示为红色车轮看板数量的瀑布图，可以直观地看到不同要素对看板数量的影响。如果想减少看板数量，进而减少库存的话，可以把注意力集中在影响大的要素上。

只有峰值需求和安全系数是针对不同产品型号的，因此在本例中，不同零件型号的瀑布图看起来非常相似。所以，我在这里只显示了一个红色车轮的瀑布图。由于每张看板的客户节拍和零件数量不同，瀑布图上各个要素的比例会有所不同。图 88 右侧也添加了对应车轮数和时间的轴。

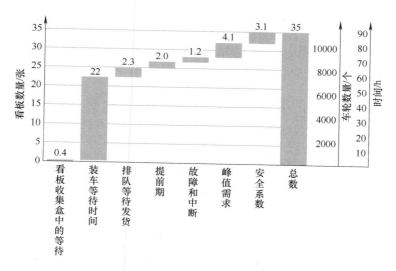

图 88：红色车轮看板数量的瀑布图

　　影响看板数量和库存的主要要素是装车等待时间，它占所有看板数量的2/3。因此，如果你想减少看板的数量，可以使用小型货车更频繁地发车，甚至就算货车没有完全装满，也可以发车。出于同样的原因，丰田更倾向于使用小型货车，提高货车周转频次。

## 5.4.4　双箱看板的看板公式

　　双箱看板的计算与生产看板或运输看板的计算相同，但有一点需要注意，只能有两张看板，代表两个箱子。因此，必须调整看板公式，以得到两张看板。如果计算出的看板数量小于 2 张，只需四舍五入；如果计算出的看板数量大于 2 张，可以增加每张看板的零件数量。**如果不能把看板的数量减少到两张，那么系统中的这个零件就不适合使用双箱看板系统。**

　　上面的逻辑也适用于估算的方法。如果你估算双箱系统有效，那么就可以使用这个系统。如果不能，就调整每张看板的零件数量。如果不能降到两张看板，那么系统中的这个零件就不适合使用双箱看板系统。

## 5.4.5　三角看板的看板公式

　　三角看板与其他看板的计算方法不同。它不仅像其他看板系统那样需要一个上限，而且还需要一个放置单个看板下限。就其本质而言，这与重订货系统是相同的，最低数量需要足以覆盖补货时间，最高数量取决于重复订货工作量与库存成本之间的权衡。

这实际上就是纸质版的重订货点系统，请参阅第 8 章，特别是第 8.4 节关于重订货点系统的计算，但请确保估算出来的交付提前期是你的生产系统能够满足的。估算方法可以参见生产看板相应要素的计算。同样地，由于看板计算普遍缺乏精确性，也可以直接估计这些数值。

## 5.4.6 连续量的看板公式

体积或质量等连续量的看板公式与公式 16 和公式 20 中的常规生产看板或运输看板公式类似。只是看板代表了一个连续量，而不是离散的数量。事实上，如果看板总是代表相同的固定量，那么公式是相同的。这个量可以是一个最终的包装单位，如一个板条箱或一桶。如果你按批量生产，一张看板也可以代表一个批量。在这种情况下，实际上没有必要使用连续量，用件数或批次数会更容易。

如果每次的消耗量不同，它仍然可以使用看板系统。对于一箱物料来说，看板的释放可以是在第一个物料消耗之后，也可以在最后一个物料消耗之后释放，这一点具体见第 5.7.1 节。同样地，一个连续量的看板可以在看板所代表的连续量的第一件或最后一件被消耗时被释放，这样就可以开始对看板进行补货。在这里，离散的"以件为单位"的看板通常就足够了，而且更容易处理。

## 5.4.7 替代方案：看板估计

上面，我介绍了如何计算看板的数量。这种计算很复杂，最后结果只不过是一个粗略的估计。因此，我首选的确定看板数量的方法是，"丢一把看板进系统，只要系统够用，系统运行之后看看有没有机会减少看板数量"。

在确定看板的数量时，与其进行计算，不如简单地估计看板的数量。你需要一点经验，但这是可以做到的。我建议不要独自确定这个数量，而是和班组长或车间主管一起来决定。如果你感觉不太确定，可以使用看板公式作为指导，并估计不同要素的影响。

当然，看板估计也不会很精确。我通常会选择一个保守的数字，直到我确信看板够了。系统中的零件多一点，总比无法按时交付或操作员停产待料要好。

"但精益不都是为了减少库存吗？"不全对，这是精益的一个方向。我们可以在看板实施过程中，验证看板数量是否符合系统的要求，并根据需要进行调整。

# 5.5 优势

看板的优势与拉动系统的优势非常相似。它使库存得到控制，简化并加快了补货流程。对于拉动生产，看板是**最简单、最直观的拉动系统之一**，它可以很容易地应用于大多按库存生产的生产系统中，这使得它**很容易管理**，占用车间主管和经理的时间比较少。

看板可以**帮助突出问题**。在超市里很容易看到物料是否即将用完，然后可以采取相应的措施。一个好的看板系统还有助于可视化管理。总之，看板是一种组织按库存生产非常有效的方式。

# 5.6 劣势

看板是一个相当通用的系统，局限性在于**看板只适用于补充库存**，它不适合**按订单生产或按订单发货**的生产方式。然而，如果按订单生产的产品使用的是标准零件，看板当然可以用来管理这些按库存发货或按库存生产的标准零件。

看板也无法隔离**大的波动**。如果某个零件当月需求是 10 个，下个月是 2000 个，再下个月是 300 个，你有两个选择。如果你事先知道波动情况，你可以定期改变看板系统，或者如果你事先不知道波动情况，就按最大预期的需求建立看板系统。这样做的结果是，你会有大量的库存，而且这些库存被消耗空的概率非常低。正是波动和库存之间的这种关系，通常建议在使用看板系统时，实施均衡（leveling）。

大多数系统都有大幅波动的问题，不管是拉动控制还是使用计划控制，但均衡有助于减小波动。看板通常每几个月调整一次，一般是为了应对季节性波动，但很少需要每月调整多次。除了这些小问题，看板本身是一个很好的工具，我是看板的忠实粉丝。

# 5.7 常见问题

## 5.7.1 在一箱中的第一个还是最后一个零件被取走后释放看板

如果一张看板只代表一个零件，那么这张看板就会在零件离开超市后被移到看板收集盒中或立即被扫描。但是，如果一张看板代表多个零件，看板可以在第一个零件取走后释放，或者等到最后一个零件被取走再释放，当然也可以是中间任何时候，如图 89 所示。

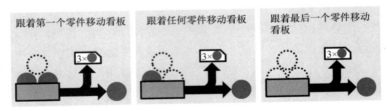

图 89：可以在取走第一个零件或最后一个零件后释放看板，但避免中间随机释放看板

所有这些方式都是可行的。如果**在取走这张看板的第一个零件后释放看板**，信息会在第一个零件消耗之后就传递出去，丰田公司更倾向于这种方式。但这样的话，在超市里该看板剩余的零件上面就不会有看板标识了。

如果你**在取走这张看板的最后一个零件后释放看板**，该看板对应的零件在消耗完之前总附着一张看板，该看板剩余零件数量肯定与看板上面的数量不匹配，当然信息流也被延迟了一张看板。因此，如果你希望等最后一个零件消耗完后再释放看板，只需要在系统中多加一张看板就可以了。另一方面，这样做你可以一直把看板附在箱子上。总之，不管你是在取走第一个零件还是最后一个零件释放看板，两种方式均是可行的，但我更倾向于在取走最后一个零件后释放看板，这样的话，零件只要没消耗完，都能有看板作为标识。

如果在**这张看板的零件消耗过程中随机释放看板**，这样做是不合适的，因为这会使人们感到困惑。一个还剩一个零件的箱子是缺少看板了，还是看板已经被释放了？信息流会一会快、一会慢。因此，要避免这种随机释放看板的方式。

在某些情况下，对于何时可以释放看板，答案是显而易见的。**例如，看板被永久地固定在一个箱子或其他类型的容器上，那么只有在箱子里的最后一个零件被消耗后，才有可能移动箱子。**因为为了把带看板的箱子释放，需要把箱子中的剩余零件取出来放在超市里，这有点不方便。

请注意，有时当一个箱子中的零件快被消耗完时，操作员会把剩余的零件放到下一个箱子里，然后释放空箱，这就类似于前面说的随机释放看板的情况。这种行为不推荐，也不值得为了规避这样的行为而制订一个标准来约束操作员。

因此，如果你使用箱子或容器本身作为看板，请将看板（容器）在最后一个零件用完之后释放。我建议你也这么做，这样可以确保物料始终有看板标识。当然，将看板在消耗第一个零件之后就释放也是可行的，但不要在同一个车间里面混用这两种方法，这会使操作员感到困惑。

## 5.7.2　应该使用物理看板还是数字看板

看板在生产循环中反复周转，到达循环起点的（数字或物理）看板再次触发生产，然后这些信息通过零件在生产过程和库存中流动。当零件离开循环时，信息又随着看板被送回循环的起点，流程又重新开始，如图 90 所示。

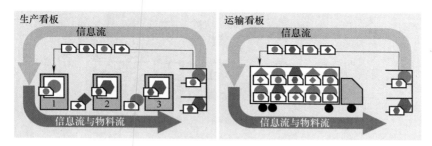

图 90：生产看板和运输看板的信息流以及信息流与物料流相结合的说明

在从上游往下游的过程中，信息是附在零件上的，并与零件一起移动。因此，在往下游的路径上，信息不能比零件快。不管它是物理信息还是数字信息，其速度都与对应的零件同步。因此，不能通过选择数字看板或物理看板来影响物料流速度。

在从下游往上游的过程中，信息靠自己流动。因此，信息在返回上游的过程中，信息（物理或数字）应该尽可能流动快些。信息的流动越快，补货时间就越短，周转速度就越快。一旦信息回到生产队列中，信息就必须等待，往后的速度就不再容易控制了。

数字信息的移动速度比物理信息快得多。因此，一旦信息进入系统，数字信息总会更快。如果还要考虑周围流程的话，情况可能会更复杂。无论系统是物理的还是数字的，信息流都是从零件的取走开始的。通常情况下，看板被放进看板收集盒中，物理看板以固定的时间间隔被送回第一道工序。

对于数字系统，也有对应的工作，如扫描（条码、RFID 芯片等）或以其他方式将数据输入系统。这可能发生在从库存中取出零件的时候，或者在取出一个批次的零件之后。一旦数据回到网络系统，传输速度将是光速。在另一端，它可能会出现在显示器上。如果是需要打印看板，打印的物理看板又需要进行运输。图 91 所示为数字看板卡与物理看板卡传输速度和复杂性的比较。

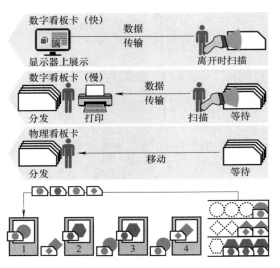

图 91：数字看板卡与物理看板卡传输速度和复杂性的比较

根据如何管理这种数字信息的收集和分发，数字信息可能比物理信息还要慢。这两种方式在短距离上区别不大：一张物理看板可能需要 1~2h，数字看板可能也需要 0.5~2h 来扫描和处理数据，这对可能需要长达几天的补货时间来说影响甚微。

但在长距离上的差别就很大，数据的数字传输速度远远快于物理传输。假设你在美国，中国的供应商通过远洋货轮给你发货，你会通过邮寄方式发送重新订购信息吗？通过船运，补货时间长达数周，即使空运也要几天。相比较而言，数字传输是实时的，即使需要处理数据，那也只需要几分钟或几小时。

因此，有充分的理由对长距离使用数字传输。不一定要像美国和中国那样远，如果你的供应商在隔壁城市，数字传输的帮助也很大。

另一个重要因素是了解现状的能力。哪些作业或看板在哪里？这里的重点在于区分办公室管理者的观点和车间操作员的观点。

管理者喜欢在计算机上操作，通过 ERP 系统了解当前的情况。数字看板非常适合与计算机一起使用，而且管理者能够在世界各地够轻松地访问数据库。这也常常是管理者获取数据的首选方式，相反这也表明了许多管理者在车间待的时间太少了！

另一方面，车间操作员则希望在不需要登陆软件系统的条件下就能了解车间运行的情况，因此他们更喜欢物理信息，如图 92 所示。

图 92：典型的管理者和车间操作员获取数据的方式

（图片来源 Thomas Karol 在公版领域和 style-photographs 许可）

　　管理者和许多办公室员工往往只从他们的角度看世界。他们认为，如果这对他们自己有好处，对整个公司都会有好处。但不幸的是，这不一定！特别是与车间相关的数据，车间员工可能比管理者更迫切地希望了解车间的情况，而管理者虽然坚持要访问许多数据，但可能很少甚至根本就不用这些数据。

　　总的来说，通过物理形式展示的数据对车间来说更有优势，因为车间操作员经常需要随时知道马上会来什么订单，以计划和组织相应的物料和人员。这属于车间可视化管理的一部分。

　　另一方面，如果这种情况发生在物流而不是生产，那么这就无所谓了。货车司机不会打开集装箱来检查里面装了什么东西，而是简单地看下装车文件。因此，在生产车间以外，物理数据的优势就不会那么明显。

　　精益的核心是持续改进，持续改进一个物理系统要容易得多。如果是纸质看板卡，改变信息方式要比改变数字系统容易得多。确认工作负荷和库存水平以调整人员配置或看板数量，在物理系统中也要容易得多。

　　当然，这些也可以在数字系统中完成，但你需要程序员或专家。而市场上程序员供不应求，就算你找到了合适的程序员，还要向他们解释你想要做的事情，然后希望他们真正理解你想要什么。即使他们理解你了，你也可能无法使用试错的方法来尝试。大多情况下，一旦涉及计算机系统，持续改进的工作很可能就会停滞。无论如何，在物理看板和数字看板之间做出选择并不是一件容易的事。

　　你可能会想，如果物理和数字系统都有优势，我是否可以同时使用这两个系统？**不要！**

　　真的不建议这样做。建立两个系统，就会有两倍的工作量，但更严重的问题是，这两个系统之间肯定会有差异。数字系统说 A，物理系统说 B，怎么办？车间操作员需要的是一个明确的信号，而不是两个矛盾的信息。虽然理论上可行，但实际运行起来更混乱。不要在数字系统的基础上再使用物理看板，不要给车间添乱。

有一种例外情况，从数字系统打印出纸质看板是允许的，反过来也可以通过扫描看板来将信息输入系统。但是，只可以有一个主导系统，要么物理看板是数字系统的一个副本，要么数字系统是物理看板的一个计数器。如果两个系统之间存在差异，必须遵循主导系统，而物理系统的信息可能更准确。

那么，应该怎么做？我的建议是在较远的距离（如工厂之间）使用数字信息。这可以缩短补货时间，而且这种情况更可能是一个物流过程，而不是一条生产线，所以可视化管理并不关键。对于工厂内的信息流，物理信息可能更容易理解和改进，但也需要意识到，想从 ERP 系统中挣脱出来挑战也不小，因为 ERP 系统管理着工厂的其他信息。

### 5.7.3　超市应该有多大

超市的大小问题很有意思。理想情况下，它应该能够装下循环里所有的看板对应的物料（也就是说，它应该能够容纳系统中允许的所有库存）。因此，最好有一个足够大的超市来容纳所有的看板。

但是，在一个正常运行的系统中，许多看板都在等待处理或正在处理中，超市不太可能是满的。通常，所有产品中有一半看板都不在超市里，而超市总体上可能也只是半满。因此，将超市空间留给很少碰得到的高库存也是一种浪费。当然，也完全有可能某个型号的所有零件库存都在超市里。

影响某种零件型号的所有零件在超市中的可能性的主要因素是补货时间。图 93~图 95 所示为三个例子的超市库存直方图。这三个例子的系统负荷都是90%，波动水平差不多，交付率为 99.9%。唯一的区别是补货时间和相应的库存限额。

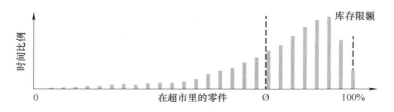

图 93：具有大约两个节拍的补货时间的超市库存直方图

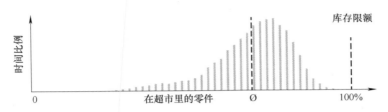

图 94：具有大约 10 个节拍的补货时间的超市库存直方图

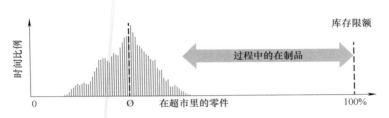

图 95：具有大约 100 个节拍的补货时间的超市库存直方图

图 93 具有大约 2 个节拍的补货时间的超市库存直方图。因此，大部分的库存都在超市里。这种类型的超市有时甚至是 100%满的，平均库存水平约为库存限额的 76%。

图 94 所示为具有大约 10 个节拍的补货时间的超市库存直方图。平均来说，大部分的库存仍然在超市里，平均补货水平为 68%，但超市里的库存从未达到 100%的限额，虽然有时会很接近限额。

最后，图 95 所示为具有约 100 个节拍的补货时间的超市库存直方图。现在，大部分的库存都在等待生产，或者是正在生产中。大多情况下只有不到一半的库存在超市里。从平均值来看，只有 28%的库存在超市里，超市的最大库存从未超过库存限额的 50%。对于图 95 所示的系统来说，超市小于库存限额都是可行的，尽管我不愿意把超市缩得太小。记住，每次库存超过超市容量时，车间都需要救火。

在现实中，很容易看到补货时间很长的系统，甚至是 1000 个节拍以上。在这些情况下，超市里更不可能出现达到库存限额的情况。

需要注意的是，超市库存大小也受到物料流的"大块"的影响。批量越大，超市库存将在（几乎）是空的和（几乎）达到库存限额之间波动。均衡也有助于降低所有零件同时进入超市的风险。

我见过这样的超市，虽然**比库存限额小**，但大多数时候都很空。在极少数的情况下库存会溢出，溢出的物料被存放在一个指定区域。这种储存方式当然需要付出额外代价，需要尽量避免。因此，可以使用少于库存限额的超市，但要规避由此带来的风险。

如果你不确定哪种情况适合你，那就把超市做得足够大，可以容纳所有的库存。如果你有足够的空间，就把超市建得足够大，以满足所有的库存。如果你没有足够的空间，看看是否可以缩短补货时间，从而减少看板数量，以适应可用的超市空间。只有在所有尝试都失败的情况下，才考虑缩减超市大小。

如果看板数量多于超市容量，要准备好"B 计划"，因为超市会有溢出风险。员工也将需要有时间和精力来执行 B 计划。

## 5.7.4　超市应该设在哪里

我们需要区分是再生产看板系统和再订购看板系统。超市总是由供应超市的工序来管理。因此，对于**生产看板**，超市最好位于生产系统的末端，这将缩短物料流和信息流的距离。如果你把生产系统的超市设在客户门口，就比较麻烦。因此，**生产系统的超市应该靠近循环中的最后一道工序**。

重订购**运输看板**系统的全部意义在于连接两个地点。因此，**对于运输看板来说，超市应该靠近客户**。例如，循环取货（milk run）根据看板从仓库准备物料，并将物料送入紧挨着生产线的超市。

## 5.7.5　如果产品的保质期很短怎么办

一些易腐产品，如食品或药品的保质期很短。对于较长的补货时间，这会导致产品在库存中就过期了。如果酸奶从生产日期起保质期为七天，那就不能拥有十天的库存。如果再考虑价值流中的其他部分，甚至四天的库存都太长了，这包括那些不希望购买当天就会过期的产品的客户。

解决这样的问题有多种方法可供选择：你可以尝试**缩短补货时间**，包括减小批量和波动来降低库存限额；你也可以直接**降低库存限额，但有缺货风险**。如果这两种方法都不可行，如药品，那就不得不**处理过期产品**。

你也可以把**按库存生产改为按订单生产**，只有在收到客户订单时才生产，但这种情况下客户必须等待。同样，你也可以把拉动系统改成推动系统，当然你也会失去拉动带来的好处。最后，你也可以尝试改变产品，如**延长保质期**。根据你所采取的措施，对产品成本的影响也不一样。

## 5.7.6　可以只有一张看板吗

　　根据系统参数，如果计算结果只有一张看板，这可行吗？通常情况下不可行，这基本上意味着你的需求要比补货时间慢得多。你可以用一张看板，但会增加缺货的风险，通常建议至少使用两张看板。

　　我们以**一张看板代表一个零件**的简单案例为例。客户拿走了一个零件，当客户再来的时候，你早就把这个零件补齐了。如果是这种情况，一张看板的确就够了。但是，必须考虑波动的问题，大多数情况下，客户订单比你的补货时间慢，但在极少数情况下会更快，那么就会导致客户等待。估计这种情形发生的可能性有多大，以及是否值得在库存中（几乎）一直有第二个零件。当然，大多数情况下，还是建议使用第二张看板来降低缺货的风险。

　　如果**一张看板代表多个零件**，那就不一样了。一张看板的补货时间仍然比客户消耗一张看板的零件快得多，但现在客户的消耗量比一张看板要小。假设有一条节拍很长（慢节奏）的装配线，一张看板代表一盒螺钉（60 个）供装配线使用。从仓库补货一盒螺钉需要 1h，但一盒螺钉在装配线上需要 5h，所以应该没什么问题，对吗？

　　**错了**！一个装有 60 个螺钉的盒子可能会持续 5h，但装配线每 5min 就会从盒子里取出一个螺钉！虽然一个空盒子会在 1h 内得到补充，但操作员每 5min 就要寻找下一个螺钉。在下一盒螺钉到达之前，装配线由于缺少螺钉而错过了 12 个节拍。如果是这样，肯定要增加第二张看板（即用第二个盒子来覆盖这段时间）。另外，你也可以使用较小的盒子，如 20 个螺钉而不是 60 个。这个例子实际上非常普遍，以至于它有自己的名字。因为是使用两个盒子，所以被称为双箱看板系统，我在第 5.2.2 节中简单介绍过。

## 5.7.7　一张看板应该代表多少个零件

　　在真北（True North），完美的看板只代表一个零件，这将是最精益的系统。现实中，对于许多看板系统而言，这是不可行的，一张看板往往代表多个零件。请注意，对于某个零件型号，该零件型号的**每张看板上的零件数量都应该是相同的**。

　　如果你的生产系统使用批量，一张看板上的数量就不应该超过一个批量。让一张看板代表一个以上的批量是没有意义的，因为不可能只生产一个批量，但把批量定义为看板对应数量的整数倍是有意义的，也就是说，**每张看板的零**

**件数量应该是批量的整数除数**。例如，如果你的批量是 100，一张看板代表 10 个零件，则每个批量有 10 张看板；或者一张看板代表 20 个零件，则每个批量 5 张看板；或 25 个 4 张，或 50 个 2 张，或 100 个 1 张看板。100 是可以被 1、2、4、5、10、20、25、50 和 100 整除，这些除数是每张看板零件数量的合理选择，如果每张看板代表 30 个零件，那么一个批量将有 3.33 张看板，这就很奇怪。

每张看板的零件数量也受到容器大小的制约。**看板所代表的零件数量不应超过盒子的容量**，如果盒子只能容纳 10 个零件，那么就不要让一张看板代表 11 个零件。当然，可以让看板代表的零件数量少于盒子的容量，这主要针对的是散装物品，盒子未被完全装满。但是，如果盒子中有放置每个零件的格子，则应用足这些格子，不然盒子中会里有一个或多个空位，这正如打开一盒巧克力，发现有一格是空的，如果遇到图 96 所示的情形，会相当令人沮丧。

图 96：为 20 件物品定制的盒子中只放了 19 件物品，非常令人恼火

最后，本着精益的精神，**每张看板代表的零件数量应尽可能少**。较少的零件数量可以使信息流和物料流更快，进而可以降低库存。在有疑问的情况下，选择较少的数量。还请记住，批量和箱体大小都是可以被影响的数值。

## 5.7.8　可以在异序作业中使用看板吗

看板适用于按库存生产（即大量生产相同的零件型号），也就是通常所说的流水作业。如果使用异序作业来生产库存产品，请考虑重新组织车间，使之可以成为一个流水作业，流水作业比异序作业更容易管理。

在某些情况下，异序作业结合了两种生产方式，主要部分是低量高混的按订单生产，很少一部分是高量低混的按库存生产。在这些情况下，可以对按库存生产的零件采用看板管理，对按订单生产的零件采用 CONWIP 管理。

在任何情况下，使用看板来管理异序作业都是可行的，但控制物料流需要付出更多的努力。对于流水作业来说，这一切都会通过 FIFO 自动完成。当然，看板无法管理系统内的工作负荷，会出现一些工序超负荷，而另一些工序停机待料的情况。

这是异序作业中的普遍问题，到目前为止没有很好的解决方案。如果想通过看板在异序作业中实现按库存生产，请继续，这是可行的，尽管会遇到物料流控制、利用率和计划等常见问题，但首选的方法当然是先把异序作业变成流水作业，然后再实施拉动。

## 5.7.9　可以只使用 Excel 文件进行计算吗

当然可以，很多公司都这样做。根据我的经验，错误往往是由单位的混淆导致的，或者对应该添加的内容理解不够深入。如果 Excel 文件要求输入的批量为看板数量，但员工却把它输入为零件数量，结果就会出错，请确保使用 Excel 前能够充分培训员工。另外，要清楚地说明 Excel 表格中每个条目的定义和单位是什么，看板工具很容易因为人为输入错误而得不到正确结果。

## 5.7.10　什么时候应该添加额外的看板

看板的数量是通过计算或估计确定的。根据不断变化的生产环境，需要偶尔调整看板的数量。日常的波动可以通过缓冲库存和产能调整来隔离。

有时会遇到更罕见更大的波动。这些可能是**意料之外的波动**，如一道工序突然中断，备件需要等待几天；也可能是**预期的波动**，如果是这样，可以对其提前规划。例如，你知道滑雪靴在秋天卖得比春天好，或者有一个计划好的年度维护，需要将某道工序停机一周等。

如果遇到这些不常见的大波动，有时可以使用额外的看板来缓解这个问题。在拉动系统中，长期使用大量的库存来来覆盖这些少之又少的波动是没有意义的。

额外看板的实施很简单，只需保留一些额外的看板，遇到大波动时暂时丢进系统中，一旦波动过去，再取出这些看板。换句话说，就是在特殊事件发生时建立临时库存，并在波动过去后移除这些临时库存。

额外看板的目的是通过额外的库存来隔离这些波动，但并不是对任何情况都起作用：

- 这取决于波动是否会暂时**降低产能或需求**（如故障、维修），或者是否需要**增加产能或需求**（如季节性需求）。
- 这也取决于**瓶颈**，如果瓶颈无论如何也赶不上计划或需求，那么增加库存就没有意义。
- 最后，这还取决于是否可以**事先知道波动**，并能在发生前就做出反应（如季节性需求、计划性维护），还是**在它发生之后才会知道**（如设备故障）。

总之，只有在额外的缓冲库存有帮助的情况下，额外的看板才会起作用，让我举几个例子来具体说明。如图 97 所示，在三个连接在一起的拉动循环中，最后一个循环中的工序出现了故障，需要较长的时间才能修复，瓶颈在这个中断的工序之前的拉动循环中。这种情况下，在中断发生时暂时添加拉动循环中的看板数量是可行的，瓶颈可以继续工作并增加库存。中断结束后，瓶颈下游的工序可以赶上瓶颈工序并再次降低库存，这就可以减少由于中断造成的总产能损失。

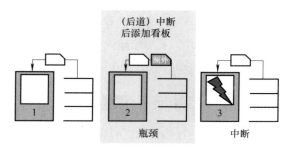

图 97：如果中断是在瓶颈的下游，则有可能在瓶颈处添加临时看板

但是，如果中断发生在瓶颈前面的工序中，情况就不同了，如图 98 所示。在这里，我们需要事先知道中断的情况，以便在中断前就在中断的循环中建立额外的库存。在中断期间，瓶颈可以通过这些临时的库存继续工作。当然，这只适用于事先知道的中断，如计划性维护。

我们还会遇到的波动是需要增加产能或需求。一个常见的例子是季节性的需求，即客户临时订购的产品数量比拉动系统设置的要多。通常，这可以通过季节性地调整拉动系统和增加产能来解决，如果产能不足以满足峰值需求，就

需要提前通过额外增加看板建立额外库存，如图 99 所示。添加额外看板数量
的前提是，需要事先知道季节性的规律。

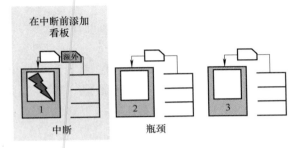

图 98：如果中断是在瓶颈的上游，则可以在中断前的中断工序中添加临时看板

在某些特定的情况下，中断无法通过额外的看板来补救，如图 98 所示的
发生在瓶颈之前的中断，而且我们无法提前预测。在这种情况下，事后为瓶颈
准备更多的库存没有任何意义。

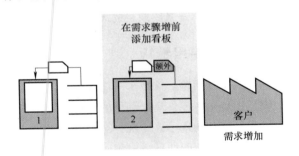

图 99：在需求激增之前，可以在工序或客户的上游添加临时看板

图 100 所示为在瓶颈处出现中断的例子。在瓶颈前有再多的零件也不会有
任何帮助，因为瓶颈处吃不掉前道工序生产的零件。充其量，我们可以储备成
品以继续供应给客户，但前提还是需要事先知道瓶颈处会发生中断。

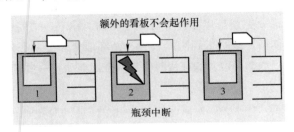

图 100：在瓶颈处出现中断的例子，额外的看板无济于事

总之，在添加看板之前，考虑一下你的生产系统，看看这些额外的看板是否真的会有帮助。最坏的情况，你建立了额外的库存，但这些库存并没有对生产系统产生任何好处。

同时，请将这些**额外的看板清楚地标记为临时性看板**。可以通过特殊标记或使用不同的颜色来区分。当不再需要这些看板时，可以更容易地挑选出来。

此外，还应当考虑添加多少张额外的看板。看板的添加虽然可以覆盖中断，但也可能会受到物理空间的制约。通常情况下，只需要覆盖部分中断，尽量避免多余的存储和处理费用。额外的看板从生产队列中添加，而且不要只添加相同零件的看板，而是**混合在合适的批量中**。

当需要移除这些额外的看板时，**只拿走没有附在零件上的看板**，必须等到零件从超市中取出后再拿走看板。对于非常规的，也可以在生产前从生产队列中取出。

请注意，**这并不是一种创新的拉动方式，而是救火！**当然，最好的办法还是防止干扰和中断。没有波动，说起来容易做起来非常难。所以，**使用额外的看板通常是有问题的标志，而不是系统成熟的表现**。

## 5.7.11　循环取货如何使用看板

**循环取货是周期性的零件运输。**这在工厂内很常见，也会在多个工厂间或多个仓库间使用，循环取货是将零件运送到目的地附近的超市。在工厂内，看板通常是以带标签的箱子这种物理形式出现，循环取货通常是一辆小拖车后面挂着不同的物料。在工厂或仓库间的循环取货，一般会使用货车运输零件，看板则通过数字系统来传输，以提高信息传输的速度。

**循环取货非常适用于运输看板。**由于它是周期性的运输，这使得看板计算更加容易。举一个简单的例子，循环取货每小时发一次车，周转箱代替看板。在最好的情况下，补货时间只需要一个周期（1h），循环取货在箱子刚空就带走，并在下一个周期（1h后）带回满箱零件。在最坏的情况下，空箱正好错过了循环取货，需要在超市里额外等待一个周期，在下一个周期被循环取货取走，在下下个周期循环取货带回满箱零件，循环取货需要两个周期来补充零件（2h）。因此，**工厂内循环取货的补货时间是两个周期加上一些额外的波动**。[45]

45　Christoph Roser, *Calculating the Material for Your Milk Run*, in *Collected Blog Posts of AllAbout-Lean. Com 2018*, Collected Blog Posts of AllAboutLean. Com 6 Offenbach, Germany: AllAbout-Lean Publishing, 2020, 268-72, ISBN 978-3-96382-022-9.

这个时间对于使用数字看板的长途循环取货来说要短一些。**使用数字看板的循环取货的补货时间是传回数字看板的时间加上一个循环取货物理运行周期，加上发车准备时间，再加上额外的波动。**[46]

与其他运输看板一样，目的地的物料超市应当覆盖最坏的补货情况。

## 5.7.12　不同型号间的节拍差异很大怎么办

在拉动循环中可能会有不同型号的零件。理想情况下，这些型号的零件在工艺上有着相似的节拍，但有时可能会有一些型号在节拍上有很大的差异，而这些型号也是按库存生产的。这是波动的一种，会带来一些问题。

让我举个例子，假设系统有四道工序，有两种型号的零件。零件 A 在每道工序中需要耗时 6min，零件 B 在每道工序中需要耗时 60min，是零件 A 的 10 倍。不同零件的混合对提前期的影响很大。在其他条件相同的情况下，如果只生产零件 B，提前期是只生产零件 A 的 10 倍，这需要在看板计算中考虑补货时间。

对于小批量，需要在工序之间设置大的缓冲，以保持较高的设备利用率，而较大的缓冲又使提前期进一步增加。反之，如果是较大的批量，第一班次只生产零件 A，第二班次只生产零件 B。在这种情况下，**可以把它看成两个独立的系统**，一个是提前期短的零件 A，另一个是提前期长的零件 B。

如果想更深入地了解，也可以看一下工序之间的缓冲。工序之间的库存或空间缓冲也是需要的，可以隔离不同工序加工时间的差异及波动。如果零件 B 的节拍比零件 A 长，通常零件 B 的波动绝对值也会更大。当然，波动的增加往往比加工时间的增加要少，如果零件 B 需要 10 倍的加工时间，那么波动可能只大 8 倍，具体情况在很大程度上取决于生产系统本身。

对于节拍较长的零件，使用较小的缓冲库存就足够隔离波动了，所以在一定程度上可以减小缓冲库存，但在不同的类型零件之间进行更改可能会很麻烦。我还听说过这样的一种生产系统，CONWIP 循环与看板循环相重叠，CONWIP 循环用于控制系统的产能，只有当系统产能足够时，生产看板才被释放进入生产队列，如图 101 所示。

---

46　Christoph Roser, *External Milk Runs*, in *Collected Blog Posts of AllAboutLean. Com 2018*, Collected Blog Posts of AllAboutLean. Com 6 Offenbach, Germany: AllAboutLean Publishing, 2020, 286-93, ISBN 978-3-96382-022-9.

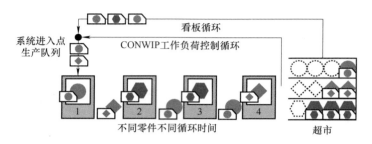

图 101：CONWIP 循环和看板循环重叠，用于零件节拍差异大的按库存生产

## 5.7.13　丰田看板六法则

丰田在其看板指南中提出了"看板六法则"，你可以在 1973 年出版的《丰田生产系统手册》中找到。丰田手册列出了六条规则作为看板系统的先决条件。一般来说，来自丰田的任何东西都被看作是不得违反的铁律，这六条法则对我来说确实有实际意义。

但是，我又觉得丰田将先决条件与其他因素混为一谈，如系统的表现和维护。他们的规则中似乎还有一些漏洞，如我觉得缺少了一条重要规则 ——"系统中的任何物料都必须附有看板"。

更详细的信息对建立看板系统是有益的，哪些东西必须放在看板上？超市应该是什么样子？如何确定看板的数量？丰田著名的"看板六法则"省略了许多重要的细节。因此，这些规则放在这里更多的是为了给一些启发，并不作为建立看板系统的指导。下面列出了六条规则和具体解释。

### 5.7.13.1　没有缺陷产品进入下道工序

第一条规则几乎毫无疑问，缺陷是七种类型的浪费之一。在生产中付出的努力并没有带来任何回报，缺陷发现的越晚，代价就越大。因此，目标是及早发现缺陷，只有好的产品才能放入超市，这可以避免后续昂贵的错误，也能更早地发现系统性问题。理想情况下，每个工序的每个步骤都应该能检测到缺陷，在日语中这被称为 jidoka（自働化）。

### 5.7.13.2　下道工序来取零件

看板系统在补货之前需要知道系统中有多少零件。超市都是由供应工序负责的，后道工序最清楚何时需要零件。因此，后道工序根据需要来取货，并释放看板让前道补货。如果超市由后道工序负责，那么信息流中就会有延迟和错误的风险，补货的信息就可能释放的太晚或根本没被释放。

### 5.7.13.3　只补充下道工序所取走的数量

这条规则是看板系统的关键要素之一，其背后的理念是只生产或订购被消耗的数量。如果下道工序需要四个零件，就再生产四个这样的零件，不能多，也不能少。这使系统能够维持在库存的上限，同时还需要有一个零件离开系统触发补货的机制。

### 5.7.13.4　减少波动

这是精益的一个重要组成部分，在西方国家，这常常被低估。看板系统应该能够在补货时间内可靠地补货。看板系统还假设超市里总是有零件供给后道工序，大的波动要么意味着超市里缺料，要么需要更大的库存来覆盖这些波动。这两种情况都不是我们所希望的，前者会导致停机和下游缺料无法生产，后者会增加库存。因此，减少波动和均衡生产，可以使生产更经济高效。然而，要注意的是，减少波动是一项非常艰难的、西西弗式的工作（永无止境的失败）。

### 5.7.13.5　看板是一种微调的手段

随着时间的推移，对系统的需求会发生变化，系统本身也会发生变化，因此要调整系统。调整看板的数量是一种微调生产的方法，如果需求或补货时间增加，就需要更多的看板来满足这一需求（假设产能可以满足这一增加的需求）；如果需求减少或补货时间缩短，则可以使用更少的看板。如果经常缺货，可能需要更多的看板；如果从未缺货，可以少用看板。这些数据可以通过监控超市的库存来获取。

### 5.7.13.6　稳定和合理的生产过程

最后一条规则的目的是稳定系统。当建立看板循环时，必须投入大量的精力来调试新系统，为新系统建立标准，确保新标准确实是有用的，然后发现问题并解决它们，这实际上就是 PDCA 循环中的"检查和行动"。看看系统是否真的运行良好，如果有问题，就修正它。看板系统的成功取决于好的标准，正如所有的精益项目，**如果不对系统进行验证和改进，终将导致系统崩溃，使员工士气受挫**。

# 第 6 章
# 恒定在制品

恒定在制品（CONWIP）是"constant work in process"的缩写，由 Mark Spearman 和 Wallace Hopp 在 1990 年提出。[47] 它与看板系统几乎相同，但有一个主要区别，看板会永久性地分配给某个型号，**但 CONWIP 卡在每一次拉动循环中都有可能更换型号**。这使得 CONWIP 系统非常适用于按订单生产的生产方式，与之对应，看板系统适用于按库存生产的生产方式。

CONWIP 的概念在制造业中经常被使用，有时使用者甚至都没意识到这也是一种拉动系统。常见的例子是，一条设置了库存上限的按订单生产的生产线，每当线头释放出一个空位，这个空位就会分配给优先级最高的作业。这是一个简单的 CONWIP 拉动系统。

**给这一章命名对我来说有些困难**，这种为按订单生产建立拉动系统的基本方法相当有意义，但这个方法缺乏一个响亮的名字，CONWIP 这个术语在工业界并未被广泛使用。一些作者将其称为恒定在制品（CONWIP），还有人称其为看板，但我认为这很容易让人混淆。在丰田，CONWIP 被称为 B 型拉动系统，适用于按订单生产。A 型拉动系统是使用看板的按库存生产的系统。C 型拉动系统则是一个混合系统，既适用于按库存生产，又适用于按订单生产。这

---

47 Mark L. Spearman, David L. Woodruff, and Wallace J. Hopp, *CONWIP: A Pull Alternative to Kanban*, International Journal of Production Research 28, no. 5 May 1, 1990: 879-94.

种 A、B、C 型的命名法在丰田以外并没有被广泛使用。

更加令人困惑的是，如果让 CONWIP 卡片与特定型号相关联的话，甚至可以称之为看板型 CONWIP，或被写成"S-Closed CONWIP"[48] 和"m-CONW-IP"。混乱并不止步于此，一些作者把流水作业中任何类型的拉动系统统称为看板，把异序作业中任何类型的拉动系统统称为 CONWIP。因此我们可以看到，精益领域的专业术语并非都是标准化的。

总的来说，这里有些混乱。由于缺乏一个更好的名称，在本书中，我把这种方法称为 CONWIP。但是，不要因为这些混乱的命名，而忽略了这种方法的优势，如果不喜欢 CONWIP 这个名称，你可以自己定义喜欢的名字。不管你怎么称呼，**只要这种拉动系统起作用就行**！

# 6.1　基本原理

CONWIP 系统与看板系统非常相似，只是 CONWIP 卡不与某个特定型号相关联，而是一种适用于任何类型作业的通用卡片，这使得**CONWIP 非常适用于按订单生产的生产方式**。它也可用于按订单发货（ship-to-order），但由于通常没有必要限制订单数，而且也没任何好处，所以很少有人这样做。

图 102 显示了 CONWIP 的基本信息和物料流。价值流中的每个零件或作业都附有一张 CONWIP 卡。如果该零件或作业离开了系统（例如，它被出售、被下游使用等），卡上的信息就会被删除。接下来，空白的 CONWIP 卡会返回到循环开始时的系统进入点，此时该卡不再与某个型号或作业相关联。在前往循环开始的路上，它先要在系统进入点与待完成作业结合。

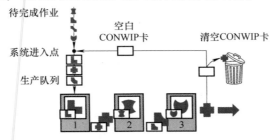

图 102：CONWIP 的基本信息和物料流

48　Izak Duenyas, *A Simple Release Policy for Networks of Queues with Controllable Inputs*, *Operations Research* 42, no. 6 December 1, 1994：1162-71.

待完成作业是一份待生产的作业列表，按作业优先级次序排序，排在待完成作业队列最前面的作业是最紧急的。如果有一张空白的 CONWIP 卡从成品库存返回，就在系统进入点将该张卡片分配给待完成作业队列中的第一个作业，这个过程有时也称为匹配。

因此，该卡是一个信号，表明系统有空余产能，而待完成作业队列决定了如何分配这些产能。在系统进入点附有 CONWIP 卡的作业会进入生产队列排队等待，直到系统可以开始作业。然后，该工件被加工直至循环末端，当零件离开系统时，CONWIP 卡被清空并返回系统进入点，准备开始下一个循环。因此，**CONWIP 卡和看板卡很像，只是当零件型号或作业满足待完成作业中最紧迫的需求时，它会在系统进入点被重新分配。**

这样的 CONWIP 系统既适用于流水作业，也适用于异序作业，甚至适用于项目作业，我们将在下面看到这样的例子。与看板类似，流水作业的物料流由于使用先进先出（FIFO），物料流动是自动组织的。但对于异序作业来说，需要投入额外的精力，用于作业路径安排、员工分配、工序安排，以及对作业的截止日期进行跟踪等，这些准备工作与其他类型的异序作业一致。

# 6.2 类型

CONWIP 系统有多种类型，有些类型与库存限额相关，另一些是混合系统，通常与看板系统结合，还有一种是限制工作负荷（而非库存）的系统。

## 6.2.1 限制产线空间的 CONWIP

实现 CONWIP 系统的最简单和最常见的方式是限制按订单生产的生产线上的物理存储空间。这可以是一个长的 FIFO（见图 103），对于这样的系统，甚至不需要用到 CONWIP 卡。这种方法也没有具体的名称，但其背后的原理是 CONWIP。

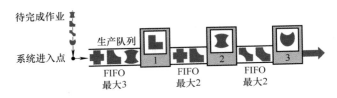

图 103：通过限制产线存储空间的 CONWIP 系统

图 103 所示的生产线有三道工序和七个 FIFO 的存储位，总共有 10 个空间，这相当于十张 CONWIP 卡。每当工序 1 前的生产队列有空间释放时，待完成作业中队列中最前面的作业就会进入生产系统。系统中的作业数量永远不可能多于生产线上的这十个空间。

这种是遵循 CONWIP 原则的最典型的生产系统，尽管很少有人称之为 CONWIP 系统。这种方式也是**建立 CONWIP 系统最简单的方式之一**。甚至不需要担心 CONWIP 卡片的问题，只需要通过限制库存，并调整待完成作业的优先级即可实现。

汽车总装线就是这样的一个例子，图 104 所示为一条汽车总装线，这里的每辆车通常都是不同的。其他的例子是波音或空客公司的飞机制造，即使是大型商用客机也都在类似的生产线上组装。更多的例子，如 Trumpf 机床或 MAN 集装箱船用柴油发动机总装线等，它们也是大量订制的按订单生产的产线。

图 104：汽车总装线是限制产线空间的典型例子，系统中的汽车数量不多于工位数量
（图片 Siyuwj 经 CC-BY-SA 3.0 许可）

## 6.2.2　项目作业的 CONWIP

对于项目作业来说，其本身几乎就是一种自动建立的 CONWIP 系统。在流水作业或异序作业中，产品会在系统中移动。但在项目作业中，项目本身并不移动，所有的物料、人员和设备都集中到项目地点。

想一想造船业，干船坞内的船不会移动，物料、设备和人员都移动到船上，干船坞的数量限制了能够同时制造的船的数量。只有当一艘船完工后，才会有干船坞空出来，然后就可以从待完成项目中选出最紧急的项目分配给这个刚释放出来的干船坞，所以干船坞实际上也是一张 CONWIP 卡。

### 6.2.3 混合生产队列的看板-CONWIP 系统

看板循环和 CONWIP 卡循环非常相似，因此可以很容易建立一个混合系统。通常，**看板被分配给需要在超市里有缓冲库存的按库存生产的零件，CONWIP 则被分配给非常规的按订单生产的零件，这些零件没有成品缓冲库存，会直接交付客户**。当看板出现时，就会生产看板对应的零件；当 CONWIP 卡出现时，就会从待完成的低量高混的非常规型号中生产优先级最高的零件。

看板和 CONWIP 卡可以在一个混合生产队列中等待生产，如图 105 所示。生产队列中的优先级按照先到先服务（first-come-first-serve）或 FIFO 的顺序。唯一不同的是，返回的空白 CONWIP 卡在被添加到混合生产队列之前，会在待完成作业中先分配一个作业。

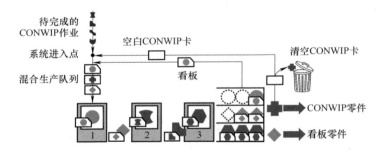

图 105：单一生产队列的看板-CONWIP 混合系统

在确定这样一个混合系统的看板数量时，必须包含由于 CONWIP 卡在生产队列中导致的看板的额外等待时间。如果 CONWIP 占用的产能与看板相比很小，可以忽略不计。但如果与看板相比，CONWIP 卡占用了系统大量的产能，那么对看板零件的补货时间影响会很大，进而对库存限额产生影响。

### 6.2.4 独立生产队列的看板-CONWIP 系统

我们还可以建立一个看板和 CONWIP 都有各自独立生产队列的看板-CONWIP 混合系统。也就是说，在系统里有一条看板的生产队列，还有一条 CONWIP 的生产队列，如图 106 所示。由于现在有两条生产队列的作业在等待循环中的第一道工序，因此必须**为员工制订明确的优先级规则，告知何时使用哪条队列**。他们应该优先生产看板零件还是应该优先生产 CONWIP 零件？或是应该交替生产看板零件和 CONWIP 零件？或者随机挑选生产也行？

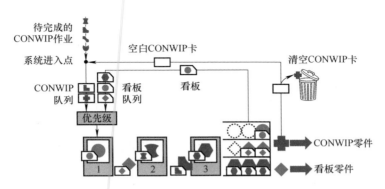

图 106：独立生产队列的看板-CONWIP 混合系统

想象一下这样的情形，**如果 CONWIP 作业的工作负荷在系统中的占比不超过 30%，员工应该始终优先考虑 CONWIP 生产队列**。将 CONWIP 卡优先于看板卡处理，可以加快按订单生产零件的提前期。对按库存生产的零件产生的延迟，也可以通过增加额外的看板来解决，当然相应的也会增加更多的缓冲库存。所以，如果 CONWIP 作业的工作负荷在系统中的占比不超过 30%，建议使用这种单独的生产队列，因为这不仅可以加快 CONWIP 零件的提前期，而且对看板系统的库存影响也相对较小。

如果 CONWIP 占工作负荷的 40% 以上，则继续给 CONWIP 高优先级就会带来风险。如果系统中有超过 40% 的工作负荷优先于其他作业，则其他的作业就需要等待很长时间才能被处理，这时需要安排更多的看板来弥补看板补货长时间的延迟。如果遇到这种情况，我建议只使用一条没有优先级的生产队列，让看板和 CONWIP 都以简单地按 FIFO 顺序排列。详见第 5.4.2.1.5 节，特别是图 78。

## 6.2.5  看板和 CONWIP 卡附在同一零件上

在一些学术文献中还提到了另一种类型的混合 CONWIP-看板系统，即 CONWIP 和看板都附在同一个零件上。在这种系统中，CONWIP 是一个大循环，看板是在 CONWIP 系统内的小循环，这意味着每个零件都附有两张卡，一张 CONWIP 卡和一张看板。双倍的工作量，双倍的混淆机会，没什么优势！还有，将 CONWIP 卡与看板匹配也是一个相当大的挑战。**请远离这种类型的混合系统**。

## 6.2.6  限定工作负荷的 CONWIP 系统

在一个正常的 CONWIP 系统中，一张空白的 CONWIP 卡允许在系统进入点从待完成作业队列中匹配一项作业。这项作业的工作量是大是小并不重要，每到达一张 CONWIP 卡，正好释放一项作业。

当然，我们可以不用零件数量来代表库存限额，而是使用工作负荷限额，或者说是对一个连续量的限制。[49] 当一个完成的作业离开系统时，返回的不是一张空白 CONWIP 卡，而是刚刚离开系统的作业所占用的工作负荷的信息。

这个释放的工作负荷又可用于下一项作业。工作负荷在系统进入点前被集中起来。**当可用的工作负荷超过下一项待完成作业所需工作负荷时，作业才会被释放进生产队列**，如图 107 所示。

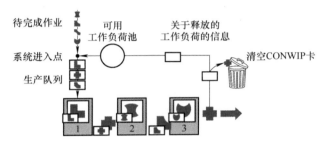

图 107：用工作负荷限制代替数量限制的 CONWIP 系统

这种系统可以对工作负荷进行更精细的控制，尤其是待完成作业在工作负荷上有很大区别的时候，这种控制方式非常有用。同时，这也是一个很复杂的系统，如果能够实施数字系统就可大幅度减少管理工作。当然，实现这种软件也很费时，我个人建议使用传统的 CONWIP 卡，一张卡片就代表一项作业，无论其大小。如果你已经在运行这样一个的系统，可以考虑升级，但步子不要迈得太大。

此外，虽然工作负荷的信息包含在 CONWIP 循环中会让人感觉更准确，但当具体考虑应该使用哪种工作负荷时，这个问题很快就又变得模糊了。首先，**工作负荷既不是所有工序节拍的总和，也不是提前期**！这里面涉及了非关键工序（有大量可用产能）的工作负荷和瓶颈工序（几乎没有空闲时间）的工作负荷，具体计算有些复杂。

在这里，必须深入了解一下这个理论。一个生产系统有一个系统的节拍，即产品离开系统的平均时间，这个时间包含了故障或缺料等损失。我们想要的工作负荷其实是该单一产品的"节拍"。理论上很容易获得，但在现实中如何

---

49  Matthias Thürer et al.，*On the Meaning of ConWIP Cards：An Assessment by Simulation*，*Journal of Industrial and Production Engineering* 36，no. 1 January 2，2019：49-58.

衡量它呢？这与瓶颈有关，是的，但这个信息对我们的帮助不大，因为还有其他一些可能性。

如果 CONWIP 循环中只包含一道工序，那么使用工作负荷限制就很容易了。在这种情况下，该唯一工序自然就是这个系统的瓶颈，而**工作负荷是这项作业在该循环中占用这道工序预计的时间加上所有损失**，如图 108 所示。

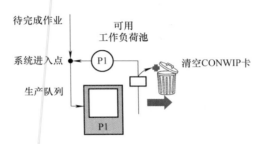

图 108：基于工作负荷的 CONWIP 系统，系统只有一道工序

如果循环中有多道工序，问题就有点复杂了。如图 109 所示，我们需要**跟踪这项作业占用瓶颈工序的时间**。这种方法的优点是计算简单，类似于图 108。缺点是，该系统的瓶颈工序是唯一的，不会发生转移。假设你知道瓶颈工序，但实际上瓶颈又经常发生转移，那么这种方法就不可能很精确。

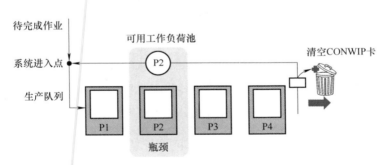

图 109：基于工作负荷的 CONWIP 系统，只跟踪瓶颈工序的工作负荷，前提是瓶颈已知且不会发生转移

有一种更精确但也更复杂的方法是**分别跟踪循环中所有工序的工作负荷**，如图 110 所示，与前两种方法相比，该方法最精确。所有的工序都有独自的工作负荷上限。请注意，工作负荷限额并不是在工序之间进行分配，而是每道工序都有相同的工作负荷限额。

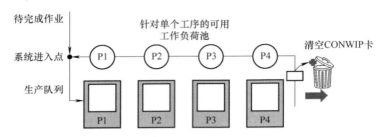

图 110：基于工作负荷的 CONWIP 系统，独立跟踪所有工序的工作负荷

只有当新作业所需经过的工序都有足够的产能时，这项作业才能被匹配进入系统。因此，无论哪道工序是当前的瓶颈，都会限制系统进入点处新作业的释放。**请确保遵守待完成作业的优先顺序！**千万不要因为某项作业所需产能符合当前可用工作负荷，就让其优先进入系统。

最后一种方法是可以只挑选部分可能成为瓶颈的关键工序（即有时产能会紧张的工序），这样我们就**只需要跟踪这些关键工序的工作负荷**。这是在只追踪瓶颈工序和追踪所有工序间的一个折中方法，权衡了瓶颈转移问题和过高的管理成本，如图 111 所示。

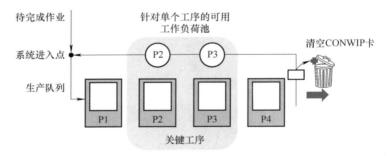

图 111：基于工作负荷的 CONWIP 系统，只跟踪关键工序的工作负荷

工作负荷的定义方式方法有很多，如可以使用所有工序的平均时间，但所有这些方法都比简单地计算作业或零件的数量要麻烦得多。在我看来，**就算在作业工作负荷差异很大情况下，工作负荷控制拉动系统的优势也不明显**。因此，我还是建议简单地设置一个库存上限即可，而不是工作负荷限额。

当然也可以用 L 或 kg 这样的连续量作为工作负荷限额，这对 CONWIP 卡来说通常意义不大。CONWIP 卡上与作业有关的信息在卡从成品上拿走的时候就被清空了，只保留工作负荷的信息。工作负荷计量单位的选择应该是通用的，可用于各类后续作业。对连续量系统来说，在一条产线上生产不同类型的连续量产品是很罕见的。因此，虽然限制 CONWIP 系统的工作负荷较为普遍，但像连续量生产的控制使用看板系统可能更合适。

除了 CONWIP 方法，还有其他拉动系统可以处理工作负荷这个问题。专门用于异序作业的拉动方法——波尔卡（POLCA），默认情况下，每道工序都有一个独立的循环，自动避免了计算工作负荷的问题，具体信息详见第 7 章。附录中介绍的 COBACABANA 方法，也可以单独跟踪系统中每道工序的工作负荷，但 COBACABANA 纯粹是一个理论，在生产实践中还没有看到过，如果系统中有很多道工序，这种方法工作量巨大，该方法的详细内容见附录 C。实际上，有大量关于工作负荷控制的文献，其中许多是德语文献。[50,51,52,53,54,55] 如果有兴趣的话，随时欢迎进入这个兔子洞探索。

# 6.3　要素

基于 CONWIP 的拉动系统与基于看板的拉动系统非常相似，根本的区别在于 CONWIP 卡的内容在每次进入系统前都会重新匹配作业。因此，区别主要在于 **CONWIP 卡的设计、卡上信息的清空、待完成作业**，以及待完成作业与 CONWIP 卡结合的**系统进入点**，图 112 所示为 CONWIP 系统的要素。

50　Jan-Wilhelm Breithaupt, Martin Land, and Peter Nyhuis, *The Workload Control Concept: Theory and Practical Extensions of Load Oriented Order Release*, Production Planning & Control 13, no. 7 October 1, 2002: 625-38.

51　Bas Oosterman, Martin Land, and Gerard Gaalman, *The Influence of Shop Characteristics on Workload Control*, International Journal of Production Economics 68, no. 1 October 30, 2000: 107-19.

52　Lawrence D. Fredendall, Divesh Ojha, and J. Wayne Patterson, *Concerning the Theory of Workload Control*, European Journal of Operational Research 201, no. 1 February 16, 2010: 99-111.

53　Hans-Peter Wiendahl, *Die belastungsorientierte Fertigungssteuerung*, in *Fertigungssteuerung: Grundlagen und Systeme*, ed. Dietrich Adam, Schriften zur Unternehmensführung Wiesbaden: Gabler Verlag, 1992, 207-43, ISBN 978-3-322-89141-9.

54　Hans-Peter Wiendahl, *Belastungsorientierte Fertigungssteuerung: Grundlagen-Verfahrensaufbau-Realisierung* München: Hanser, Carl, 1987, ISBN 978-3-446-14592-4.

55　Peter Nyhuis and Hans-Peter Wiendahl, *Logistische Kennlinien: Grundlagen, Werkzeuge und Anwendungen*, 3. Aufl. 2012 Edition Berlin Heidelberg Dordrecht London New York: Springer, 2012, ISBN 978-3-540-92838-6.

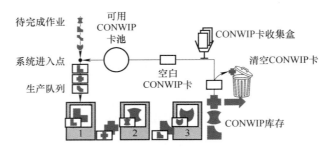

图 112：CONWIP 系统的要素

## 6.3.1　CONWIP 卡

CONWIP 卡与看板不同，因为它有两种可能的状态：CONWIP 卡可以是空白的（也就是说，没有附加任何零件信息或作业信息），CONWIP 卡也可以附在一个要生产的零件或作业上。在这种情况下，可以在 CONWIP 卡中找到关于该作业的详细信息。

通常形式的 CONWIP 卡是一个空白的文件夹，在系统进入点可以将作业信息放进这个文件夹。这些文件夹通常是塑料壳子（见图 113），但也可以使用一个能够容纳成品的空箱子或托盘。零件信息在系统进入点被附着在箱子上，当然也可以使用数字形式的 CONWIP 卡。这些塑料文件夹通常有一面是透明的，这样就可以很轻松地看到里面的信息，也可以选用两面都透明的文件夹，有文件夹的背景颜色还有助于提供一些额外的信息。为了简单起见，我将其称为 CONWIP 卡，而不是 CONWIP 文件夹，因为在其他文献中也是这样定义的。

图 113：适用于 CONWIP 的文件夹，有些带可悬挂钢丝，有些有磁性背板，
还有一些只是普通的塑料文件夹，用笔作为尺寸参考
（文件夹样品来自 ORGATEX）

由于需要经常更换 CONWIP 里面的信息，因此这种 CONWIP 卡必须方便使用。这种塑料文件夹的大小不一，从 A4 或 A5 大小到明信片大小不等。对于较小的尺寸，可以将纸片折叠或裁成相应的尺寸。与看板类似，这些 CON-WIP 文件夹可以带孔或挂钩，方便悬挂，或者有磁性的背板，便于固定在零件或金属载体上。

即使是一张空白的 CONWIP 卡，也应该有**该卡的归属信息**。可以在 CON-WIP 卡上添加一个标签，上面有 CONWIP 卡本身相关的信息（即该卡属于哪个循环）和该卡的索引号，还可以包含一个条形码。

更多的信息是在系统进入点添加的。CONWIP 卡中添加的内容基本上是一个工单，里面包含所有必要的信息，如**生产什么**、**生产多少**，还可以包括**如何生产**以及需要**哪些原材料**，甚至可以包括最终客户的信息、**开始日期**、**最后期限**、**里程碑节点**、**作业指导**等要素。如果卡片是折叠的，要确保最关键的信息显示在正面，让员工能够清晰地看到。

## 6.3.2 清空 CONWIP 卡

当一项作业离开系统时，CONWIP 卡会从该作业上移除，这时卡或文件夹中仍包含刚被移除的零件或作业的信息，现在需要清空 CONWIP 卡（即移除上一个已完成作业的信息）。

在图 112 中，该过程被简单地显示为将作业信息扔进垃圾桶。在现实中，这些信息经常还需要在其他地方继续使用（即用于跟踪作业的完成情况，转移到下一个循环的待完成作业中，或者简单地记录这项作业）。无法如何处理这些信息，该循环中返回起点的 CONWIP 卡必须是空白的，而且不能再与作业关联。有一种例外情况，就是使用工作负荷的 CONWIP 系统，该卡应继续保留工作负荷的信息，以便将其添加到可用工作负荷池中。

## 6.3.3 CONWIP 卡收集盒

CONWIP 卡收集盒与第 5.3.3 节中的看板收集盒非常相似。我们当然希望立即将每张空白的 CONWIP 卡带到系统进入点，但立即进行这种卡片运输有点不现实。在这种情况下，可以有类似的看板收集盒，空白的 CONWIP 卡由员工定期收集并带回到系统进入点。如果是数字 CONWIP 卡，可以直接对卡片进行扫描，也可以等到收集多张卡片后或定期一起扫描。

### 6.3.4　可用 CONWIP 卡池

理想情况下，任何到达系统进入点的 CONWIP 空白卡都会被立即用于下一项待完成的作业。如果待完成作业队列是空的，空白的 CONWIP 卡就会在系统进入点前等待，直到有作业出现。理想情况下，这个可用 CONWIP 卡池是不应该有空白卡片的。

如果使用的是**限制工作负荷的 CONWIP 系统**而不是限制库存的系统，则空白的 CONWIP 卡上有刚被释放的空闲工作负荷的信息，该工作负荷会被添加到可用工作负荷池中。请注意，这个池子可能由多道工序的独立池组成，如图 110 所示。如果池中的可用工作负荷足够多，就会释放待完成作业中的下一项作业。在这种情况下，该作业所需的工作负荷将从池中移除，并添加到该作业的 CONWIP 卡中。

如果可用工作负荷不能满足待完成作业队列中的第一项作业，**决不能跳到待完成作业中的其他作业**，即使可用工作负荷能够满足队列后面优先级较低的作业。这样做会大大增加等待时间，从而也会增加高优先级作业以及需要较多工作负荷作业的提前期。

### 6.3.5　待完成作业

待完成作业是一张列表，指那些尚未与 CONWIP 卡关联的未开始的作业或订单，通常是一些打印好的工单。由于它们在系统进入点与 CONWIP 卡相结合，所以这些打印工单的尺寸应该适用于 CONWIP 卡，尽管它们经常被对折放进 CONWIP 卡，工单上的重要信息可以通过 CONWIP 卡的透明窗口看到。如今，待完成作业也常以数字方式进行管理，CONWIP 卡也是如此，但纸质形式也不少见。

这个待完成作业队列是**根据总优先级进行排列的**。一旦有可用空白 CONWIP 卡，优先级最高的作业将优先生产，前提是有所需原材料。请注意，**任何待完成的作业都应该备有所需的材料**，或者所需的材料需要使用时能够及时到达现场。

需要有专人确定待完成作业的顺序，决定哪些零件型号的优先级更高。Spearman 等人建议由负责生产和库存控制的员工来完成这项任务，我想把这表述为最了解优先级的人。例如，它可以是生产计划或生产控制部门的计划员，或者是内部供应线的生产主管。在现代制造业中，优先级顺序可能基于 ERP 数据，结合通话或电子邮件沟通。

作业顺序的决定性因素通常是**作业到期日**，较早到期的作业比较晚到期的作业具有更高的优先级。这个优先级也可以考虑工作内容的影响，一个较早到期的作业，但工作内容不多，可能优先级低于一个较晚到期但工作内容多的作业。[56]

在实施 CONWIP 时，你可以使用已有规则进行排产，让了解优先顺序的同事帮你排序，当然也可能达不到预期效果。

此外，需要注意，**没有必要为所有待完成作业创建顺序**。如果正在对待完成作业进行排序，**只需要对最紧急的作业进行排序，以覆盖下一次排序之前的时间**。通常排序会在每天早上，安排足够当天的作业，第二天早上再进行下一次排产。

对未来三周的所有待完成订单进行详细排序是没有必要的，因为序列一旦建立就不太可能会固定下来。在一个高度不稳定的生产系统中，突发情况会一直出现如客户可能会突然增加或取消订单，原材料也可能发生变化。如果过于频繁地更新和改变顺序，也会带来混乱。另外，要确保顺序是基于客户的需求，不能让员工简单地挑选容易生产的作业进入系统，或挑选那些会给他们带来更多收入的作业。

如果待完成作业使用打印的纸质工单，要确保顺序清晰。例如，可以使用专门的计划板（见图 114），当然还可以选用其他方式，如磁性的 CONWIP 卡吸在一个有标识的金属板上。

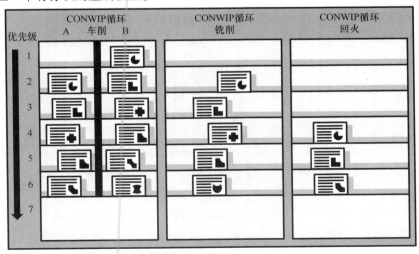

图 114：CONWIP 待完成作业的顺序应易于理解

56　Matthias Thürer et al. , *On the Backlog-Sequencing Decision for Extending the Applicability of ConWIP to High-Variety Contexts: An Assessment by Simulation*, *International Journal of Production Research* 55, no. 16 August 18, 2017: 4695-4711.

## 6.3.6　系统进入点

系统进入点是空白 CONWIP 卡与待完成作业的结合点。每当一张空白 CONWIP 卡到达时，待完成作业队列中优先级最高的作业就会与 CONWIP 卡结合，并释放到生产队列中，这个过程也被称为匹配。

在实际生产中，这通常意味着将打印好的工单放入空白的 CONWIP 文件夹。**如果没有可用的空白 CONWIP 卡，则作业就必须在队列中等待，直到有空白的 CONWIP 卡返回到系统进入点。反过来，如果没有待完成作业，CONWIP 卡就得等待作业。**通常将空白 CONWIP 卡送到系统进入点的员工，也会负责将待完成作业添加到 CONWIP 卡中。

如果使用**工作负荷限制的 CONWIP 系统**而不是库存限制的 CONWIP 系统，那么在释放作业之前，需要为待完成的第一项作业提供足够的可用工作负荷。记住，你可以为多个工序建立独立的工作负荷池，**这些独立工序池子里的可用工作负荷必须满足待完成作业的需求。**

如果没有足够的可用工作负荷，CONWIP 卡和待完成作业都必须等待，直到有足够多的可用工作负荷被释放出来。正如第 6.3.4 节中已经提到的，应该**遵循待完成作业的顺序**。如果可用的工作负荷对第一项待完成作业来说不够，不要跳到对工作负荷需求较小的后续作业，这将极大地增加较大作业的提前期。

## 6.3.7　生产队列

生产的队列应该使用 FIFO 系统，即第一个进入生产系统的零件也是第一个离开生产系统的零件。Spearman 等人更普遍地提到了先到先服务（First in System，First Served）的方法，进入系统时间最早的卡片将首先被生产。

Spearman 等人也建议必须遵循这一规则，但返工除外。他们的观点是，返工零件早就过期了，因此必须更快地通过系统。在我看来，这种情况下允许打破 FIFO 顺序，但可能还有其他因素。

你也可以建立一个优先系统。例如，正常生产时，按订单生产（make-to-order）的零件优先级高于按库存生产（make-to-stock）的零件。这种优先级是有意义的，对于按订单生产的零件来说，这可以缩短提前期，而只需稍微增加按库存生产零件的库存。**缩短按订单生产的非常规零件的提前期，可能比增加按库存生产零件的库存要有利得多。**但无论是哪种情况，简单的 FIFO 更易于管理。

无论如何，都应该确保没有任何零件被遗忘在系统中。如果完全由员工自己确定规则，那么那些更难加工、不讨人喜欢，或者有可能影响工资奖金的工作很可能会被无限期地推迟到下一班。如果你不确定系统应该使用哪种优先级规则，建议坚持使用简单的 FIFO。

如果希望有额外的排序，如为了优化换型，可以在生产的队列中进行排序。这种情况下可能需要占用一些 CONWIP 卡，需要用到更多的 CONWIP 卡来保持系统良好的利用率。不过，也可以**在待完成作业队列中进行排序**，这就不需要使用额外的 CONWIP 卡来弥补这种排序导致的延迟。通常，创建待完成作业的员工或负责系统进入点的员工会一直关注生产队列的情况。

在任何情况下，都可以创建和强制执行排序规则，或者将其留给操作人员。在后一种情况下，运营商可能会先生产他们最喜欢的零件，而不是最紧急的零件。

对于看板-CONWIP 混合系统，也可以使用单个 FIFO，看板和 CONWIP 卡也可以设置单独的队列。如果是后者，就需要为操作人员制订一个明确的队列使用规则，规定这两个 FIFO 哪个具有更高的优先级。详见第 6.2.3 节和 6.2.4 节。

## 6.3.8　CONWIP 库存

看板系统在拉动循环的末端设有一个超市，CONWIP 系统在末端也有库存。但由于这是按订单生产，客户大都乐意在作业完成后能及时收到产品，所以 CONWIP 系统的库存很少。

一个超市最理想的情况是为每种产品型号都设置独立的通道，可以想象为许多平行的 FIFO，每种型号都有一条自己的 FIFO。对于 CONWIP 来说，这是没有必要的，因为成品库存中很少会有多个型号。

如果在成品库存中存在某种型号的多个零件，那么最早的那张 CONWIP 卡应该最先被释放。与看板类似，零件离开循环系统，CONWIP 卡就会返回循环的起点。

## 6.4　计算方法

CONWIP 卡数量的计算方法与看板计算类似，只有一些小的区别。我们先来看下这些差异，然后再详细介绍流水作业 CONWIP 卡数量的计算，最后将讨论异序作业的计算方法。

我还将解释如何计算那些非离散库存限额的 CONWIP 系统。例如，这些系统有工作负荷的限制，或者有连续量的限制，如体积或质量。由于 CONWIP 的计算方法非常混乱和不精确，因此与看板类似，我也建议使用估计的方式。

## 6.4.1 CONWIP 计算的基本原理

CONWIP 系统或更笼统地说按订单生产系统，与看板或按库存生产系统的目标完全不同。对于看板，或按库存生产，其目标是为客户提供稳定可靠的产品，同时要避免过高的库存。对于 CONWIP 或按订单生产的系统，客户无论如何都要等待，**目标是在良好的系统利用率和较短的提前期之间找到一个合适的平衡点**。CONWIP 系统不会为客户建立库存，相反，它们都是按订单生产，大多数库存在完成后会立即离开 CONWIP 系统，因为客户已经在等待交付了。

因此，目标不是在有客户需求时系统有库存，而是要在保持系统良好的利用率的同时，获得有竞争力的提前期。这两点都受到系统中库存限额的影响，因此也受到 CONWIP 卡数量的影响。在 CONWIP 系统中启动太多的作业会增加库存，从而增加提前期，但作业太少又容易降低设备利用率。让我再强调一下，因为这个知识点非常重要：

- 按库存生产的系统权衡成品库存的可靠性和合理的库存水平。
- 按订单生产的系统权衡系统的良好利用率和具有竞争力的提前期。

由于这一本质区别，对于类似的系统，需要的 CONWIP 卡通常比看板少得多。**在看板计算中，经常需要考虑最坏的情况，并做出比较保守的假设。对于 CONWIP，使用平均值是完全可行的，也许可以在全部计算完之后增加一个安全系数**，这是在利用率和提前期之间找平衡点。

但许多车间经理更愿意追求设备的利用率。"机器必须运行，库存水平无所谓"。请不要犯这个错误。尽量在利用率和库存之间找到一个更合理的平衡点。**在有疑问的情况下，请倾向于选择较少的 CONWIP 卡，即更低的库存，也就是更快的提前期**。

按库存生产和按订单生产之间的差异改变了计算 CONWIP 卡数量的基本公式。首先，对于看板，希望即使在最坏的情况下，如遇到大订单、故障和其他波动，也能保证有库存可用。对于看板，我们使用了保守和最坏情况的假设。对于 CONWIP，不需要假设最坏情况，因此可以忽略波动。总之，**对于 CONWIP 来说，使用平均情况，再最后加一点安全系数即可**。

其次，对于看板系统，必须使用每个零件特定的节拍和每一张看板对应的零件数量，分别计算每个零件型号的看板数量。CONWIP 卡不分配给特定的零件型号，而是任何类型作业的通用卡片。此外，许多 CONWIP 系统重复一项相同的作业并不常见，通常每项作业都是不同的。因此，**对于 CONWIP 系统，不需要区分零件型号**。

最后，一张看板可以代表同一型号的多个零件，**但对于 CONWIP 来说，很少需要考虑一张 CONWIP 卡对应的作业数**，因为它自动就是一个。但是，如果你有一个非常规的 CONWIP 系统，一张卡需要代表多项作业，就需要包括这个信息。看板的计算公式 15 可以简化为 CONWIP 公式 22。

$$NC_{CONWIP} = \frac{RT_\emptyset}{TT_{All}} + S = RT_\emptyset \cdot DF_{All} + S$$

公式 22：计算 CONWIP 卡数量的通用公式

其中，公式 22 中的变量如下，假设一张 CONWIP 卡只有一项作业：

$DF_{All}$　　所有零件型号的需求频率（作业数量/时间）

$NC_{CONWIP}$　CONWIP 卡的数量（卡片数量）

$RT_\emptyset$　　平均补货时间（时间）

$S$　　　　安全系数（卡片数量）

$TT_{All}$　　所有零件型号的综合客户节拍（时间/作业）

如果 CONWIP 系统的目标限值是以工作负荷，或像 L、kg 或 $m^3$ 这样的连续量来衡量，那么这个公式又会变得复杂。第 6.4.6 节中对此有更多介绍。

## 6.4.2　计算 CONWIP 的客户节拍

我们还需要确定客户节拍。请注意，公式 22 中的客户节拍现在必须以订单或作业之间的平均时间来衡量，需求频率将以单位时间内的订单或作业数量来衡量。

客户节拍在这里是 CONWIP 系统中完成一项作业所需平均时间，通常也与线节拍相近，其倒数就是单位时间的产出（throughput），即每个时间段内完成作业的平均数量。由于 CONWIP 卡不区分不同的作业或零件型号，客户节拍、线节拍、需求频率和单位时间产出的计算都是针对所有零件型号的，如公式 23 和公式 24 所示。这与看板不同，看板中的每个零件型号都需要单独计算。

$$TT_{All} = \frac{TW}{D_{All}} = \frac{1}{DF_{All}}$$

公式 23：所有零件型号的客户节拍

$$TL_{All} = \frac{TW}{Q_{All}} = \frac{1}{TP_{All}} \approx TT_{All}$$

公式 24：所有零件型号的线节拍

公式 23 和公式 24 的变量含义如下：

$D_{All}$     给定时间段内所有零件型号的需求（作业数量）

$DF_{All}$    所有零件型号的需求频率（作业数量/时间）

$Q_{All}$     所有零件型号的数量（作业数量）

$TL_{All}$    所有零件型号的综合线节拍（时间/作业）

$TP_{All}$    所有零件型号的单位时间产出（作业数量/时间）

$TT_{All}$    所有零件型号的综合客户节拍（时间/作业）

TW     一个系统的工作时间段（时间）

## 6.4.3　计算 CONWIP 的补货时间

CONWIP 的补货时间与看板的补货时间不同，它是一张 CONWIP 卡从生产开始到空白 CONWIP 卡回到系统进入点所花费的时间。从技术上讲，CONWIP卡并不补充同一型号的零件，而是释放待完成作业队列中的下一个作业。但为了保持一致性，我们仍将其称为补货时间。

这个补货时间包括卡片信息的传输时间、不同工序的处理时间和工序之间的等待时间，还包括成品库存的等待时间，假设大多数零件在完成后不久就离开系统。补货时间通常不包括波动。图 115 所示为 CONWIP 的补货时间，请注意与图 75 的差异。

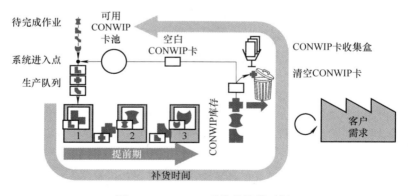

图 115：CONWIP 系统的补货时间

CONWIP 系统或按订单生产的系统，与看板系统或按库存生产的系统目标完全不同。对于看板或按库存生产的系统，其目标是确保库存的高可靠性。因此，对于看板的补货时间，没有包含看板在超市中的等待时间，因为这些看板或库存已经为客户"准备好了"。

对于 CONWIP 系统或按订单生产的系统，客户无论如何都需要等待，其目标是权衡系统利用率与提前期。因此，在 CONWIP 系统中，空白的 CONWIP 卡或在生产队列中等待的 CONWIP 卡同样属于系统中的"准备"，因此不包括在补货时间中。就像超市库存用于缓冲看板系统的波动一样，可用 CONWIP 卡池或生产队列中的 CONWIP 卡来缓冲 CONWIP 系统的波动。

换句话说，按库存生产系统的目标是**为客户**提供稳定的零件流，补货时间不包含已完成的库存。按订单生产系统的目标是**为系统**提供稳定的作业流，补货时间不包含尚未开始的作业。

## 6.4.4　流水作业的 CONWIP 计算

确定流水作业的 CONWIP 卡的数量要比异序作业容易得多，只需要足够的卡来保持产线繁忙。在这里我们分别研究流水作业和异序作业。

CONWIP 系统补货时间的要素与看板不同。图 116 所示为计算 CONWIP 卡数量时与补货时间相关的和无关的要素。

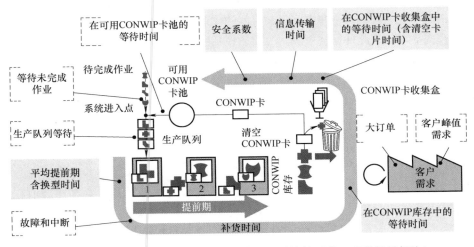

图 116：与 CONWIP 系统补货时间相关的和无关的要素（虚线括号标注）

### 6.4.4.1　与 CONWIP 系统补货时间无关的要素

我们先看一下图 116 中不相关的要素。首先所有的波动都可以忽略，在客户方面，虽然平均客户节拍或需求频率仍然是相关的，但**客户峰值需求**并不影响 CONWIP 卡的数量。同样地，**大订单**，即一次订购多项作业，也不会影响 CONWIP 卡的数量。在生产方面，**故障和中断**也被包含在平均提前期里面，不需要覆盖所有波动。

由于 CONWIP 系统的目标与看板不同，补货时间的起止点也与看板不同，如图 116 所示。CONWIP 系统为生产系统建立缓冲作业，而看板是为客户建立缓冲零件，因此 CONWIP 的作业等待生产时间不包含在补货时间内，这包括**在可用 CONWIP 卡池中的等待时间和在生产队列中的等待时间**。[57] 尽管如此，如果你有一个看板和 CONWIP 混合系统，同时将看板优先于 CONWIP，那么 CONWIP 的补货时间必须包括由高优先级的看板系统导致的等待时间。

最后，无论如何定义补货时间，**待完成作业**都不应该成为补货时间的一部分，因为它完全在 CONWIP 循环之外，因此不包括在 CONWIP 的计算中。

## 6.4.4.2 CONWIP 的计算要素

以下是与 CONWIP 卡补货时间计算相关要素的具体解释（见图 116）。

### 6.4.4.2.1 包括换型在内的平均提前期

提前期是平均作业通过生产系统的时间。请注意，这里的平均时间指平均值，而不是中位数。一些需要很长时间的作业奇异值不会改变中位数，但肯定会改变平均值。此外，这个平均时间还包括换型、故障和可能发生的任何其他损失。

这是基于系统中的作业数量，它可以是系统中当前的作业数量，当然也希望它能代表系统中的平均作业数量，它也可以是一个长期的平均值或估计值。最好的办法是使用你**希望**在系统中保持的平均作业数量。用系统中已有的或期望的作业数量乘以客户节拍，就可以得到提前期，如公式 8 所示。

### 6.4.4.2.2 CONWIP 库存中的等待时间

计算 CONWIP 的补货时间也可以包括已完成的零件在交付给客户之前在库存中的等待时间，这通常只是一个很短暂的时间。我们将在后面的第 6.7.1 节中看到，何时从成品释放 CONWIP 卡对这个等待时间影响不同，如果在产品完成后立即释放卡片，无论零件是否需要等待，那么等待时间将不包括在内。**我们感兴趣的是 CONWIP 卡的等待时间，而不是零件的等待时间**。因此，只有卡片一直附着在零件上，这个等待时间才需要考虑。

---

[57] 说实话，我思考了很久，是否应该把生产队列的等待时间包括进去。我最终决定不把这个时间包括在按订单生产系统的补货时间中，但这是可以讨论的。

然而，即使你把卡片附着在零件上，直到它们被送到客户手中，这个等待时间通常也很短。按订单生产的客户大概率已经在等待收货了，不希望他们的货物在你仓库里放着，因此**大多数情况下，CONWIP 卡在成品库存中的等待时间可以被忽略**。只有当经常有大量的已完成的作业需要等待，同时这些作业仍要求占用 CONWIP 卡时，才应该考虑这段时间。这种情况经常发生在大型设备上，客户方面的延迟导致设备安装的推迟。

### 6.4.4.2.3　CONWIP 卡收集盒中的等待时间

CONWIP 卡收集盒中的等待时间与看板在看板收集盒中的等待时间类似，主要取决于员工把 CONWIP 卡带到可用 CONWIP 卡池中，或带到系统进入点的频率。对于数字 CONWIP 卡，取决于等待卡片被扫描的频率。如果每隔一小时就有员工过来运送或扫描卡片，那么等待时间最多就是 1h。请注意，在这里，我们也使用平均值而不是最坏的情况。因此，如果每小时都有人来取，那么 CONWIP 收集盒中的平均等待时间就是 30min。

看板只需要从所附的零件上取下即可。CONWIP 卡也必须是空白的，必须移除里面上一项作业的信息。这个时间包括在 CONWIP 卡在收集盒中的等待时间。清空卡片所需的时间通常比整个补货时间短得多，忽略这个时间对在 CONWIP 卡收集盒的等待时间影响也不大。

### 6.4.4.2.4　信息传输时间

与看板类似，CONWIP 卡必须从 CONWIP 卡收集盒中送回系统进入点。对于数字系统，这种信息传输时间是毫秒级，即使对于物理卡片，也很少超过几分钟。因此，就像看板一样，这种信息传输时间可以放心地被忽略。

### 6.4.4.2.5　安全系数

我们可以在 CONWIP 的计算中加入一些安全系数，与看板类似，这也只是为了减少员工的焦虑。由于 CONWIP 的其他要素计算都是使用平均值而非最坏情况，所以也没有必要增加很大的安全系数，仅向上取整通常就足够了。等到系统开始运行时，无论如何还是需要微调 CONWIP 卡的数量的。这里的安全系数只是给人一些安全感，意义并不大。**请避免过大的安全系数，这将增加提前期和库存**。

### 6.4.4.2.6　其他要素

与看板类似，系统也会有些与自身特性相关的要素，这些要素会进入 CONWIP 卡补货时间的计算。例如，看板和 CONWIP 混合系统中的等待时间，其中看板具有优先权。在这样的系统中，看板造成的 CONWIP 卡的额外等待时间应该被包括在内。上面详细解释的要素对大多数系统来说已经足够。再次强调，不需要考虑异常波动，只考虑对系统的平均影响。

### 6.4.4.3　CONWIP 卡的数量计算

表14列出的要素涵盖了大多数生产系统，但如果你的 CONWIP 系统有额外的要素，请将其纳入计算。

**表 14：影响 CONWIP 卡片数量的要素**

| 类　　别 | 要　　素 | 单　　位 | 是 否 相 关 | 变量名 |
|---|---|---|---|---|
| 补货时间 | 提前期 | 时间 | 是 | LT |
| | CONWIP 库存中的等待时间 | 时间 | 否 | WI |
| | CONWIP 卡收集盒中的等待时间 | 时间 | 是 | WB |
| | 信息传输时间 | 时间 | 否 | TI |
| 其他 | 安全系数 | 卡片数量 | 否 | S |
| | 其他要素 | ??? | 否 | 不适用 |

与看板类似，表14中所列要素必须转换为卡片数量。由于安全系数以外的所有要素都是以时间来衡量的，所以要把这些要素转换成 CONWIP 卡的数量，转换方法类似于公式9，其中一张 CONWIP 卡代表一项作业。安全系数可以最后加上，也可以简单向上取整。记住，对于按订单生产的系统，不需要太大的安全系数。计算 CONWIP 卡数量的完整公式见公式25。

$$NC_{CONWIP} = \frac{LT + WI + WB + TI}{TT_{All}} + S$$

公式25：计算 CONWIP 卡公式

假设一项作业等于一张 CONWIP 卡，公式25的变量如下：

LT　　提前期（时间）

$NC_{CONWIP}$　CONWIP 卡的数量（卡片数量）

S　　安全系数（卡片数量）

TI　　信息传输时间（时间）

$TT_{All}$　所有零件型号的综合客户节拍（时间/数量或时间/作业）

WB　　在 CONWIP 卡收集盒中的等待时间（时间）

WI　　在 CONWIP 库存中的等待时间（时间）

这也只是一个非常粗略的估计，作为一个新导入的 CONWIP 系统的初始状态是可以的。与看板类似，CONWIP 系统的稳健性也很强。因此，不要太担心计算的精确性，CONWIP 卡的数量无论如何都需要随着系统的变化不断调整。

## 6.4.4.4　流水作业 CONWIP 的计算示例

让我们一起来看一个计算的示例。我将再次提供系统所有的参数和信息，然后一步步计算 CONWIP 卡的数量。为了获得最佳学习效果，你可以先尝试自己计算，然后将计算结果与此处的结果比较。由于会有很多的假设，你的结果可能与我的有出入，试着理解这些差异的来源。

### 6.4.4.4.1　生产系统数据

与看板示例计算类似，我们也是生产木制玩具汽车，但现在的情况是这些汽车都是定制的，图 117 所示为示例系统生产定制的玩具汽车。

图 117：示例系统生产定制的玩具汽车

预计每月有 2000 辆汽车的需求，生产线每月工作 20 天，每天工作 7h，报废和返工可以忽略不计。定制汽车的 CONWIP 生产线如图 118 所示。与看板生产线类似，区别在于，由于高度定制化，所有的步骤更加复杂耗时。缓冲库存平均是半满的，尽管波动很大。此外，管理层希望将提前期缩短 30%。

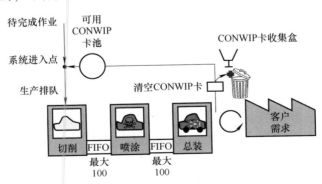

图 118：定制汽车的 CONWIP 生产线

所有汽车在完成后都会马上发给客户，CONWIP 卡每两小时返回系统进入点一次，生产主管需要步行 2min 来运送卡片。

#### 6.4.4.4.2　要素计算

与看板类似，我们还是从客户节拍开始。需求是 2000 辆/月，每月有 20 个工作日，每天 7h，1h = 3600s。套用公式 23，可以得到客户节拍，如公式 26 所示，每个 252s。

$$\mathrm{TT_{All}} = \frac{\mathrm{TW}}{\mathrm{D_{All}}} = \frac{20\mathrm{d} \times 7\,\dfrac{\mathrm{h}}{\mathrm{d}} \times 3600\,\dfrac{\mathrm{s}}{\mathrm{h}}}{2000\,\text{辆}} = \frac{504000\mathrm{s}}{2000\,\text{辆}} = 252\,\frac{\mathrm{s}}{\text{辆}}$$

公式 26：CONWIP 客户节拍计算示例

现在的**提前期**不再是基于最坏的情况。因此，不再假设所有缓冲库存都是满的。由于缓冲库存平均处于半满状态，我们平均有 103 项作业在生产系统中，其中每个 FIFO 有 50 项，每个工序有 1 项。这样一来，平均提前期是 103 项×252s/项 = 25956s，或 7 小时 13 分钟。但管理层希望将提前期缩短 30%，现在的目标是让系统中只有 72 项作业，而不是 103 项作业，这样目标提前期可以缩短为 18169s，即 5 小时 3 分钟。这可能会略微降低系统利用率，但这也会优化提前期。我们现在开始使用目标提前期作为后续计算的基础。

由于所有的货物都是马上发货，可以忽略在 **CONWIP 库存中的等待时间**。**在 CONWIP 卡收集盒中的等待时间**取决于 CONWIP 卡的运输频次。由于卡片每两小时运输一次，最坏的情况是两小时的等待，但对于 CONWIP，我们只需要使用平均时间。在每两小时运输一次的情况下，卡片的平均等待时间为 1h。这一点是很重要的，需要纳入计算。为了便于后续计算，我们使用 3600s 而不是 1h。

**信息传输时间**为 2min。通常情况下，我们可以忽略这个时间，但出于教学的原因，我把这个时间一起计算在内。我们稍后再决定**安全系数**。在计算 CONWIP 卡的数量时，这些要素信息就足够了，不需要再考虑其他要素。

#### 6.4.4.4.3　计算结果示例

表 15 列出了计算 CONWIP 卡数量的示例。

**表 15：计算 CONWIP 卡数量的示例**（暂未考虑安全系数）

| 要　　素 | 单　位 | 数　　值 | 变量名 |
|---|---|---|---|
| 提前期 | s | 18169 | LT |
| CONWIP 库存中的等待时间 | 时间 | 0 | WI |

（续）

| 要　　素 | 单　　位 | 数　　值 | 变 量　名 |
|---|---|---|---|
| CONWIP 卡收集盒中的等待时间 | h（s） | 1（3600） | WB |
| 信息传输时间 | min（s） | 2（120） | TI |

将以上数值代入公式 25，我们可以得到公式 27 的结果，这不包括安全系数。从中可以看到，提前期对 CONWIP 卡的数量影响最大。

$$NC_{CONWIP} = \frac{LT + WI + WB + TI}{TT_{All}} + S$$

$$= \frac{18169s + 0 + 3600s + 120s}{252 \frac{s}{辆}} + S$$

$$= 86.9 \text{辆} + S = 86.9 CONWIP \text{卡} + S$$

公式 27：计算 CONWIP 卡的数量，示例中不包括安全系数

我们在安全系数方面非常灵活，甚至可以接受向下取整到 86 张卡片。为了避免车间员工的疑惑，大家希望有一个安全系数。经过一番讨论，大家同意使用 90 张 CONWIP 卡，因为"谁都喜欢整数"。请注意，这会导致不能完全满足提前期的目标。增加或减少 CONWIP 卡的数量可以改变提前期，也会改变设备利用率。

## 6.4.5　异序作业的 CONWIP 计算

如果上面的 CONWIP 计算对流水作业来说比较简单的话，那么对异序作业来说就困难了，异序作业就其本质而言相对混乱。虽然流水作业的 CONWIP 计算原则上也适用于异序作业，但现实处理起来确实更加棘手。由于作业可能有不同的工艺流程，一项作业在一道工序中占用大量时间，可能不会影响另一个根本不需要这个工序的作业。同样，作业的提前期也会有较大的波动，因为一些作业可能会根据其工序流程或生产计划超越其他作业。

虽然公式 22 和公式 25 仍然成立，但补货时间的计算要麻烦得多。我们现在不得不担心由于不同的工艺流程而导致异序作业的波动。忽略这些波动会导致设备利用率的降低，如果考虑波动，又会导致库存上升，从而导致更长的提前期。因此，在 CONWIP 中只能通过较长的提前期来隔离这些波动。另外，也可以增加安全系数。在这两种情况下，都需要额外的 CONWIP 卡来覆盖由于不同的物料流而导致的异序作业的波动。在任何情况下，我强

烈建议根据对运行系统的观察来优化 CONWIP 卡的数量，特别是对于异序作业。

## 6.4.6　限定工作负荷的 CONWIP 计算

CONWIP 也可以调整为限制工作负荷。被清空返回的 CONWIP 卡回到可用工作负荷池中，如图 107 所示。一旦池中的可用工作负荷可以满足待完成作业中的第一项作业，相应的负荷就会被分配给该作业，该作业被释放到生产队列中。

理论上，这也适用于连续量，如体积或质量，尽管这些往往是针对特定的产品，而且看板也更适用于这种按库存生产的情况。

### 6.4.6.1　限定工作负荷的 CONWIP 计算公式

为了确定零件数量或作业数量这种离散量的工作负荷限制，我们使用公式 25。对同样的公式稍作修改，也适用于工作负荷限制，如公式 28 所示。我们计算的不是 CONWIP 卡的数量，而是系统中的最大工作负荷，也就是一个时间单位。

$$WL_{Max} = LT + WI + WB + TI + S$$

公式 28：计算 CONWIP 工作负荷的限制

公式 28 的变量如下：

LT　　提前期（时间）

S　　安全系数（工作负荷）

TI　　信息传输时间（时间）

WB　　CONWIP 卡收集盒中的等待时间（时间）

WI　　CONWIP 库存中的等待时间（时间）

$WL_{Max}$　工作负荷上限（工作负荷）

与公式 25 主要区别是没有用到客户节拍，公式 25 中的客户节拍是每项作业的时间。在公式 28 中，它应该是每个单位数量工作负荷的时间。其倒数是单位时间的产出，这个概念会更容易理解。我们测量的不是单位工作时间的作业数量，而是单位工作时间的工作负荷。如果系统每工作小时的工作负荷是 1h，则工作负荷单位时间产出是 1。因此，如果计算正确，**这个工作负荷单位时间产出的值总是 1，无单位**。它的倒数，**即相当于客户节拍也是 1**，因为我们每小时的工作负荷有一个工作小时。补货时间将被简单地除以 1，因此我们在公式 28 中跳过了这一点。

其结果不是 CONWIP 卡的数量，而是一个以工作负荷小时衡量的目标限制。当 CONWIP 卡在系统进入点与作业匹配时，作业的工作负荷被分配给 CONWIP 卡。当该卡最终返回时，该工作负荷又被释放回可用负荷池中。因此，CONWIP 卡不再代表一个固定的数量，而是被调整为准确代表它被分配给当前作业的工作负荷。

## 6.4.6.2　单项作业的工作负荷

现在的挑战是如何确定每项待完成作业所需的工作负荷。一项作业的工作负荷不是它的提前期！也不是所有循环时间的总和。相反，它是**一项作业在一道工序中所需要的预期平均时间**，这包括平均延迟和损失的时间，但不应该包括最坏情况下的延迟。如果使用最坏的情况，你系统中的作业就会减少，设备利用率也会受到影响。

如果循环中只有一道工序，则只需要跟踪这道工序的工作负荷。如果在循环中有多道工序，可以只追踪瓶颈，前提是你已经知道瓶颈，而且瓶颈不会随着时间而移动，或者还可以分别追踪所有工序。如果不知道瓶颈在哪，而且也不想跟踪所有的工序，也可以只跟踪产能关键的工序，详见第 6.2.6 节。

这些信息有时可以通过历史数据获得，如果没有，也可以通过计算得出，如基于方法-时间测量（MTM），请确保这里面包括各种损失。如果什么数据都没有，那么可以让有经验的车间员工直接估计。不要太担心预测的准确性，因为拉动系统通常对某些偏差有一定的稳健性。

## 6.4.6.3　工作负荷计算示例

对于有工作负荷限额的 CONWIP 系统的计算，我们使用与第 6.4.4.4 节相同的示例。

### 6.4.6.3.1　目标工作负荷限额

目标**提前期**是 18169s；**CONWIP 卡收集盒中的等待时间**是 3600s；**CONWIP 库存中的等待时间**可以忽略不计；**信息传输时间为 120s**，也可以忽略不计，为了教学目的，计算时也会把它包括在内见表 16。因此，总的补货时间是 21889s，如公式 29 所示，这也是不考虑安全系数的目标负荷。

**表 16：计算 CONWIP 工作负荷限额的示例**（暂未考虑安全系数）

| 要　　　素 | 单　　位 | 数　　值 | 变 量 名 |
|---|---|---|---|
| 提前期 | s | 18169 | LT |
| CONWIP 库存中的等待时间 | 时间 | 0 | WI |
| CONWIP 卡收集盒中的等待时间 | h（s） | 1（3600） | WB |
| 信息传输时间 | min（s） | 2（120） | TI |

$$WL_{Max} = LT + WI + WB + TI + S$$
$$= 18169s + 0 + 3600s + 120s + S$$
$$= 21889s + S$$

公式 29：计算 CONWIP 工作负荷

如果考虑安全系数，最终工作负荷限额可以简单地取整为 22000s。当然也可以大胆地把这个值向下取为 21600s，正好是 6h。记住，在计算按订单生产的拉动系统时，不需要任何安全系数，无论哪种方式，选个最适合你系统的即可。在随后的计算中，我们使用 22000s 作为该系统的工作负荷限额。

#### 6.4.6.3.2　限制瓶颈工序的工作负荷

更具挑战的是决定待生产的每辆汽车的工作负荷有多大，为此需要确定每辆汽车在每道工序中的工作负荷。这个工作负荷用汽车占据工序的预期时间表示，包含平均（但不是最坏情况）延迟时间。

表 17 列出了工作负荷计算示例中不同汽车的节拍或工作负荷。单工序工作负荷的平均值也显示在最后一行。如果有些客户想要一辆未喷漆的玩具车，这种情况下的喷涂时间为零。

**表 17：工作负荷计算示例中不同汽车的节拍或工作负荷**

| | 汽 车 编 号 | 切削/s | 喷涂/s | 总装/s |
|---|---|---|---|---|
| 即将完成的作业 | 224 | 180 | 440 | 300 |
| | 225 | 320 | 0 | 200 |
| | 226 | 200 | 350 | 210 |
| | … | … | … | … |
| 待完成作业 | 308 | 300 | 310 | 200 |
| | 309 | 245 | 0 | 280 |
| | 310 | 200 | 370 | 120 |
| | 311 | 180 | 440 | 300 |
| 平均值 | | 240 | 250 | 210 |

有些玩具车已经在生产了，下一个即将生产完成的车是 224 号，其他汽车仍然在待完成作业队列中等待可用的工作负荷，然后才能进入系统。如果有了可用的工作负荷，下一辆要进入系统的玩具车是 308 号，如图 119 所示。

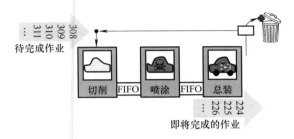

图 119：限制工作负荷的 CONWIP 示例系统中待完成作业和即将完成作业的清单

为了显示计算，假设只有喷涂工序是瓶颈，只计算瓶颈的工作负荷，这比计算所有工序的工作负荷要容易，这点我将在之后展示。

假设当前系统中已经有的喷涂工作负荷是 21660s，这个瓶颈工序有 340s 的可用工作负荷。可以启动生产 308 号车，因为它只需要 310s 的工作负荷，使系统中的总工作负荷增加到 21970s。还可以启动 309 号车，因为这车不需要喷涂。但不能启动生产 310 号车，因为可用工作负荷池中只剩下 30s 的可用工作负荷，需要 370s 才能启动生产。

只有在 224 号车完成后，才能释放 440s 的工作负荷，这时可以启动生产 310 号车之后系统中有 21900s 的工作负荷，剩余 100s 的可用工作负荷不足以启动 311 号车。225 号车的离开也没释放出喷涂产能，因为这辆车没有占用喷涂工作负荷，只有在 226 号车离开后，才有足够的可用工作负荷给 311 号车，如图 120 所示。

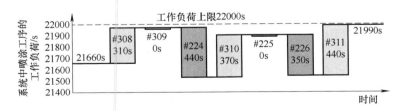

图 120：添加和移除汽车时喷涂工序的工作负荷变化

### 6.4.6.3.3　限制所有工序的工作负荷

对所有的工序也可以这样做。我们还假设，除了目前系统中已有的 21660s

的喷漆工作负荷，还有 21680s 的切削工作负荷和 17680s 的总装工序的工作负荷，总装工序的工作负荷要少得多，因为它不是瓶颈，如图 121 所示。

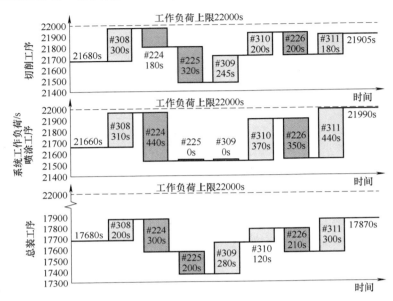

图 121：添加和移除汽车时所有工序的工作负荷变化

请注意顺序上的细微差别。如果只看瓶颈，如图 120 所示，309 号车可以在 308 号车之后立即启动。但是，如果我们看所有工序，切削工序将没有足够的可用工作负荷来在 308 号车完成之后立即启动生产 309 号车，只有完成 224 号车和 225 号车后，才有足够的可用工作负荷让切削工序启动生产 309 号车。

另外，请注意，在图 121 中，总装工序甚至从未接近过工作负荷上限。因此，这种情况下可以选择不跟踪总装工序的工作负荷，以节省管理成本。当然，如果使用 ERP 系统，这些工作量都可以忽略不计。

## 6.4.7 替代方案：估算 CONWIP

我建议用估算的方法来确定 CONWIP 卡的数量，与看板计算类似。只需使用足够的 CONWIP 卡来确保系统能够顺利运行，然后运行后根据实际情况增减卡的数量。如果对估算的结果不确定，可以使用 CONWIP 公式作为指导。

如果你反复遇到因卡片数量不足而造成设备利用率低的问题，就稍微增加 CONWIP 卡的数量。如果提前期太长，就减少 CONWIP 卡的数量或提高系统的产能。反复优化，直到找到系统的最佳状态。特别是当系统发生变化（例如，由于季节性需求，新设备、新产品或其他变化）时，不要忘记对系统进行微调。这种方法对流水作业和异序作业都适用。

# 6.5　优势

CONWIP 有一个主要的优势，那就是它适用于按订单生产。也有人说在库存方面也有优势，但我对此表示怀疑。

## 6.5.1　主要区别：型号多

看板对按库存生产的零件很有帮助。由于每张卡片都有一个对应的零件型号，所以看板卡总是用于补充该看板对应型号的零件。当然，也只有在对这个特定的型号有持续需求的情况下，这个卡才会被触发。

如果是按订单生产，看板就会不起作用。如果生产的每种产品都是独一无二的，那么就需要为每种产品制订一个独一无二的看板，所以实施起来会很困难。

另一方面，CONWIP 卡默认不分配型号。任何型号的零件都可以匹配给 CONWIP 卡，即使该型号只生产一次。因此，**CONWIP 系统非常适用于按订单生产**。你也可以通过管理待完成作业，让 CONWIP 系统强制按库存生产，但这运行起来比看板系统要差。对于按订单生产来说，CONWIP 还是最合适的方式。

## 6.5.2　比看板系统的库存少

Mark Spearman 声称，CONWIP 系统的库存比看板系统少，因为"在看板系统中，一般会有在制品在瓶颈的上游……在 CONWIP 系统中，在制品倾向于聚集在瓶颈处"。我非常尊重 Hopp 和 Spearman（例如，他们的优秀著作 *Factory Physics*[58] 及其更新版 *Factory Physics for Managers：How Leaders Improve Performance in a Post-Lean Six Sigma World*[59]），但在这里我无法遵循他们

58　Wallace J. Hopp and Mark L. Spearman, *Factory Physics*, 3rd Edition New York, NY：Waveland, 2011, ISBN 978-1-57766-739-1.

59　Edward S. Pound, Jeffrey H. Bell, and Mark L. Spearman, *Factory Physics for Managers：How Leaders Improve Performance in a Post-Lean Six Sigma World* New York：McGraw-Hill Education Ltd., 2014, ISBN 978-0-07-182250-3.

的逻辑，而且瓶颈实际上是我的关键研究课题之一，因此我不同意他们的说法。

如果我理解正确的话，这种库存的减少是由于 CONWIP 系统有一个大的循环，而看板系统往往有多个顺序连接的小循环。我的硕士生 Denis Wiesse 详细分析了这个问题。他发现，在相同的交付率下，一个大循环所需的库存确实略少。[60,61] 但我认为这只是 CONWIP 系统的一个小优势，CONWIP 也可以通过多个小循环获益，关于这一点，详见第 11 章。

由于 CONWIP 忽略了大部分的波动，因此库存较少。这是按库存生产（旨在确保零件供应的高可靠性）和按订单生产（旨在权衡设备利用率和提前期）之间的本质区别。

# 6.6 劣势

CONWIP 也有一些劣势，但我相信这些劣势都是可控的。

## 6.6.1 不能自动管理生产顺序

看板能够自动管理生产顺序。如果每个零件型号都有足够的看板，那么通过看板，系统可以自动补充所需的零件。生产顺序可以使用简单的 FIFO 来组织，也可以使用更复杂的排序规则。

CONWIP 系统则需要人工输入进行生产排序。如果负责待完成作业排序的员工知道他们在做什么，则系统会非常有效。但实际情况并非总是如此，**混乱的排序会影响设备利用率和提前期，从而影响客户满意度**。但总的来说，我认为这种风险是合理的，是可以管理的。

排序通常取决于到期日期，通常也要考虑剩余的工作负荷。行业中使用了多种不同的方法。**如果当前的排序规则运行良好，请在 CONWIP 系统中继续保留它**。留意你系统中的中断和延迟，还要注意人为决策是否有扰乱系统的风险。

60 Denis Wiesse, *Analyse des Umlaufbestandes von Verbrauchssteuerungen in Abhängigkeit von der Nutzung von Supermärkten und FiFo-Strecken* Master Thesis, Karlsruhe, Germany, Karlsruhe University of Applied Sciences, 2015.

61 Christoph Roser, *Supermarket vs. FiFo-What Requires Less Inventory ?*, in *Collected Blog Posts of AllAboutLean. Com 2016*, Collected Blog Posts of AllAboutLean. Com 4 Offenbach, Germany: AllAboutLean Publishing, 2020, 82-88, ISBN 978-3-96382-016-8.

### 6.6.2　使用数量而不是时间来限制工作负荷

CONWIP 和看板通常都使用零件或作业的数量来定义库存上限。如果所有零件都有类似的工作负荷，这就很简单，但如果零件的工作负荷差别很大，那么 500 个工艺简单的零件与 500 个工艺复杂的零件对生产系统来说，工作负荷就可能完全不同。同样，看板和 CONWIP 在常规形式下都有这个问题（尽管有一些变通办法）。在 CONWIP 系统中用工作负荷代替作业数量是可行的，可以用限制工作负荷代替限制库存。但是，不要低估改变系统需要付出的努力！在改变之前，问问自己是否值得。

### 6.6.3　较高的系统管理成本

CONWIP 方法包括对待完成作业的排序，并将待完成作业与 CONWIP 卡进行匹配，这项额外的工作在看板系统中是不需要的，它有可能给系统带来更多的变数。此外，如果你有很多按订单生产的或非常规的零件，就不能使用看板。尽管 CONWIP 的管理成本较高，但还是一个可行的系统。

## 6.7　常见问题

### 6.7.1　何时返回 CONWIP 卡

究竟应该何时返回 CONWIP 卡？好问题，一些文献对此持有不同的观点。有两种选择：可以在零件离开系统（客户提货）之后返回 CONWIP 卡，或者在最后一道工序完成后立即返回该卡，如图 122 所示。

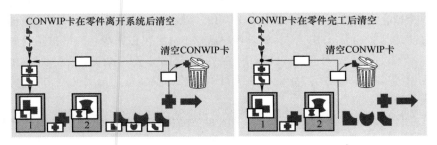

图 122：关于何时返回 CONWIP 卡的两个选择，当零件离开系统或零件加工完成

Spearman 写道："当产品在生产线末端装进容器时，卡片被移除并送回起点。"还有人说，在最后一道工序完成后，立即将卡片送回起点。这两种方法都可行。

看板的目标是在超市里始终有足够的库存，看板只有在零件离开超市后才会被返回，这可以防止生产过剩。而 CONWIP 的目标不同，是权衡设备利用率和提前期，对 CONWIP 卡数量的限制较少是为了降低库存，更多的是为了避免生产系统的过度拥挤。由于生产是按订单进行的，客户已经在等待交付了，所以通常很少会有成品库存。因此，**一旦作业完成，将 CONWIP 卡返回**是有意义的。否则，未及时提走的成品会占用 CONWIP 卡，而生产系统可能会因为缺乏返回的 CONWIP 卡，无法在系统进入点匹配和释放待完成作业。

但是，**也可以将 CONWIP 卡与成品一起保留，直到它最后离开系统**。在大多数情况下，反正完成的产品在不久就会离开系统，因为客户可能正急切地等待提货。如果出现成品堆积的情况，可以通过在系统中多放几张 CONWIP 卡来缓解这个问题。

这种方法的优点是，**它与看板的规则相同**。在零件离开系统之时才将卡片取出。如果看板系统和 CONWIP 系统的规则是一样的，操作者就不太可能把规则弄混。对混合系统尤其如此，但对于独立的看板和 CONWIP 系统来说也是如此。

**我倾向于在产品完成后立即释放 CONWIP 卡**，除非存储空间很重要。在这两种情况下，你都要注意成品的情况。如果你的成品库存增加，尽管是按订单生产，那么客户可能就有问题了。确认客户为什么不把已完成的产品提走，然后解决该问题。

## 6.7.2 生产线该何时运转

有时被问到的一个问题是 CONWIP 生产线应该何时运行。答案与其他生产线类似，不取决于控制系统（CONWIP、看板、ERP 等）。生产线的产能应尽可能地与客户需求相匹配，如果客户需求不高，可以减少生产线的运行时间（减少班次、天数或小时数）；如果客户需求超过了生产线的产能，那么生产线应该尽可能多地运行（但还应该为计划维护和换型等留出时间），即使你无法满足当前需求。

在任何情况下，如果没有需求（即如果没有客户订单），生产线就应该停止。对于按订单生产的系统，如果待完成作业队列中的第一个项目在很久之后才会到期交付，这时也应该停止该生产线。例如，如果你已经生产了未来四周所需的零件，你真的需要提前五周开始生产零件吗？根据你的系统，提前太长时间生产可能会增加成品库存，并随之增加成本。

## 6.7.3　它对异序作业有用吗

看板对于流水作业来说效果很好，因为那里的物料流是明确定义的。看板对于异序作业来说可能比较困难，因为物料流往往是不规则的。至于 CONWIP，Spearman 等人指出，CONWIP 系统对异序作业不起作用。我认为这不正确，**CONWIP 也适用于异序作业**。

无论在流水作业还是异序作业，你都需要确保所有离开系统的零件都会返回其 CONWIP 卡。同样，所有未完成的作业都要在待完成作业队列中等待以匹配空白 CONWIP 卡。

由于 CONWIP 卡上可能写有进入时间，异序作业的每道工序都知道哪个等待加工的零件在系统中等待的时间最久。**在每道工序，下一个待生产零件应该是进入系统最早的零件**，而不是最先到达该工序的零件，这提高了所有零件准时交付的可能性。只有这样，所有零件才有可能在系统中拥有相似的产出时间（throughput time）。毕竟，平稳的产出使整个系统更加顺畅，也增加了客户按时收到商品的可能性。

**可以通过增加 CONWIP 卡来确保异序作业不停线**。由于网络效应，异序作业的库存和每道工序的工作负荷无法平均分配，根据不同的产品组合，瓶颈也会发生改变。额外的 CONWIP 卡可以隔离这些变化并提高产能，尽管代价是更高的库存和更长的提前期。在产量和库存之间找到一个平衡点，在异序作业里稍微增加一些卡片可以使生产过程更顺利。最后，异序作业有个通病，工艺顺序的管理和设备利用率是很大的挑战。不管怎么说，CONWIP 是适用于异序作业的。

## 6.7.4　应该如何处理被取消的作业

在极少数情况下，可能会发生已经开始生产的作业被取消的情况。可能是客户破产了，法律法规改变了，希望这种情况不会经常发生，但可能性是存在的。如果遇到这种情况，就取消作业，将未使用的零件退回仓库，将已完成的产品进行拆装，零件回用。

## 6.7.5　能否在按库存生产中使用 CONWIP

从理论上讲，CONWIP 可以用于按库存生产。但在这种情况下，CONWIP

的使用有些缺陷。

在使用看板或重订货的按库存生产中，每个零件号的库存都被单独跟踪，每个零件都有自己的库存目标，这实际上是按库存生产的最大好处：可以单独管理每个零件型号，而每个零件型号在拉动系统中都有自己单独的库存上限。

然而，在像 CONWIP 和 POLCA（见第 7 章）这样的按订单生产中，每个零件都是不同的。因此，以不同方式处理它们非常麻烦。在大多数情况下，为所有零件设置一个总的限额要容易得多。因此，库存或工作负荷是对所有零件型号的总限制。

如果**对多个按库存生产的零件型号使用独立的 CONWIP 卡进行限制**，那么 CONWIP 与看板是一样的，只是在移除和添加信息时会很麻烦，还不如使用看板。

如果**对每个按库存生产的零件型号使用 CONWIP 卡进行限制**，那么就有可能出现一个零件型号库存过剩，其他零件型号没有 CONWIP 卡可用。必须非常谨慎地安排生产队列的优先次序，以避免某些零件型号的库存过剩。在最坏的情况下，你甚至可能会发现仓库里堆满了过期的零件，占用了所有的 CONWIP 卡，而其他零件都因为缺少 CONWIP 卡而无法生产，这种情况我见过真实案例。因此，**不要对多个按库存生产的零件型号使用总体上限！**

# 第7章

# 波尔卡

　　以授权卡片为前提的配对重叠循环（paired-cell overlapping loops of cards with authorization，POLCA），音译为波尔卡，本书之前已经多次提及该种方法，由 Rajan Suri 在 1990 年左右研发，它是专门为多品种小批量的异序作业设计的。对于异序作业来说，往往没有最好的解决方案，但 CONWIP 和 POLCA 这两种方法是不错的选择。至于两种方法哪个更好，这在很大程度上取决于系统的具体情况。总的来说，POLCA 是一种有效控制异序作业的方法。

　　这个结论并非轻易得出，为此我多次改变过观点，但现在我相信，POLCA 是可行的方法。如果你选择 POLCA 这个方法，我推荐你阅读 Rajan Suri 在 2018 年出版的 *The Practitioner's Guide to POLCA* 一书。[62] 与他 1998 年的书相比，该书包含，更多的更新信息。[63] 它还包含设计和实施 POLCA 系统的细节。但首先，让我解释一下 POLCA 的工作原理。[64]

---

[62] Rajan Suri，*The Practitioner's Guide to POLCA: The Production Control System for High-Mix，Low-Volume and Custom Products* Productivity Press，2018，ISBN 978-1-138-21064-6.

[63] Rajan Suri，*Quick Response Manufacturing: A Companywide Approach to Reducing Lead Times* Portland，Oregon，USA：Taylor & Francis Inc，1998，ISBN 978-1-56327-201-1.

[64] 非常感谢 Rajan Suri 对本书关于 POLCA 的贡献。

# 7.1 基本原理

POLCA 是为按订单生产的异序作业、工作中心系统或多品种小批量的单元制造系统而设计的。不同的作业从一道工序到另一道工序有不同的路径，在每一对可能的工序或单元之间，POLCA 建立了一个与 CONWIP 循环相似的循环。与 CONWIP 一样，POLCA 卡只是暂时分配给某个零件或作业，返回即被清空。正如重叠（overlapping）一词所指的，这些**循环是重叠的**。与 CONWIP 不同，**每一个配对的工序段都有自己的 POLCA 循环**。

如图 123 所示，在一个多工序的异序作业内，一个产品从工序 M1 移动到工序 M2，之后，它将进入工序 M3。在工序 M1 和 M2 之间有一个 POLCA 循环，在工序 M2 和 M3 之间有另一个 POLCA 循环。从 M1 到 M2，产品上附有 M1-M2 的 POLCA 卡，但工序 M2 只有在满足两个条件的情况下才能开始生产。Suri 把这些条件和周围的工序称为"决策时刻"，这在第 7.3.4 节有更详细的解释。

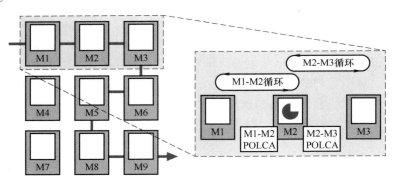

图 123：异序作业里有两个 POLCA 循环，覆盖三个工序

**当前的工序在开始作业前，需要一张来自后道工序释放的空白 POLCA 卡**。与 CONWIP 非常相似，工序 M2 如果没有收到释放的空白 POLCA 卡，就不能启动生产。这张 POLCA 卡一定要来自下一道工序。在图 123 中，作业将进入工序 M3，因此在工序 M2 需要等待一张 M2-M3 循环释放出来的 POLCA 卡。后道工序可能不止一个，如该零件接下来可能在三道相同的工序中的任何一道进行加工。在这种情况下，工序 M2 只需相同工序中任意释放出的空白 POLCA 卡即可进行作业。为零件分配卡片的同时也定义了零件要去哪一道下游工序生产。

**当前工序只有在该作业放行时间到了之后才允许开始生产**：所有通过异序作业的零件，在每道工序都有一个放行日期，零件的加工时间不能早于放行日期。作业放行日期通常使用 ERP 系统来确定，其目的是确保产品在客户要求交付之前完成，又不会在客户需要之前的几个星期就提前完成。确定作业放行日期通常涉及很多不确定性因素和安全缓冲时间。

一旦工序 M2 的产品完成，M1-M2 的 POLCA 卡就会回到工序 M1，允许在 M1 加工下一个产品。M2-M3 卡带着产品从工序 M2 一起去工序 M3。每个 POLCA 循环允许有多张 POLCA 卡。

你需要在每对工序之间和每个物料流方向上建立一个 POLCA 循环。例如，如果物料可以从铣床流向车床，那它就需要一个 POLCA 循环。如果零件也能从车床反向流回铣床，你就需要为这个反向物料流建立另一个 POLCA 循环。两道工序之间所有不同的物料流必须单独建立 POLCA 循环。

在最初的文献中[65]，POLCA 只适用于制造单元。正如最近的文献所描述的那样[66]，它适用于任何具有多台设备或多道工序的一般异序作业，它甚至适用于一个更大的系统，其中不同的工序被分组在一起。将 POLCA 用于流水作业也是可行的，但 POLCA 对按库存生产的系统没有太多实质性作用。

POLCA 有时被称为推动和拉动的混合系统。虽然在我看来，发明者在他的书中对拉动使用了一个不准确的定义，但 POLCA 是一个拉动系统。POLCA 卡的数量将两道工序之间的库存限制在一个目标限额内，POLCA 卡也是下一项作业释放的信号。由于该系统既有对库存的限制，又有释放下一项作业的信号，因此它是一个拉动系统。

# 7.2　变型

据我所知，POLCA 没有任何变型。如果一定要说有的话，可能在 POLCA 循环中包含一段类似流水作业的生产序列。如图 124 所示，工序 M2 实际上是一个小型流水作业，有三个子工序 M2.1、M2.2 和 M2.3，用 FIFO 方式连接。类似的例子也可以用非线性的工序组来完成，尽管零件通过这道工序组的路径需要协调。

---

65　Rajan Suri, *Quick Response Manufacturing: A Companywide Approach to Reducing Lead Times* Portland, Oregon, USA: Taylor & Francis Inc, 1998, ISBN 978-1-56327-201-1.

66　Rajan Suri, *The Practitioner's Guide to POLCA: The Production Control System for High-Mix, Low-Volume and Custom Products* Productivity Press, 2018, ISBN 978-1-138-21064-6.

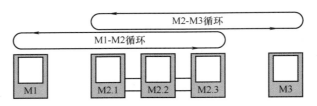

图 124：包含线性流水作业的重叠 POLCA 循环

# 7.3 要素

使用 POLCA 的系统需要三个要素来控制，即 POLCA 卡、待完成作业和作业放行日期或时间。

## 7.3.1 POLCA 卡

与 CONWIP 卡类似，也有 POLCA 卡。POLCA 卡上需要的信息很少，最重要的是**起始工序**和**目的地工序**。对于卡片管理来说，知道循环中**卡片的索引号**和循环中的**卡片数量**总是有帮助的，**条形码**也有帮助，颜色编码也是如此，图 125 所示为 POLCA 卡示例。可以把 POLCA 卡做成类似 CONWIP 的文件夹或文件袋，以便它可以包含当前作业的信息，如工单或技术图纸。另外，也可以将 POLCA 卡固定或夹在工单上，只要能清晰可见即可。

图 125：POLCA 卡示例

请注意，1 张卡代表一项作业，不一定只有一个零件。POLCA 卡也可用于一个批次的零件。但如果批次太大，则可以使用多张 POLCA 卡进行批次处理。

对于较大的系统，最好在 ERP 或类似的计算机系统中使用数字卡片的形式，由计算机来跟踪这些卡和放行日期。但这也使它不那么直观，对计算机问题更加敏感。

## 7.3.2　待完成作业

在每个 POLCA 循环的开始都有一项待完成作业，[67] 每个循环和每个工序都有自己的待完成作业。这项待完成作业包括前一道工序已部分完成的作业，这些作业附有前一个循环的 POLCA 卡，还包括它们所在的工序是该序列中第一道工序，这些作业还没连接 POLCA 卡。因此，可以在待完成作业中找到有 POLCA 卡和没有 POLCA 卡的作业。

POLCA 的待完成作业，除了一些附有卡片，其他与 CONWIP 中待完成作业的要求类似，这些待完成作业应该有**可用的物料**，或者物料在生产之前能够及时到达。这个待完成作业清单也应该有**优先级**，特别是那些在队列中的作业，应该已经有一个明确的优先顺序。

与 CONWIP 不同的是，每项作业应该有一个**作业放行日期清单**，用于作业必须经过的每道工序。根据系统的颗粒度，这些作业放行日期也可能包括一个时间。通常，作业放行日期也是待完成作业的优先级，作业放行日期早的待完成作业会自动优先于作业放行日期晚的作业。当然，也可以使用其他排序规则。[68]

## 7.3.3　作业放行日期

作业放行日期[69]是作业在每道工序放行的日期或具体时间，作业的开始时间不能早于这个作业放行日期。图 126 所示为 POLCA 作业放行日期序列。第一道工序最早可以在 1 月 19 日开始，清单中的六道工序都有自己的放行日期。

---

[67]　在原始文献中，这些被称为未结订单列表，但我在这里将其重新命名，以便与其他拉动系统保持一致。

[68]　Matthias Thürer, Nuno O. Fernandes, and Mark Stevenson, *Material Flow Control in High-Variety Make-to-Order Shops: Combining COBACABANA and POLCA*, Production and Operations Management 29, no. 9 2020: 2138-52.

[69]　在原始文献中，这被称为订单发布日期，但为了保持一致，在此重新命名。

| 作业放行日期零件4711 | | |
|---|---|---|
| # | 工序 | 日期 |
| 1 | 切削 | 19.01 |
| 2 | 铣削 | 20.01 |
| 3 | 车削 | 21.01 |
| 4 | 回火 | 23.01 |
| 5 | 镀层 | 26.01 |
| 6 | 总装 | 28.01 |
| 客户截止日期03.02 | | |

图 126：POLCA 作业放行日期序列

计算作业放行日期的目的是让每项作业按计划放行，以便在客户最后期限前能够及时交付。同时，放行日期不应过早，以避免多余的成品和在制品堵塞系统。在一个典型的异序作业中，这种计算通常有很大的不确定性，因此强烈建议谨慎地选择一个稍保守（偏早）的日期。因此，**作业放行日期中通常包括时间缓冲**。

请注意，不是每道工序都需要一个最坏情况下的时间缓冲，因为不太可能每道工序都遇到最坏情况。但也请注意，如果被要求，每个部门的负责人往往会给出一个最坏情况下的工作持续时间。需要澄清的是，这个时间不是最后结束的时间，而是开始的时间。此外，在最后一道而不是在每道工序中有一个较大的时间缓冲会比较明智。

计算有多道工序中大量作业的作业放行日期是非常耗时的，现在这通常是通过一个总体的 ERP 系统来完成，当然系统发生错误的风险也无法完全避免。

## 7.3.4　决策时刻

在工序中的操作员也需要决策，确定下一步应该加工什么零件。Suri 将此定义为"决策时刻"。这些规则也显示在图 127 所示的流程图中，并在下面进行解释。

- 开始时，操作员应**检查**所在单元或设备的**待完成作业中是否有可用的作业**，作业放行时间是否已经满足。如果没有待完成作业，操作员应该在另一道工序或单元找到作业继续生产，这可能需要主管将操作员安排到一个新的作业，还需要决定何时将操作员调回原来的工序。当然，还可以安排其他可能的工作，如培训、改善系统（维护、清洁、解决较小的问题、换型优化等）或其他任何对系统有益处的工作。
- 操作员**找到优先级最高的可用作业**。

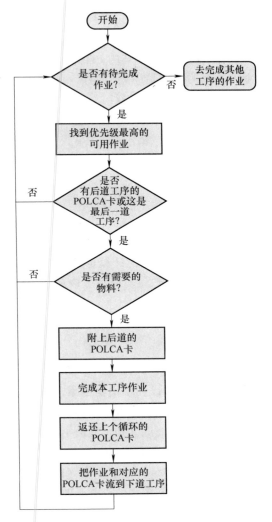

图 127：POLCA "决策时刻" 流程

- 操作员**检查后道工序是否释放出匹配的 POLCA 卡**，或者该工序是否已经是该作业的最后一道工序。如果没有，操作员将对下一项待完成作业重复这一检查过程。请注意，工序序列中的最后一道工序因为没有后道工序，可以在没有后道工序 POLCA 卡的情况下启动生产。

- 操作员**检查是否有所有需的物料**可用于即将开始的作业。如果缺少物料，操作员就会重复这个过程，检查下一项待完成作业。

- 在操作员找到一个可行的作业后，**将后道工序的 POLCA 卡附在该作业**

**上**。同样，如果该工序是序列中的最后一道工序，就不需要卡片。

- 接下来，操作员会**开始处理该作业**。
- 作业完成后，操作员**将前一个循环的 POLCA 卡返还**给前一道工序，以放行新的作业。这里的例外是序列中的第一道工序，该工序前没有其他工序，因此没有 POLCA 卡可以返回。
- 操作员随后**将带有 POLCA 卡的作业移到下一个工位**。
- 在完成整个 POLCA 循环后，操作员通过寻找待完成作业来**重复这个循环**。如果这道工序没有更多的作业可生产，操作员就换到另一道工序继续工作。

# 7.4 计算方法

与 CONWIP 类似，**POLCA 卡数量的计算也是权衡系统利用率和提前期**。同样类似的是，你可以估计卡片的数量，但都应该在系统运行后检查、优化、调整卡片数量。

## 7.4.1 POLCA 的计算方法

Suri 用来计算 POLCA 卡数量的公式随着时间的推移而不断演变。与看板和 CONWIP 类似，它们也有很多假设和不确定因素。其基本方法也是基于补货时间除以客户节拍，再加上一些类似公式 14 的安全系数。

**补货时间**是提前期和信息传输时间之和。在最早的文献中，**提前期**被计算为 POLCA 循环中第一道和第二道工序的处理时间和等待时间，以及中间的运输时间的总和。最简单的计算方法是利特尔定律（Little's Law），在公式 8 中已经介绍过。第一道工序的时间是其正在等待或处理的作业数量乘以第一道工序中每项作业的平均时间。同样地，第二道工序的时间是在其正在等待或正在处理的作业数量乘以第二道工序中每个零件的平均时间，再加上运输时间的估计，就得到了提前期。

**信息传输时间**是 POLCA 卡在第二道工序完成零件后返回第一道工序所需的时间，包括组织延迟。提前期和信息传输时间都是以时间单位衡量的。

**安全系数**是以卡片数量的形式加入的。通常情况下，这只是将补货时间除以客户节拍所得的值进行取整。请记住，与看板等按库存生产系统不同，对于 POLCA 或 CONWIP 等按订单生产的系统，不需要太多的安全系数。与其他计算方法类似，生产系统中可能会有一些特殊情况，导致补货时间有额外的延迟。在这种情况下，必须在计算中包含这些因素。请记住，由于这是一个按订单生产的系统，**我们感兴趣的是平均值而不是最坏的情况**。此外，可以放心地忽略任何不重要的要素。

表 18 列出了影响 POLCA 卡数量的变量，POLCA 的计算如公式 30 所示。POLCA 卡的数量等于提前期和信息传输时间之和除以所有零件型号的综合客户节拍，再加上一个安全系数。

**表 18：影响 POLCA 卡数量的变量**

| 类　别 | 要　素 | 单　位 | 是否相关 | 变 量 名 |
|---|---|---|---|---|
| 补货时间 | 提前期 | 时间 | 是 | LT |
| | 信息传输时间 | 时间 | 也许 | TI |
| 其他 | 安全系数 | 卡片 | 否 | S |
| | 其他要素 | ??? | 否 | 不适用 |

$$NC_{POLCA} = \frac{LT + TI}{TT_{All}} + S$$

公式 30：计算 POLCA 卡数量

假设一项作业代表一张 POLCA 卡，公式 30 的变量如下：

LT　　　　提前期（时间）

$NC_{POLCA}$　　POLCA 卡的数量（卡片数量）

S　　　　安全系数（卡片数量）

TI　　　　信息传输时间（时间）

$TT_{All}$　　所有零件型号的综合客户节拍（时间作业）

## 7.4.2　公式 30 的重要性

也许现在你正在考虑如何为你的系统计算这个问题，不要太担心，虽然我认为公式 18 没有错，但我也相信，一个好的估计也会有类似的结果。

公式 18 是基于目前的提前期。其基本假设是，目前的系统虽然可能没有你想要的那么好，但至少是一个起作用的系统。因此，**如果你基于一个起作用的 POLCA 系统进行计算，你可能会得到一个起作用的 POLCA 卡数量**。在提前期和产量之间的平衡点，可能是由你的员工为了让系统正常运转，自然而然形成的那个平衡点。因此，POLCA 的计算可能不会比你目前的情况更差。Rajan Suri 说得很清楚（我也同意），这个计算只是一个初始数字，必须通过观察系统的实际运行情况来改进。我还是更愿意根据系统中的信息来估算 POLCA 卡的数量。

## 7.4.3　POLCA 的计算示例

这个例子粗略地基于 Suri 的例子。[70] 如图 128 所示，它着眼于一个具有两道工序 P1 和 P2 的单一循环，它是一个大循环序列的一部分。第一道工序 P1 的平均提前期为 24h，第二道工序为 8h，尽管存在显著波动。工序 P1 和 P2 之间的平均运输时间需要 2h，同样也有一些波动。空白的 POLCA 卡每 4 小时返回一次，预计需求为每月 40 项作业，每月 20 个工作日，每天 8h。

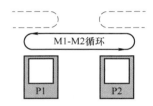

图 128：POLCA 卡计算循环示例

在此基础上，可以计算出**客户节拍**。每月 20 个工作日，每天 8h，每月工作 160h。由于将使用小时作为后续计算的基础，所以我们将这个单位也保留为小时。用 160h 除以 40 项作业，得出每项作业的客户节拍为 4 小时。提前期只是工序 P1 的 24h 和工序 P2 的 8h 的两个单独提前期之和，加上物料运输的 2h，总共有 34h 的提前期。在最坏的情况下，**信息传输时间**是 4h，但这将使信息传输时间平均为 2h。表 19 列出了 POLCA 计算示例的要素。

**表 19：POLCA 计算示例的要素，暂未考虑安全系数**

| 要　　素 | 单　　位 | 数　　值 | 变　量　名 |
|---|---|---|---|
| 提前期 | h | 34 | LT |
| 信息传输时间 | h | 2 | TI |

用 36h 的时间之和除以客户节拍，正好得到 9 张 POLCA 卡，再加上安全系数，如公式 31 所示。可以添加一个张安全卡片，让系统有 10 张 POLCA 卡，但不妨保持在 9 张，以保持整个系统具有更短的提前期。

70　Rajan Suri, *The Practitioner's Guide to POLCA：The Production Control System for High-Mix, Low-Volume and Custom Products* Productivity Press，2018，ISBN 978-1-138-21064-6.

$$NC_{POLCA} = \frac{LT + TI}{TT_{All}} + S = \frac{34h + 2h}{4h/\text{作业}} + S = 9 \text{作业} + S$$

公式 31：计算一个循环 POLCA 卡的数量示例

## 7.4.4　POLCA 估算

如上所述，上面的计算方法是将库存转换为提前期，并将其转换为 POLCA 卡的数量（代表库存），再加上一些安全系数和运输要素。另一种不那么公式化的方法是简单地看一下循环中的当前库存，并将其转化为 POLCA 卡的数量。如果一张 POLCA 卡代表一个产品，那么每个产品就有一张 POLCA 卡。

如果这个数字让员工感到缺乏安全感，可以将其调整到一个合适的数字。**在有可高可低的情况下，使用较低的卡片数量**，因为车间的本能是通过大量的库存寻求安全感，而忽略了这对提前期的破坏性影响。精益生产总是试图促使你减少库存和加快提前期。还是那句话，不要太担心计算的精确性。相反，根据你在系统中观察到的实际情况进行调整。

# 7.5　优势

POLCA 在工业领域确实有效，而且对异序作业有一些优势，当然，我仍然认为 CONWIP 也是一个很好的选择。

## 7.5.1　限定库存

POLCA 善于控制库存，所有的工序（单元、机器等）都是通过数量有限的 POLCA 卡循环来连接的。因此，可以防止两道工序之间有过高的库存。如果一道工序由于缺少 POLCA 卡，而在一条路径上受阻，它可以利用可用的产能为另一条有可用 POLCA 卡的路径生产产品，这样就可以更好且更及时地利用不同工序。库存的减少也缩短了整体通过时间。

CONWIP 系统可以在整个异序作业中使用。在这种情况下，仍然有可能出现某些零件堆积，导致其他零件无法生产的情况。POLCA 系统定义了价值流中每个可能步骤的库存，因此可以对库存进行更精细的管理和调整，尽管也可以通过设置多个 CONWIP 循环达到类似的效果。

## 7.5.2 为上游工序提供产能

你也可以用一个简单的 FIFO 限制工序前面的库存，但在这种情况下，一道非常繁忙的上游工序可能会堵塞其他不太繁忙的上游工序，因为繁忙的工序把 FIFO 填满了。如果每两个相连的工序都有单独的循环，每道上游工序就都会有机会生产。换句话说，每道上游工序都有机会向下游交货，而下游的可用产能不会被单个上游工序占用。

## 7.5.3 重叠避免了堵塞并有助于沟通

与 CONWIP 不同，POLCA 循环是重叠的，如图 123 所示。每当一个零件在工序或单元中被加工时，都应该有两张 POLCA 卡与之相连，除了该工序序列中的第一道和最后一道工序。

这主要有两个好处和一个小缺点。首先，这种重叠有助于不同工序的员工进行积极互动，避免了"把问题丢过墙"，它在工序之间建立了一个有意义的客户-供应商关系，员工可以通过工序间的互动对工序有更深入的了解。如果一道工序开始出现作业堵塞，他们也可以互相协助。实际上，在研发 POLCA 时，最初并没有考虑这一点，但很多使用者反馈说，这非常有帮助，并改善了合作。

其次，它避免了堵塞，否则这将是异序作业中一直担心的问题。例如，如图 129 所示，图 129a 是没有重叠的系统，就像用 CONWIP 做的那样，图 129b 有 POLCA 重叠。有两个零件型号，圆段和十字。工序 M1 处理这两个零件；然后，零件分流，圆段流向工序 M2，十字流向工序 M3。

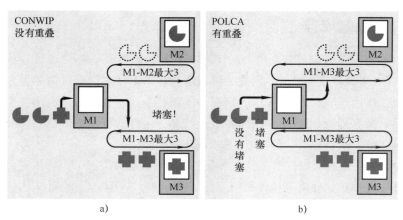

图 129：没有重叠的 CONWIP 和有重叠的 POLCA 比较

假设在 M3 遇到一个问题，M3 的整个 CONWIP 循环被填满十字零件。如果没有重叠，M1 不会知道 M3 满了，它将继续生产排在后面的零件，而这个零件恰好也是一个十字零件。由于 M3 循环满了，M1 就不能再把十字零件向下移动，M1 就会被阻断，如图 129a 所示。在现实中，这往往会导致随意调整作业，以使工序重新运行。

POLCA 通过重叠避免了这一点。假设情况相同，但这次是重叠循环，如图 129b 所示。在开始交叉之前，M1 将不得不检查是否有可用的后道工序的 POLCA 卡。由于 M1 处没有可用的 M1-M3 十字零件卡，工序 M1 将检查下一个零件。圆段零件有一张 M1-M2 卡可用，圆段零件被 M1 处理。因此，这种重叠避免了异序作业中常见的堵塞情况和由此产生的杂乱调整。

我的一个小担心是，有时有两张卡（在加工过程中），有时有一张卡（在不加工时）附在零件上，这很容易让车间员工困惑。但总的来说，重叠对异序作业的物料流动是有帮助的。

# 7.6　劣势

POLCA 存在一些问题，但对所有生产系统来说，这些问题都不是什么大问题，而且这些问题中有许多问题在其他异序作业的管理方式中也会遇到。

## 7.6.1　系统较为复杂

这种方法有多个重叠的 POLCA 卡循环，可能很复杂。POLCA 循环必须涵盖一个产品可能经过的所有路径。只要它从一道工序转到另一道工序，就需要一个循环。如果它还要返回去，则还需要第二个循环。在极端情况下，它需要在每个可能的工序组合之间有两个循环。图 130 所示为一个极端示例，六道工序最多有三十个 POLCA 循环。

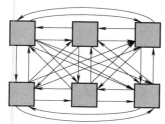

图 130：六道工序有三十个 POLCA 循环

现实中的系统的循环数量比这种极端情况少得多，都在可控范围内。不管怎么样，有许多来自车间的反馈表明，POLCA是一种行之有效的方法。

## 7.6.2　作业放行日期的准确性

POLCA的一个特殊要求是，每项作业都有一个作业放行日期，它必须在每道工序上进行处理（如果它访问了一道工序两次，该工序就要处理两次，就需要有两个放行日期）。

这将很难计算，我曾经处理过一个异序作业的案例，要确定第一道工序的作业放行日期相当困难，更不用说沿线的每一道工序了。异序作业是出了名的难以计划，而且受到蝴蝶效应的影响，任何一个小的随机事件都能产生很大的影响。另一方面，所有的控制系统在异序作业都会有类似的问题，从这个角度来看这也算不上是一个很大的障碍。你可以自己花精力来确定这些放行时间，也可以把这个任务交给需要了解这些时间的人，无论采用哪种方法，在向客户承诺交付日期时，通常都已经考虑了一个足够的缓冲时间。

## 7.6.3　可能的循环僵局

POLCA系统在某些罕见的情况下会出现循环僵局，即作业和POLCA卡的组合会导致工序相互堵塞。图131所示为理论上可能发生的POLCA循环互锁示例。如果没有M1-M2循环的POLCA卡，则M1不能继续生产，而所有M1-M2的POLCA卡都在M2，但M2如果没有M2-M1的POLCA卡也不能继续，因这些卡都在M1。僵局随之而来，循环互锁，两个工序都不能继续。

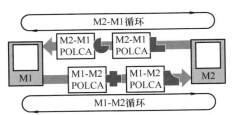

图131：理论上可能发生的POLCA循环互锁示例

这种情况很少发生，只有当POLCA循环形成一个闭环时才会发生（即沿着循环，最终可能会回到起始工序，如图131所示的从M1到M2再回到M1）。根据Suri的说法，这种情况只在模拟环境中发生过，在现实中还没有遇到。Suri还研发了一个使用"循环卡"的解决方案。这不是普通的POLCA卡，而是一张总是沿着循环中的工序向前移动的卡。详细内容请见 *The Practitioner's Guide to POLCA* 中的第 6 章：当环路形成循环时，用于防止系统僵局。[71]

## 7.6.4　系统过载或利用率低

POLCA 试图平衡生产系统中的工作负荷，并试图防止工序过载，这是一个有意义的目标，但也很容易想象可能会发生下面的情况。以图 132 为例，四道工序（M1-M4）为另外两道工序（M5 和 M6）提供服务，M5 和 M6 都可以接收来自多道工序的作业。

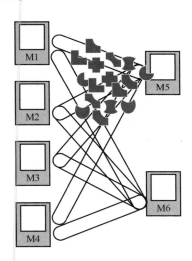

图 132：POLCA 的某道工序过载

有可能出现 M5 暂时有很多作业，而 M6 无作业，因此 M5 过载，而 M6 待机闲置。每个循环的实际最大库存将受到 POLCA 卡的限制，但系统中有多个循环，每个循环都有一些 POLCA 卡，加起来就会有很多物料。在这个例子中，有四个循环到达工序 M5，每个循环有五张 POLCA 卡，把高达 20 个零件聚集到 M5 进行生产，同时 M6 却无料可生产。虽然计划的目的是为了避免这种情况，但短期的波动仍然可能造成这种影响。

虽然这个例子有些极端，但类似的情况的确发生过。这种情况不是 POLCA 系统特有的，它们也可能发生在异序作业的其他类型的控制系统中。同样，在

---

71　Rajan Suri, *The Practitioner's Guide to POLCA：The Production Control System for High-Mix*, *Low-Volume and Custom Products* Productivity Press，2018，ISBN 978-1-138-21064-6.

异序作业进行任何形式的计划生产都很困难，而且容易失败。

### 7.6.5 灵活性降低

POLCA 要求零件必须经过的每一道工序都有一个作业放行日期。这通常意味着生产顺序必须事先固定下来，这就降低了系统的灵活性。

根据我的经验，许多异序作业都有备用工序，一个零件可以在工序 1 或工序 2 上加工。我也有过这样的经历：如果一道工序过载，而另一道工序可用，那么就重新安排工序。虽然不是很理想，但在一个混乱的异序作业里，这有时是有意义的。对于 POLCA，它需要重新计算和重新安排。再看一下图 132，是不是所有的零件真的都需要经过 M5？还是系统只是故意把所有的零件安排在 M5，而没有安排在 M6？

## 7.7 常见问题

### 7.7.1 生产序列中的第一道工序怎么办

一道工序中的一个零件总是附着两张 POLCA 卡，一张来自前道工序的循环，另一张来自后道工序的循环。唯一的例外是该工序是当前生产序列中的第一道和最后一道工序。生产序列中的第一道工序需要一个有效的待完成作业（即在开始生产前有所需物料或希望其按时到达的作业），并且该作业的放行日期已满足要求，它还需要一张能够允许它流向第二道工序的 POLCA 卡。因此，第一道工序可以加工附有一张后道工序 POLCA 卡的零件，如图 133 所示。

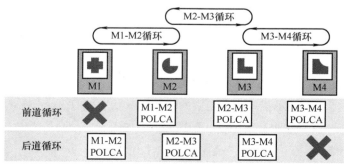

图 133：POLCA 生产序列的第一道和最后一道工序只需要一张 POLCA 卡就可以工作

## 7.7.2 生产序列中的最后一道工序怎么办

与第一道工序类似，该生产序列中的最后一道工序并不进入另一个循环。因此，在这道工序的零件只附有一张来自前道循环的 POLCA 卡。

由于该系统是一个异序作业，对于每一个生产的零件，第一道和最后一道工序可能是不同的。通常情况下，零件进入和离开系统的工序也不一样。因此，虽然工序通常对每个正在加工的零件有两张 POLCA 卡，但如果它是这个生产序列中的第一道或最后一道工序，只有一张 POLCA 卡，如图 133 所示。

第 8 章

# 重订货点

建立拉动系统的另一种方法是使用重订货点法。你可能会感到惊讶，之前就听说过重订货点，但这与精益生产有关吗？重订货点系统其实不是传统精益工具集的一部分，但它属于拉动系统。[72] 它对按库存发货（ship-to-stock）的情况特别有帮助。该系统通过重新订货达到目标库存。重订货的方法要么依据设定好的订货周期，要么通过设定好的最低库存水平来触发重新订货，后者的优势更明显。

## 8.1 基本原理

重订货点的方法很简单，对每个零件的库存分别进行跟踪，**每当某个型号的库存低于下限（重订货点）时，就重新订购，将库存再次填满并达到目标库存（库存限额）**。

重订货点有时也被称为最低点，请不要把它和第 5.3.2.2 节中描述的超市的最低库存相混淆，虽然有些类似。看板超市的最低库存是为了防止缺货而采取的应急措施，很少被触发，而重订货点是定期被触发的。你并不希望每次订

---

72　除了令人头疼的定时定量订货法，幸运的是，我在现实中从未见过。

货时都需要救火，相反希望在没有任何时间压力的情况下，使用正常的订货流程完成补货。

因此，重订货点的设定要给出足够的时间来重新订货。如果补货时间为零，理论上你也可以把重订货点设置为零。但在现实中，订单交付会有延迟，重订货点必须高于零。图 134 所示为一个理想的系统，没有任何交货延迟，但仍然使用了一个高于零的重订货点。

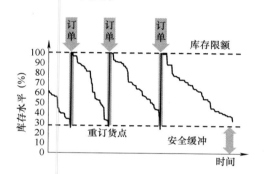

图 134：一个简化的重订货点系统的库存变化趋势，订单交付没有延迟

由于在大多数情况下，订单的交付时间不是零，在用完之前，多订购一些零件是明智的。因此，重订货点通常不是零。这种延迟如图 135 所示。看看实际库存曲线，有时是接近零的状态。现实中，如果实际库存很容易接近零库存，我会把重订货点再提高一些。

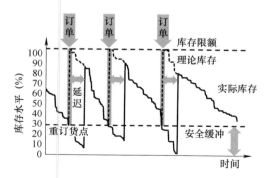

图 135：发生补货延迟的重订货点系统及其库存变化趋势

请注意，必须跟踪理论库存（如可用库存和已经订购的组合库存）。如果理论库存低于重订货点，就会触发一个订单。在补货延迟期间，实际库存可能进一步下降，但不要因为实际库存仍然低于重订货点而持续不断地触发订单，

否则会在之后收到多个交付订单而导致库存爆仓。**把实际可用库存和已订购的在途库存都算进去才是完整的。**

重订货点与第5.2.3节中描述的三角看板非常相似，只有当达到重订货点时才会触发订货。**重订货点是基于从发出订单到订购物品可用时间段发生延迟时的最大预期消耗量来计算的。**

**重订货点和库存限额之间的差值取决于希望的订购频率或想在一张订单中订购多少零件。** 这个差值可以小到零，在这种情况下，每消耗一个零件，就订购一个零件，库存限额就等于重订货点。每当你消耗一个零件时，你就会下降到重订货点以下，并重新订购一个零件，回到库存限额。这个系统现在的行为就像一个看板系统。

通常情况是这个差值要大得多，以减少订货的频次。但请注意，**低频和大订单也会增加库存和波动。**

图136所示为不同库存限额的库存变化趋势。图136a所示的库存限额为100，重订货点为30，这个例子的系统触发了3张订单。图136b有相同的客户需求，但现在的库存限额是以前的一半（50），重订货点仍然是30，差值从70（库存限额100减去重订货点30）降低到20（库存限额50减去重订货点30），订单的数量增加到12张。因此，这种将差值减少到大约1/4的做法导致了订单数量增长了大约4倍。

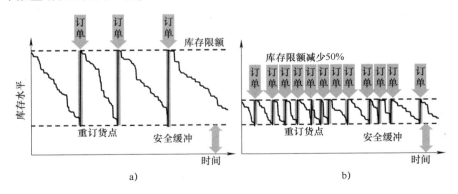

图136：不同库存限额的库存变化趋势

总之，**减少重订货点和库存限额之间的差值会导致成比例的订单数量增加和库存数量减少。** 重订货点通常用于采购或物流，也可用于生产系统，特别是对于换型时间较长的系统。对于其他一般的生产系统，建议采用高频和小批量的订单，这样可以更好地实现小批量生产。

## 8.2　类型

重订货点方法有几种变型。原始的重订货点方法通常是最好的，如果你想定期订货，使用重订货期法也可行。

### 8.2.1　重订货期

与重订货点类似，也可以有重订货期。对于重订货点，当达到下限时，就可以把库存补充到库存目标限量。**对于重订货期，每隔一段固定的时间就会触发重订货点**，如图 137 所示。

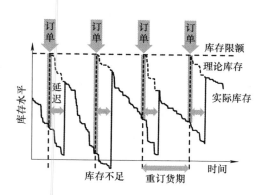

图 137：重订货期系统的库存变化趋势，在第二次订单触发后出现缺货的情况

例如，每周二订购足够的零件，使库存达到最大限额。这种方式让订购更容易、更有规律，订货过程也更容易管理，这样你可以在一个时间段内平均分配不同零件的订购。例如，你可以安排在周一订购 A 类零件，在周二订购 B 类零件，以此类推。

零件订购安排要均衡，像人们喜欢在周末、月末或年末进行大采购这种情况就会给供应商带来新的问题。如果每个人都这样做，供应商需要配置更多物流资源来应对这种波峰（如每年双十一活动会有更多的仓库人员和快递员招募），这违背精益的初衷。

重订货点总是订购相似的数量，重订货期则**每次订货的数量都不同**，同时重订货期也**需要稍高的库存**，以减少缺货风险。如果订货期内的需求超过了库存，就会造成缺货。这种情况也发生在图 137 所示的第二张订单之后。总的来说，重订货点比重订货期要更灵活。

## 8.2.2  重订货点和重订货期的组合

将重订货点和重订货期组合为一个系统是可行的。大多数订单将遵循重订货期法，并定期发生。只有当过度的需求导致库存达到重订货点时，才会按照重订货点法创建一张额外的订单，如图 138 所示。

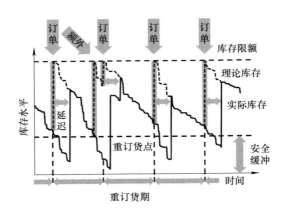

图 138：重订货点和重订货期组合系统的库存变化趋势，由于达到了重订货点，在第一个和第二个订货周期之间有一张额外的订单

这使你仍然拥有重订货期的定期触发订单的好处，但如果客户的订单比平时多，则有重订货点的保障。但我个人觉得，这种混合系统的优势并不比重订货点法明显。

## 8.2.3  定时定量重订货（不是拉动系统！）

为了完整起见，我想指出与重订货系统有关的另一种类型。在这种方法中，你以类似于重订货期的固定时间间隔进行订购，但你**总是订购相同的数量**。无论客户向你订购了很多还是只订购了一点点，你都每隔一段时间就订购相同的数量，如图 139 所示。**这种方式非常不灵活，是一个可怕的系统！它也不是拉动，因为它的补货并不取决于消耗，并且随着时间的推移，库存可能会增长变得非常大或缩减为零。我强烈建议不要采用这种方法！**

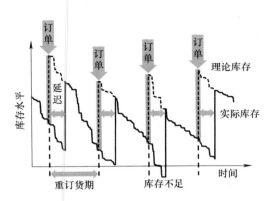

图 139：定时定量重订货法的库存变化趋势，强烈建议不要使用这种方法

# 8.3　要素

重订货系统需要确定的要素非常少。对于重订货点法，只需要确定**库存限额**（最大库存）和**重订货点**（最低库存）。如果你选择使用重订货期法，需要确定**重订货期**。

此外，只要正常的库存和订货过程可以被跟踪即可。ERP 系统非常适用于完成此类任务，如果 ERP 系统足够可靠，甚至可以让 ERP 系统自动完成订购。

# 8.4　计算方法

对于重订货点法，需要计算重订货点和库存限额。对于重订货期法，需要确定重订货期，并计算库存限额。这些基本方法实际上非常相似。

## 8.4.1　重订货点法的计算

对于重订货点法，需要计算两个部分。首先，计算**重订货点库存**，也被称为最低库存，有时也被称为安全缓冲库存；第二步，计算重订货点和库存限额之间的**差值**。综合起来，就可以得到库存限额，如图 140 所示。这个重订货点的计算使用了许多与生产或运输看板计算类似的要素。同样地，与生产看板的计算类似，重订货点的计算也是一种估算。

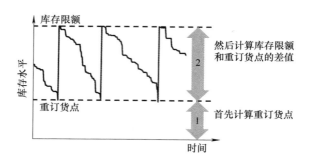

图 140：重订货点法计算的两个步骤

## 8.4.1.1　要素

对于重订货点的计算，也有一些计算要素，这些要素与看板要素类似，见表 2 所示的生产系统和表 3 的运输和采购，具体可以参见 5.3 节看板计算中对这些要素的描述，其中大部分是补货时间的要素。重订货点法或重订货期法的补货时间是触发重订货点到零件补完货可以使用之间的时间延迟，**补货时间是信息传输时间和提前期之和**。需要注意的是，如果在发出订单前有延迟，也需要将其计算在补货时间内。

对于**提前期**，包括货物在被补完可以使用前的所有延迟，这可能包括等待一车货物的生产完成和排队等待运输。然而，如果你是从供应商处订货，可能只看到整体的提前期，类似于运输看板。但请注意，载货汽车驶进你的工厂并不意味着货物已经可以使用，还需要卸货、质量控制、内部物流和其他步骤，直到货物可以真正准备好供产线使用。

此外，还必须考虑波动。由于重订货系统用于按库存发货，有时也用于按库存生产，所以对物料库存的可靠性有很高的期望。不仅要让物料**经常有库存**，而且最好是**一直有库存**。因此，需要考虑波动的情况，应涵盖订购和运输过程中的**故障和中断**。在订购货物和准备使用这些货物期间，还有想到的最糟糕的情况吗？这通常被估计为提前期之外的额外时间。

在客户方面，**最大订单**也必须包括在计算中。我们也可能有比预期更高的需求，以及**峰值需求**。与看板一样，峰值需求是补货时间内平均需求和最大需求之间的差值，这个峰值需求也最好用数量来表示。如果是季节性的峰值需求，可以选择暂时改变重订货点，而不是常年保持很高的安全库存。

与其他计算方法类似，该方法也需要考虑**安全系数**。如果在计算补货时间时比较保守（即补货时间考虑较长），并且波动较大，那就可以考虑较小的安全系数，反之亦然。最后，如果系统中还有一些增加补货时间或波动性的不常见要素，同样也需要纳入计算。表 20 中所列变量通常足以满足绝大多数的重订货系统。

**表 20：重订货点的变量**

| 类 别 | 要 素 | 单 位 | 是否受零件型号影响 | 是 否 相 关 | 变 量 名 |
|-------|-------|-------|------|------|------|
| 补货时间 | 信息传输时间 | 时间 | 可能 | 可能 | TI |
| | 提前期 | 时间 | 可能 | 是 | LT |
| | 故障和中断 | 时间 | 可能 | 是 | BD |
| 客户 | 客户峰值需求 | 数量 | 是 | 是 | PD |
| | 客户最大订单 | 数量 | 是 | 是 | OS |
| 其他 | 安全系数 | 数量 | 是 | 是 | S |
| | 其他要素 | ??? | ??? | 否 | 不适用 |

## 8.4.1.2 重订货点的计算

对于重订货点法，我们从最低库存，即重订货点开始。你应该在哪个库存水平上重新订货？这个水平应该足够大，以便你在交付延迟期间不太可能出现缺货的情况。因此，**重订货点取决于客户需求和补货时间**。这两者都是波动的，**强烈建议使用保守的数值，并在计算的时候考虑波动**。

表 20 中的所有时间都需要转换为数量单位，数量只需要简单地相加即可。把信息传输时间、提前期、故障和中断的时间相加，除以客户节拍就可以把补货时间转换为一个数量。

对于不同的生产系统来说，客户节拍略有不同。在生产系统中，客户节拍是系统实际运行的时间，即用工作时间除以必须在这个工作时间内生产的数量。采购系统的工作时间与生产系统有所不同，可以使用进货仓库的工作时间，也可以使用 24h 全天候的方法。请确保在整个计算过程中使用一致的工作时间。

接下来，我们加上该零件型号的客户最大订单并减去 1，再加上客户峰值需求，再加上一点安全系数，就得到了重订货点，或者触发重新订货的最低库存水平，这个完整的计算如公式 32 所示。如果以多个零件的包装单位进行订购，严格来说，还要将重订货点调整为该包装单位的倍数，虽然不是绝对必要的，但能减少许多管理工作。

$$I_{Min,n} = \frac{TI + LT + BD}{TT_n} + (OS_{Max,n} - 1) + PD_n + S$$

公式 32：计算重订货点

公式 32 的变量如下：

BD      覆盖故障和中断的额外时间（时间）

$I_{Min,n}$      零件型号 n 的最低库存（数量）

LT      提前期（时间）

$OS_{Max,n}$      零件型号 n 客户最大订单（数量）

$PD_n$      零件型号 n 的客户峰值需求（数量）

S      安全系数（数量）

TI      信息传输时间（时间）

$TT_n$      零件型号 n 的客户节拍（时间/数量）

　　**重订货点应该足够大，以免库存耗尽**，即使在需求增高和交货速度较慢同时发生的情况下，也要避免无料可用的情况，但**不要试图涵盖所有的可能性**。如果你想为所有可能发生的情况做好准备，重订货点和库存将会无限大。

　　仔细考虑下，你的计算要覆盖哪些情形，以及何种情况你觉得缺货更划算。如果你决定使用最低的客户需求和最长的补货时间，那就不需要考虑太多额外的安全系数。反过来，如果客户需求和交货时间都是平均值，则可以适当调高安全系数，以降低缺货的可能性。

　　通常情况下，我在计算拉动系统时喜欢采用估计法。但对于重订货点，通常对补货时间及其波动要有更好的了解。因此使用这种方法时，计算会比估计会更好。

## 8.4.1.3　根据经济订货量确定库存限额

　　接下来，我们看一下库存限额。我们不直接计算库存限额，而是计算重订货点和库存限额之间的差值，如图 140 所示。这个差值通常是订单的大小，它也决定了订单的频率。这个差值受客户需求、期望的订货频率，以及想拥有多高的库存限额三个因素影响。**这个差值与补货时间没有关系。**

　　假设客户的需求是给定的，你可以在订单数量和库存之间做一个权衡。**订货的频率越高，这个差值就越小，库存就越低。如果想减少订货频率，这个差值和库存水平就会上升。**

　　对于上面的重订货点计算，我们使用保守的数值，包括波动。**对于差值**

**的计算，我们只取平均值**。重订货点的好处是，如果需求较高，我们会自动更频繁地订货；如果需求较低，我们就自动减少订货频率。因此，不需要包括波动、最坏情况，也不需要为重订货点和库存限额的差值计算安全系数。

在经典的成本会计方法中，传统的计算方法被称为"经济订货量"，这显示在公式 33 中。该公式假定，在典型的锯齿形订货曲线下，平均有一半的订货量在库存中。订购量（差值）是订货成本和库存成本之间的一个权衡。

$$I_{\Delta,n} = \sqrt{\dfrac{2 \cdot CO_n}{TT_n \cdot HC_n}}$$

公式 33：计算经济订货量

公式 33 和公式 34 的变量如下：

$CO_n$　　零件型号 n 一张订单的成本（货币单位）

$HC_n$　　在一定时间内一个零件型号 n 的持有成本（货币单位/时间·数量）

$I_{Max,n}$　零件型号 n 的库存限额（数量）

$I_{Min,n}$　零件型号 n 的最低库存（数量）

$I_{\Delta,n}$　　零件型号 n 的库存差值（数量）

$TT_n$　　零件型号 n 的客户节拍（时间/数量）

这个公式本身是正确的，甚至体现了数学之美。问题出在该公式中所用的数据。**传统的成本会计通常大大低估了持有库存的成本**，它只是简单地使用库存占用资金的成本，可能还有仓库租赁成本，但它完全忽略了一些库存可能会扰乱生产的其他因素。物品可能会因过期而被淘汰，或者发现缺陷需要返工。对缺陷的响应也需要更长的时间，更高的库存总是意味着更长的延迟，后续工序需要延迟很久才能发现问题。有许多因素会导致持有库存的成本上升，而这些因素无法通过成本会计精确地计算。因此，**经济订货量公式经常给出过大的订货量数值**。

根据你的实际情况，每年持有库存的成本可以很容易地占到产品成本的 30% ~ 65%。[73] 如果你仍然想使用公式 33，我建议把你从成本会计中得到的计算结果作为持有成本，并**把持有成本乘以 3**，然后将其用于经济订货量的计算。

---

[73] Helen Richardson, *Control Your Costs-Then Cut Them*, *Transportation & Distribution 36*, no. 12 December 1995：94.

如果你以含多个物品的包装为单位进行订购，也建议将计算值调整为包装单位的整数倍。在计算了公式 32 中的重订货点和公式 33 中的差值后，只需将其相加就可以得到我们的库存限额，如公式 34 所示。

$$I_{Max,n} = I_{Min,n} + I_{\Delta,n}$$

公式 34：重订货点系统的库存限额

## 8.4.1.4 库存限额估算

就像看板和 CONWIP 一样，我喜欢直接估算拉动系统的价值。对于重订货点库存限额之间的差值也可以进行估算。估算的方向是通过增加订单触发频次尽可能地减少库存差值，直到系统承受不住，就再把差值增大一点。在不影响采购部门的情况下，你可以多长时间下一次单？每个零件一周一次，还是一周两次？

因此，尽量提高订货频率。当然不同零件要有区别对待，并非所有零件的订购频率都需要达到最大值。零件订购的频率高低，取决于实际情况。特别值得注意的是**大型或高价值的零件**，或经常存在质量问题的零件，你可能希望尽可能频繁地订购这些零件，以占用更少的空间，占用更少的资金，或更快地发现问题。另一方面，**小的、低价值的、没有质量问题的零件**可以不用那么频繁地订购，以降低采购部门的工作量。每月订购一桶螺钉，而不是每三天订购一小包，但对高价值的发动机机体的订单要发送的频繁一些，每次少订一些。

## 8.4.1.5 重订货点计算示例

对于重订货点计算示例，使用与第 5.4.3 节中运输看板相同的示例。然而，本例中的物流系统有所不同。我将先总结数据，然后进行计算。你可以自己先计算，然后与我的结果进行比较。由于有不同的假设，得到的数值可能看起来与我的有所不同，试着理解这些差异并从中学习。

### 8.4.1.5.1 重订货点系统数据

我们再次为自己的生产线订购黄色、红色和蓝色的木制玩具车的车轮。我们订购的车轮是一箱 40 个。表 21 列出了重订货点计算示例的参数，显示了所有颜色车轮的预计月度需求和峰值需求的数据。缺陷和报废都足够小，可以忽略不计。

**表 21**：重订货点计算示例的参数

| 颜　　色 | 预计车轮月度需求/个 | 峰值需求/个 |
|---------|------------------|-----------|
| 红色 | 40000 | 1300 |
| 蓝色 | 16000 | 680 |
| 黄色 | 800 | 70 |
| 共计 | 56800 | 不适用 |

订单的信息以数字方式传输，文档准备工作需要长达 5h。供应商的货车可以在任何时间送货，包括周末。一个订单的交付时间大约需要 4 天。根据以往的经验，管理层希望能考虑不超过 3 天的延迟。

此外，会计告诉你，无论车轮的颜色如何，一个订单的成本是 25 欧元。此外，根据资金成本和存储成本，一个车轮的持有成本约为 0.30 欧元/个·年。无论车轮的颜色如何，这些数值是一样的。供应商以 40 个同一颜色的车轮为一箱进行装运。

### 8.4.1.5.2　重订货点计算

根据这些数据，首先计算出**客户节拍**。请注意，由于货车可以在任何时间行驶，我们现在要考虑的是全时间段，而不仅仅是工作时间。假设一个月平均有 30 天，每天 24h，即 2592000s/月。用这个时间除以月度需求，就可以得到客户节拍，见表 22。请注意与表 11 中客户节拍的区别，表 11 中所列的客户节拍是基于一个班次的工作时间。

**表 22**：重订货点计算示例的客户节拍

| 颜　　色 | 预计车轮月度需求/个 | 客户节拍/（s/个） |
|---------|------------------|----------------|
| 红色 | 40000 | 64.8 |
| 蓝色 | 16000 | 162.0 |
| 黄色 | 800 | 3240 |
| 共计 | 56800 | 45.6 |

在最坏的情况下，用于准备（数字）文件的**信息传输时间**是 5h；**提前期**已经给出，为 4 天，这个时间可以直接使用，不用考虑如等待货车装载或类似情况耗时。另外，还需要 3 天的时间来覆盖可能的**故障和中断情况**。**客户峰值需求**取决于零件型号的数量，见表 21。我们是为自己的装配线供货，没有**超大批量的客户订单**，所以客户最大订单量是一箱 40 个车轮，与其他价值相比，这个数字可以忽略不计，但为了清晰展示公式的运用，我在计算中保留了它。此外，没有**其他要素**会影响这个补货时间，影响重订货点和库存限额的变量见表 23。

### 表 23：影响重订货点和库存限额的变量

| 要　素 | 单　位 | 红色车轮 | 蓝色车轮 | 黄色车轮 | 变量名 |
|---|---|---|---|---|---|
| 信息传输时间 | h（s） | 5（18000） | 5（18000） | 5（18000） | TI |
| 提前期 | 天（s） | 4（345600） | 4（345600） | 4（345600） | LT |
| 故障和中断 | 天（s） | 3（259200） | 3（259200） | 3（259200） | BD |
| 客户峰值需求 | 个 | 1300 | 680 | 70 | PD |
| 客户最大订单 | 个 | 40 | 40 | 40 | OS |
| 其他要素 | ??? | 不适用 | 不适用 | 不适用 | 不适用 |

现在可以计算重订货点了，确保所有与时间相关的数据单位都相同。红色车轮的计算示例见公式 35，所有车轮重订货点的计算结果见表 24。这里的安全系数只是一个宽松的四舍五入，对于颜色不太常见的车轮，安全系数按比例略大。同时，还要确保重订货点是 40 的倍数，因为一个包装箱有 40 个车轮。

$$I_{Min,Red} = \frac{TI + LT + BD}{TT_{Red}} + (OS_{Max,Red} - 1) + PD_{Red} + S$$

$$= \frac{18000s + 345600s + 259200s}{64.8\frac{s}{个}} + (40个 - 1个) + 1300个 + S$$

$$= 10950个 + S$$

公式 35：计算红色车轮的重订货点

### 表 24：所有车轮重订货点的计算结果

| 颜　色 | 无安全系数的重订货点（车轮）/个 | 安全系数（车轮）/个 | 含安全系数的重订货点（车轮）/个 | 安全系数（%） |
|---|---|---|---|---|
| 红色 | 10950 | 570 | 11520 | 4.9 |
| 蓝色 | 4563 | 437 | 5000 | 8.7 |
| 黄色 | 301 | 59 | 360 | 16.3 |

#### 8.4.1.5.3　库存限额的计算

为了计算库存限额，首先需要计算重订货点和库存限额的差值。我们知道，无论什么颜色，触发一个订单的成本是 25 欧元，库存的持有成本是 0.30 欧元/个·年。我们现在可以用公式 33 来计算订货量，客户节拍仍然是基于"全天候 24h"的方式，请确保将持有成本转换为欧元/s，或者将客户节拍转换为年/个，以免计量单位混淆。红色车轮的经济订货量计算示例见公式 36，表 25 列出了所有颜色车轮经济订货量的计算结果还显示了每年的预期订单数。在这里，还必须将经济订货量调整为 40 个车轮的倍数，因为订购的是 40 个车轮一箱。

$$I_{\Delta,\text{Red}} = \sqrt{\frac{2 \cdot \text{CO}_{\text{Red}}}{\text{TT}_{\text{Red}} \cdot \text{HC}_{\text{Red}}}}$$

$$= \sqrt{\frac{2 \times 25\,\dfrac{\text{欧元}}{\text{个}} \times 31536000\,\dfrac{\text{s}}{\text{年}}}{64.8\,\dfrac{\text{s}}{\text{个}} \times 0.3\,\dfrac{\text{欧元}}{\text{个} \cdot \text{年}}}} = 9006\ \text{个}$$

公式 36：红色车轮的经济订货量计算示例

**表 25：所有颜色车轮经济订货量的计算结果**（无调整）

| 颜　　色 | 经济订货量（车轮）/个 | 预期订单数/（次/年） |
|---|---|---|
| 红色 | 9006 | 53.3 |
| 蓝色 | 5696 | 33.7 |
| 黄色 | 1274 | 7.5 |

会计部门通常给出的持有成本只包括存储和资金成本，它漏掉了许多由库存过剩引起的额外成本，因此我在计算中**将库存持有成本乘以 3**。在这种情况下，经济订货量见表 26。与表 25 相比，经济订货量减少到几乎一半，订单量增加了一倍。同时，别忘了将经济订货量调整为 40 的整数倍。

**表 26：按 3 倍持有成本计算的经济订货量**

| 颜　　色 | 调整后的经济订货量（车轮）/个 | 订单数/（次/年） |
|---|---|---|
| 红色 | 5200 | 92.3 |
| 蓝色 | 3289 | 58.4 |
| 黄色 | 735 | 13.1 |

最后，你也可以简单地定义你希望在一年内下多少次订单。假设你想每年下 100 次红色车轮的订单，60 次蓝色车轮的订单，20 次黄色车轮的订单，订单将是年度需求除以每年订单数，见表 27。巧的是，所有的订单都已经是 40 的倍数了。

**表 27：基于每年固定订单数的订单**

| 颜　　色 | 订单数/（次/年） | 订单（车轮）/个 |
|---|---|---|
| 红色 | 100 | 4800 |
| 蓝色 | 60 | 3200 |
| 黄色 | 20 | 480 |

我的建议是，无论使用哪种方法，都选择较小的订单（即较频繁的下单）。**不要给这个差值或库存限额增加安全系数！** 如果要做些啥的话，可以向下调整订单。如果有必要，将订单量调整到供应商包装容量的整数倍。在我们的例子中，差值应该可以被40整除，因为我们订购的车轮是40个一箱。

对于库存限额的计算，将使用基于表27中的订单。由于我们的供应商将车轮以40个一箱为单位发货，表27中的结果都可以被40整除，所以可以直接使用这些数值而不必调整。表28中列出了重订货点计算示例结果。

**表28：重订货点计算示例结果**

| 颜　色 | 重订货点（车轮）/个 | 到库存限额差值（车轮）/个 | 库存限额（车轮）/个 |
|---|---|---|---|
| 红色 | 11520 | 4800 | 16320 |
| 蓝色 | 5000 | 3200 | 8200 |
| 黄色 | 360 | 480 | 840 |

## 8.4.2　重订货期法的计算

我个人不建议使用重订货期法，如果你正在使用这种方法，可以看看如何计算。库存限额必须涵盖**重订货期内的客户需求**，以及**不考虑安全系数时，补货时间内的客户需求，两者都应该是最坏的情况，包含了各自可能的波动**。因此，在每年订单数量相同的情况下，得出的库存限额通常比重订货点法要高，如图141所示。

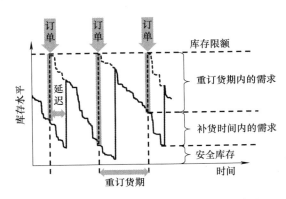

图141：对重订货期的库存限额有影响的要素。
请注意图中考虑了短时间的波动

## 8.4.2.1　要素

重订货期与重订货点的计算有非常相似的地方，补货时间由**信息传输时间**和**提前期**组成，还要考虑**故障和中断**的情况。

在客户方面，需要包括由于**客户峰值需求和客户最大订单**产生的波动。在计算看板和重订货点系统的库存限额时，客户端的波动在补货时间中考虑，但对于重订货期系统，除了生产补货时间，还要额外考虑订货周期所延长的时间。由于订货周期是固定的，如果有更多的客户需求，我们不能更频繁地订货，而是通过增加额外的库存来覆盖这些客户波动。峰值需求覆盖需要更长的时间（新增订货周期的时间），因此**重订货期系统的峰值需求通常比重订货点系统要大**，这可能会对所需总库存量产生很大的影响。

还有一个要素就是**重订货期**，这是订单之间的间隔时间。库存限额必须满足客户在这个**重订货期及补货时间内的总需求及其波动**。你可以选择期望的订货频率，并计算出重订货期及补货时间内最高的需求。

你也可以使用公式33来确定订货量，但要确保有准确的库存持有成本数据，或者可以采用你能接受的最短周期/最频繁的订单/最小的库存，使用任何方法，都需要**定义重订货期**。

也要考虑通常的**安全系数**，在表29的最后一行列出了一个**其他要素**，如果你遇到一个非常规的系统，那也需要考虑这个要素。

**表29：影响重订货期的变量**

| 类　别 | 要　素 | 单　位 | 是否受零件型号影响 | 是否相关 | 变量名 |
|---|---|---|---|---|---|
| 补货时间 | 信息传输时间 | 时间 | 可能 | 否 | TI |
|  | 提前期 | 时间 | 可能 | 是 | LT |
|  | 故障和中断 | 时间 | 可能 | 是 | BD |
| 客户 | 客户峰值需求 | 数量 | 是 | 是 | PD |
|  | 客户最大订单量 | 数量 | 是 | 是 | OS |
| 其他 | 安全系数 | 数量 | 是 | 是 | S |
|  | 重订货期 | 时间 | 是 | 是 | RP |
|  | 其他要素 | ??? | ??? | 否 | 不适用 |

### 8.4.2.2　库存限额的计算

　　库存限额是表 29 中所列各要素的总和。首先将与时间相关的要素，如信息传输时间、提前期、重订货期以及故障和中断的时间通过客户节拍转换成数量，然后加上客户最大订单并减去 1，最后加上客户峰值需求及安全系数。具体见公式 37。

$$I_{Max,n} = \frac{TI + LT + BD + RP_n}{TT_n} + (OS_{Max,n} - 1) + PD_n + S$$

公式 37：计算重订货期的库存限额

公式 37 中的变量如下：

| | |
|---|---|
| BD | 覆盖故障和中断的额外时间（时间） |
| $I_{Max,n}$ | 零件型号 n 的库存限额（数量） |
| LT | 提前期（时间） |
| $OS_{Max,n}$ | 零件型号 n 客户最大订单量（数量） |
| $PD_n$ | 零件型号 n 客户峰值需求（数量） |
| $RP_n$ | 零件型号 n 的重订货期（时间） |
| S | 安全系数（数量） |
| TI | 信息传输时间（时间） |
| $TT_n$ | 零件型号 n 的客户节拍（时间/数量） |

　　将公式 37 与公式 32 进行比较，新的变量是重订货期。请注意，**重订货期系统的峰值需求比重订货点系统要大**，因为现在除了要覆盖补货时间，还需要覆盖重订货期。

　　利用公式 37，可以权衡订货周期或订单数，在库存和订单数之间找到一个合适的平衡点。

### 8.4.2.3　重订货期计算示例

　　为了便于比较，我们将使用与重订货点法相同的示例。为了进一步比较，我们使重订货期法的年订单数大致与表 27 中的重订货点法的相近。但由于现在还需要覆盖重订货期内的波动，**与重订货点法相比，需要覆盖更高的峰值需求**，这会大大增加总体库存。表 30 列出了重订货期计算示例的具体数据，包括预期月度需求和客户节拍。

**表 30：重订货期计算示例的具体数据**

| 颜　色 | 预计车轮月度需求/个 | 订货期/天 | 订单数/(次/年) | 客户节拍/(s/个) |
|---|---|---|---|---|
| 红色 | 40000 | 4 | 91.3 | 64.8 |
| 蓝色 | 16000 | 6 | 60.8 | 162.0 |
| 黄色 | 800 | 18 | 20.3 | 3240 |

大多数要素的计算也与重订货点法相同。关于如何计算这些数值，请见重订货点法。但峰值需求比重订货点法要高，因为它现在也需要考虑重订货期影响。与重订货点法相比，重订货期本身也是一个新要素。表 31 列出了影响重订货期的变量的数据。

**表 31：影响重订货期的变量的数据**

| 要　素 | 单　位 | 红色车轮 | 蓝色车轮 | 黄色车轮 | 变量名 |
|---|---|---|---|---|---|
| 信息传输时间 | h（s） | 5（18000） | 5（18000） | 5（18000） | TI |
| 提前期 | 天（s） | 4（345600） | 4（345600） | 4（345600） | LT |
| 故障和中断 | 天（s） | 3（259200） | 3（259200） | 3（259200） | BD |
| 客户峰值需求 | 个 | 2600 | 1400 | 200 | PD |
| 客户最大订单 | 个 | 40 | 40 | 40 | OS |
| 重订货期 | 天（s） | 4（345600） | 6（518400） | 18（1555200） | RP |
| 其他要素 | ??? | 不适用 | 不适用 | 不适用 | 不适用 |

通过这些数据，现在可以计算重订货期的库存限额。公式 38 显示了红色车轮的计算结果，注意保持单位的一致性。

$$I_{Max,Red} = \frac{TI + LT + BD + RP_{Red}}{TT_{Red}} + (OS_{Max,Red} - 1) + PD_{Red} + S$$

$$= \frac{18000s + 345600s + 259200s + 345600s}{64.8\frac{s}{个}} +$$

$$(40 个 - 1 个) + 2600 个 + S$$

$$= 17583 个 + S$$

公式 38：计算红色车轮的库存限额

表 32 列出了重订货期计算示例结果，显示了所有颜色车轮有无安全系数的库存限额。由于订购的车轮是 40 个一箱，所以加上安全系数的库存限额最好是 40 的倍数。由于重订货期法对波动更敏感，安全系数的选择可偏大一些。

但即使考虑较低的安全系数，所有重订货期系统的库存限额还是比重订货点系统的要高。

表 32：重订货期计算示例结果

| 颜　　色 | 无安全系数的库存限额（车轮)/个 | 安全系数（车轮)/个 | 有安全系数的库存限额（车轮)/个 | 安全系数（%） |
|---|---|---|---|---|
| 红色 | 17583 | 817 | 18400 | 4.4 |
| 蓝色 | 8483 | 717 | 9200 | 7.8 |
| 黄色 | 911 | 169 | 1080 | 15.6 |

在本例中，重订货期库存要比重订货点库存高出不少，即便我们选择的安全系数也不算大。对于高频生产的红色和蓝色车轮，重订货期的库存限额要比重订货点高约12%；对于非常规的黄色车轮，需要多出近30%的库存，见表33。

表 33：重订货点和重订货期库存限额对比

| 颜　　色 | 有安全系数的重订货点库存限额（车轮) | 有安全系数的重订货期库存限额（车轮) | 差异（%） |
|---|---|---|---|
| 红色 | 16320 | 18400 | 12.7 |
| 蓝色 | 8200 | 9200 | 12.2 |
| 黄色 | 840 | 1080 | 28.6 |

两种方法的区别是，在重订货点法中，只有补货时间的波动需要用库存来缓冲；对于重订货点法，只需要通过改变订单之间的时间，就可以隔离订单之间时间的波动。重订货期法则有一个固定的订货期，需要覆盖这一时期的波动。由于重订货期系统需要较高的库存，或存在更高的缺货风险，**我更喜欢重订货点这种方法**。

### 8.4.3　重订货点和重订货期组合的注意事项

如果你还是决定采用重订货点和重订货期的组合系统，那么上述的各个计算方法依然成立。但在设置重订货期和库存限额时，应使系统不容易频繁触发重订货点。如果你的组合系统经常达到重订货点，那么系统就失去重订货点的微弱优势，你仍要为维护一个双重系统付出更多的代价。因此，对重订货期的计算应该包括一个相对高的安全系数，这将进一步增加你的库存。**如果条件允许，还是避免这种组合系统。**

# 8.5　优势

与看板系统相比，重订货点系统有一个明显的优势，其订购频率要低得多，因此**订货的工作量要少得多**。当然，这也取决于你所选择的重订货点和库存限额，也可以设计一个重订货点系统，让其表现出与看板系统一样的行为。

另一个优点是，它是一个**相对简单的系统**。不需要看板收集盒，也不需要打印看板、移动看板、创建排序等，以及看板、CONWIP 或 POLCA 所需的其他内容，只需监控库存并在适当的时候触发订购，这些工作很适合由 ERP 系统完成。

# 8.6　劣势

重订货点及其相关方法也有一些缺点，但**所有这些缺点都可以通过调低库存限额和更频繁地补货来弥补**。

## 8.6.1　更高的库存

订货频次的减少是有代价的——**增加库存**。增加的幅度取决于订货的频率，或重订货点和库存限额之间的差值。想象一下，如果你把重订货点直接设置为库存限额，那么只要消耗一个零件，系统就会触发订购一个零件。在这种情况下，该系统的工作方式类似于批量为 1 的看板系统。**但随着订货频率的降低，库存也会增加。**

库存的增加造成了后续的一些不利因素，会产生**库存持有成本**，系统中的零件被消耗的**提前期增加了**，零件会老化和失效。简单地说，只要是和库存相关的弊端，这边都会有。

## 8.6.2　更慢的信息流

因为在订货前需要等待，所以**放慢了信息流**。在看板系统中，每当客户取料时，需求信息就会被迅速传输到供应工序。在重订货系统中，只有达到重订货点（或重订货期），信息才会转发给供应商，这会造成信息流延迟。

## 8.6.3　更大的波动

该系统还会**增加波动**。假设你有一个完美的客户，没有任何波动，像时钟一样，每个节拍订购一个零件。如果系统设置了一个很高的库存限额，你的供应商就会收到一个很大的订单。因此，重订货系统的大订单和低频订单，会给供应商增加波动。请注意，**所有这些缺点都可以通过调低库存限额来缓解**。

# 8.7 常见问题

## 8.7.1 什么时候应该使用重订货系统

由于重订货点会填满同一零件的库存，它只适合于按库存生产和按库存发货的系统，不适用于按订单生产和按订单发货的系统。重订货点最常见的使用场景是标准物品按库存发货的方式。重订货系统会增加价值流的波动，所以它适合于对波动增加不敏感的系统。例如，你一次订购 500 支蓝色圆珠笔，可能不会给文具供应商带来什么问题，因为他们无论如何都需要备有成千上万支的库存。

由于这种系统订单的"批量化"，通常不建议将其用于管理小批量生产为主的供应系统，除非重订货系统也使用小的订单（即重订货点和库存限额之间的差值小）。如果重订货系统放慢了信息流来形成大订单，供应系统需要均衡生产，把来自重订货系统的大批量转换为小批量。当然，这些问题都可以通过较小且较频繁的订单来避免。

例外的情况是，供应系统本身出于换型时间的考虑需要批量大的订单，用大订单来减少换型损失。在这种情况下，重订货点和库存限额之间的差值应与对应零件所需的批量相匹配。当然，更优的方案是优化换型时间，然后减少批量。

由于重订货系统通常也使用计算机系统来管理，库存和订单通过数字化跟踪将有助于管理工作。如果订货频率太低，重订货系统的库存会增加。这不是好事，特别是对于大件、昂贵或容易出质量问题的物品。但是，即使这种情况，只要订货频率足够高，依然可以放心使用重订货系统。**订货的频率越高，库存就越低**。

## 8.7.2 应该选择哪种重订货系统

在这里，**我个人倾向于使用重订货点法**。这个系统通过调整订货的频率来灵活地适应需求的变化。如果你真的想使用重订货期法，也是可以的，但这对我来说并非首选。应避免组合系统，绝对要远离定时定量的系统，这个系统非常糟糕，甚至不是一个拉动系统。

### 8.7.3　如果库存经常不足怎么办

如果经常出现库存不足的情况，如图 142 所示，那么你的重订货点设置得太低。可以提高重订货点（以及相应的库存限额），或者尝试找出交货延迟的原因，并尝试减少交货延迟，当然解决后者更困难、更耗时。这两种方法对重订货期法也适用，不过对于重订货期系统，还可以增加订货的频率，缩短重新订货的时间间隔。

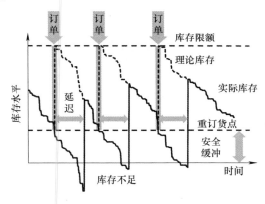

图 142：重订货点设置太低

### 8.7.4　可以只追踪所有型号的零件总数吗

绝对不行！**需要分别计算和跟踪所有型号的零件**，只有这样才知道要订购哪种型号的零件。无论如何都不能只对整个库存的总数进行重订货计算，而忽略了零件的多样性。这样做是完全行不通的，你会在某些零件消耗完的同时，发现有太多的其他不需要的零件。

### 8.7.5　应该在达到重订货点还是低于重订货点时订购

触发订货有两种可能性，一种是可以跟踪库存直到达到重订货点时再订货（库存≤重订货点），另一种是可以在库存低于重订货点时再订货（库存<重订货点）。这两种方式对重订货点和库存限额的计算会产生轻微的影响。我建议在达到重订货点时就订货，这对操作员来说更直观，而且当操作员对这种情况不确定时，到达重订货点就订货的方式风险会更低，但两种方式都是可行的。

# 第 9 章
# 鼓-缓冲-绳

鼓-缓冲-绳（drum-buffer-rope，DBR）法起源于高德拉特博士的名著 *The Goal*[74]，尽管它后来才在 *The Race*[75] 中得名。在 *The Goal* 中，高德拉特罕见地将管理科学与浪漫小说组合起来。作为一本爱情小说，里面的故事很平庸；作为一本管理科学书籍，它收集了丰富的智慧和出色的建议。这是为数不多的一本几乎所有人都能读懂的管理科学类书籍。如果你正在寻找一本与生产管理相关的书籍，在我看来，弗雷迪和迈克合著的 *The Gold Mine：A Novel of Lean Turnaround*[76] 更值得推荐。如果你想了解关于鼓-缓冲-绳更详细的技术解释，我会推荐 *Goldratt's Theory of Constraints*[77] 或 *Theory of Constraints Handbook*[78]，尽管后者不易读懂。

---

74　Eliyahu M. Goldratt and Jeff Cox, *The Goal：A Process of Ongoing Improvement*, 2nd revised ed. North River Press, 1992, ISBN 0-88427-178-1.

75　Eliyahu M. Goldratt and Robert E. Fox, *The Race* Croton-on-Hudson, New York, USA：North River Press Inc., 1986, ISBN 978-0-88427-062-1.

76　Freddy Balle and Michael Balle, *The Gold Mine：A Novel of Lean Turnaround* Brookline, Massachusetts, USA：Lean Enterprises Inst Inc, 2005, ISBN 978-0-9743225-6-8.

77　H. William Dettmer, *Goldratt's Theory of Constraints：A Systems Approach to Continuous Improvement* Milwaukee, Wisconsin, USA：McGraw-Hill Professional, 1998, ISBN 978-0-87389-370-1.

78　James F. Cox and John G. Schleier, *Theory of Constraints Handbook* McGraw-Hill Professional, 2010, ISBN 0-07-166554-4.

# 9.1　基本原理

鼓–缓冲–绳法与 CONWIP 有很多相似之处，尽管**瓶颈在鼓–缓冲–绳系统中起着核心作用**。鼓–缓冲–绳法适用于按订单生产的系统，也适用于按库存生产的系统，但匹配性并不好。鼓–缓冲–绳系统示例如图 143 所示。

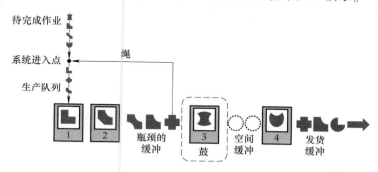

图 143：鼓–缓冲–绳系统示例

*The Goal* 描述了一个有关鼓–缓冲–绳法的例子：主人公如何在不同男孩以不同速度行军的情况下保证队伍团结在一起，以便管理童子军的外出活动。最初的解决方案是让最慢的童子军赫比走在最前面，并禁止所有其他人超过他，同时让赫比减轻背包重量，以便他能走得更快。

后来发现了更好的方法：不让赫比走在前面，但在最前面的人和赫比之间增加了一根绳子，防止赫比落队和这群人被分开，赫比后面的人也不允许超过他，如图 144 所示。

图 144：*The Goal* 中的鼓–缓冲–绳法示例

通过模仿童子军行军的方法，为工厂创造了鼓–缓冲–绳法。鼓是瓶颈，定义了系统的整体速度，系统的速度不能超过鼓的速度。

鼓是最慢的人，绳子延伸到队伍中的第一个人，其行走速度不能超过鼓。

缓冲是鼓或瓶颈与他前面的那个人之间的自由空间。这使得瓶颈（赫比）在前面的人暂时慢下来（如系鞋带）时还可以继续行走。

行军的例子很好理解，如果把这个方法扩展到生产系统，还需要相当多的想象力。我们需要记住一点，这个例子中的人是过程，而不是零件，零件实际上是所覆盖的地面。在图 144 中，人从左向右走，但覆盖的地面（零件）会从右向左移动，物料流看起来更像图 145。

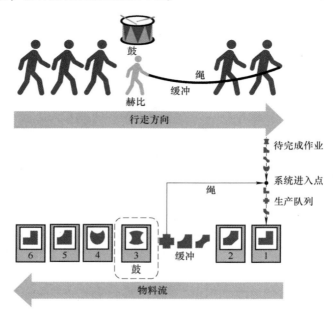

图 145：鼓−缓冲−绳法示例与生产过程中的物料流对比

让我们按照生产中的习惯，将物料流调整为从左向右，如图 146 所示。在生产过程中，鼓仍然是瓶颈，缓冲是瓶颈上游的物料，必须确保鼓永远不会缺料。绳是从瓶颈前面的缓冲到系统进入点的一个信号。如果鼓在加工零件，缓冲队列就会向前移动，绳就会发出信息给系统进入点，将待完成作业中的下一个作业释放到生产队列中。

物料被取走的信号，就是释放新作业的信号，我们似乎听说过非常类似的内容：是的，CONWIP！鼓−缓冲−绳类似于 CONWIP，只是最后的库存在瓶颈工序之前。每当有零件从库存中取出时，信号就会通过绳发送到生产线的起点，将待完成作业中的下一个作业释放到生产队列中。图 146 所示的鼓−缓冲−绳系统与图 147 所示的 CONWIP 系统非常相似，鼓−缓冲−绳系统只管理瓶颈上游的工序，包括瓶颈在内的下游工序不在拉动系统循环内。鼓–缓冲–绳法的根本问题是它假设瓶颈不会转移。而在现实中，大多数系统中的瓶颈都会发生变化。

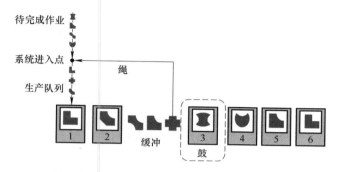

图 146：物料流从左向右的鼓–缓冲–绳系统，与人行走的示例相反

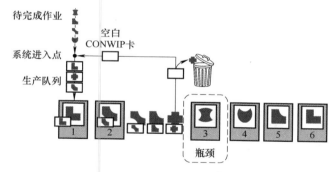

图 147：鼓–缓冲–绳系统与 CONWIP 系统相似处

## 9.2　变型

我只知道鼓–缓冲–绳的一种变型，这个变型被称为**简化鼓–缓冲–绳**，与普通的鼓–缓冲–绳非常相似。简化方法的关键是假设市场或客户是最大的瓶颈，因此鼓在价值流的末端，也就是默认系统总有足够的产能来满足客户需求，绳则横跨整个系统，如图 148 所示。

只要客户始终是瓶颈这个假设是成立的，这个系统就可以正常运转。然而，它会遇到与普通的鼓–缓冲–绳系统一样的问题——现实中的瓶颈很少是固定不变的。另外，在价值流中只设计一个大循环是有风险的，而把系统分成多个较小的 CONWIP 循环更容易管理，这在第 11 章会有详细介绍。

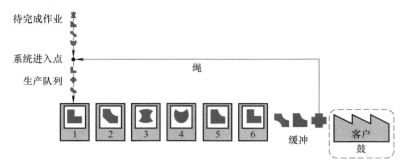

图 148：简化鼓–缓冲–绳系统示例假设客户是瓶颈

# 9.3 要素

图 143 中已经显示了鼓–缓冲–绳的关键要素。该系统包含了命名中已有的三个要素，还有一个待完成作业和一个系统进入点（通常也称为"物料释放点"）。

## 9.3.1 鼓

鼓是系统中的瓶颈（即对物料流动限制最大的工序）。这听起来很简单，但这其中有两个问题。首先，瓶颈在哪里？**如果瓶颈固定不变，这很简单。不巧的是，在现实中，瓶颈几乎总是在变化**。这就引出了我们的第二个问题：如何处理变化的瓶颈。让我们首先定义一下瓶颈：

瓶颈是影响整个系统产出的工序。影响越大，瓶颈就越严重。[79]

寻找不断变化的瓶颈是件很困难的事情。这是我的研究领域之一，我研发了两种实际可行的方法，并在行业中使用。第一种方法是**活跃期法**，它着眼于每次等待时间之外的活跃时间（等待通常由于工序被阻断或缺料），活跃期最长的工序就是当前的瓶颈，这也可能随着时间的推移而改变。[80] 活跃期法非常精确，但需要大量的数据。

第二种方法是**瓶颈观察法**，它仍然很精准，需要的数据也很少，不需要数

---

[79] Christoph Roser et al., *Bottleneck Prediction Using the Active Period Method in Combination with Buffer Inventories*, in *Proceedings of the International Conference on the Advances in Production Management System* International Conference on the Advances in Production Management System, Hamburg, Germany, 2017.

[80] Christoph Roser, *Mathematically Accurate Bottleneck Detection 1-The Average Active Period Method*, in *Collected Blog Posts of AllAboutLean. Com 2014*, Collected Blog Posts of AllAboutLean. Com 2 Offenbach, Germany：AllAboutLean Publishing, 2020, 133-36, ISBN 978-3-96382-010-6.

学计算或秒表，只要沿着生产线走走看看就可以完成。一个正在等待物料的工序会指向上游的瓶颈，一个被阻断的工序则会指向下游的瓶颈。同样地，相对满的库存指向瓶颈在库存下游，相对空的库存指向瓶颈在库存上游。只要有足够的指向性，你就能找到瓶颈。[81]

**处理不断变化的瓶颈时需要经常移动鼓，这是问题所在。** 这需要经常改变鼓-缓冲-绳的信息流布局。在高德拉特看来这不是一个问题，但我认为这不可行。

## 9.3.2 缓冲

在这个系统中，实际上有三个相关的缓冲。首先，在鼓前面有一个缓冲，这被称为**约束缓冲**，因为它能保护鼓不被清空。由于这个缓冲通常是满的，它也因为增加了系统的提前期而被称为时间缓冲。

第二个缓冲是在鼓之后，这被称为**空间缓冲**，因为它通常是空的。有些文献省略了这个缓冲，但这个缓冲能够防止鼓被下游工序堵塞。

最后，在客户面前有一个缓冲，这被称为**运输缓冲**。这个缓冲是防止物料流中断的。所有缓冲的作用都是对波动进行隔离。在鼓的一前一后的两个缓冲都保护了鼓这个瓶颈，同时我也建议在整个价值流中增加较小的缓冲，以防止在其他非"鼓"的工序出现较小中断，特别是这些中断可能会累积成约束缓冲和空间缓冲也无法处理的重大系统中断。

## 9.3.3 绳

绳是用来控制物料流的一种机制，其原理与看板或 CONWIP 非常类似，只不过绳不跟踪数量，而是跟踪**工作负荷**。跟踪数量要容易得多，跟踪工作负荷则更准确。在我看来，跟踪工作负荷的工作量大但收益不大，因此我通常会倾向于选择跟踪数量。

总之，绳是一种跟踪系统起始点和鼓之间目前有多少工作负荷的数字系统。每当有一项作业离开鼓时，相应的工作负荷被释放出来，添加到可用的工作负荷池中。如果工作负荷池中的可用负荷足以启动待完成作业中下一个作业，那么这个作业就会进入生产队列。因此，它与第 6.2.6 节中限定工作负荷的 CONWIP 系统非常相似。

---

[81] Christoph Roser, *The Bottleneck Walk-Practical Bottleneck Detection Part 1*, in *Collected Blog Posts of AllAboutLean. Com 2014*, Collected Blog Posts of AllAboutLean. Com 2 Offenbach, Germany：AllAboutLean Publishing, 2020, 142-48, ISBN 978-3-96382-010-6.

### 9.3.4　待完成作业

待完成作业是一个按优先顺序排列的等待产能的作业列表。在功能上，它与第6.3.4节中描述的CONWIP待完成作业几乎相同，包括优先级。唯一不同的是，需要知道完成作业所需的负荷，以便与绳释放的可用负荷相匹配。如果想通过鼓–缓冲–绳法来实现按库存生产，还需要单独管理按库存生产系统的库存数量。因此，鼓–缓冲–绳法更适用于按订单生产。

### 9.3.5　系统进入点

系统进入点与CONWIP的系统进入点非常相似，如第6.3.6节所述。这里是决定释放作业进入生产队列的地方，作业应该具备所需的材料，或者材料能够在生产前及时到达。**一旦可用的工作负荷超过待完成作业中第一个作业所需要的工作负荷，这个作业就会被释放**。作业释放后，对应的工作负荷就被从可用工作负荷池中移出并分配给该作业。作业完成后，工作负荷又被重新释放，通过绳再次返回系统进入点。

## 9.4　计算方法

鼓–缓冲–绳的目标与CONWIP类似，它想让**系统保持良好的利用率，同时又不让库存数量失去控制**。因此，它背后的数学原理与第6.4节的CONWIP有些类似。主要区别在于，限制的不是作业的数量，而是系统中的工作负荷。与CONWIP类似，我也建议进行估算，而不是详细的数学计算。

## 9.5　优势

与所有的拉动系统一样，鼓–缓冲–绳**限制了库存**，旨在防止系统过载，绳又是**释放作业的信号**。因此，鼓–缓冲–绳是一个类似看板或CONWIP的拉动系统，优于传统的推动系统，至少在有绳覆盖的价值流部分有拉动系统的优势。

鼓–缓冲–绳的另一个优势是**使用工作负荷而不是数量来衡量系统中的作业**。根据系统中工作的小时数，绳会决定是否释放新作业进入系统来进行生产。相比之下，看板或CONWIP系统通常只计算工件数量。

在我看来，如果是大规模生产，计算件数也是可行的。从另一个角度看，如果是产品间所需的工作负荷差异过大，如异序作业，那么限制工作负荷的方法会更有帮助。不过，测量各产品的时间（工作负荷）比简单地计算各产品的数量要更难。不管何种情况，如果有必要，看板和 CONWIP 系统都可以被调整为衡量工作负荷，从而获得与鼓–缓冲–绳系统相同的优势和复杂性。

# 9.6　劣势

在我看来，鼓–缓冲–绳的缺点也不少，除非你已经成功地实施了这个方法，否则我不建议使用鼓–缓冲–绳系统。

## 9.6.1　假设瓶颈固定且已知

鼓–缓冲–绳的主要基本假设之一是**有个固定的瓶颈**，以及**瓶颈的位置是已知**的第二个假设。根据我的经验，找瓶颈往往很困难，即使已经能够确定瓶颈位置，它也在频繁地转移。瓶颈转移就意味着鼓在不同的时间处于不同的位置，每次瓶颈转移时，整个系统都要重新计算和调整，如图 149 所示。很明显，这种方法对瓶颈经常变化的系统来说是行不通的。

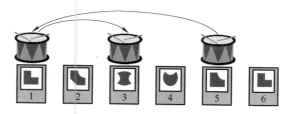

图 149：转移瓶颈将转移鼓–缓冲–绳中的鼓

据高德拉特称，这在实践中不是一个问题，但高德拉特在证明其主张时往往不那么严格，外界对他的方法也有很多质疑。[82,83,84,85,86]

82　Alexandre Linhares, *Theory of Constraints and the Combinatorial Complexity of the Product-Mix Decision*, *International Journal of Production Economics*, Modelling and Control of Productive Systems：Concepts and Applications，121，no. 1 September 1，2009：121-29.

83　Dan Trietsch, *Why a Critical Path by Any Other Name Would Smell Less Sweet? Towards a Holistic Approach to PERT/CPM*, *Project Management Journal* 36 2005：27-36.

84　Christoph Roser, *"Faster，Better，Cheaper" in the History of Manufacturing：From the Stone Age to Lean Manufacturing and Beyond*, 1st ed. Productivity Press，2016，ISBN 978-1-4987-5630-3.

85　Dan Trietsch, *From Management by Constraints（MBC）to Management by Criticalities（MBC II）*, *Human Systems Management* 24 January 1，2005：105-15.

86　Adam Lazarski, *Limitations of the Theory of Constraints and Goldratt Concept in Optimizing Project Portfolios*, *ODiTK*，2010，https://www. akademiacontrollingu. pl/article/limitations-of-the-theo-ry-of-constraints-and-goldratt-concept-in-optimizing-project-portfolios/.

我认为，在大多数制造系统中，不断变化的瓶颈不是例外，而是常态。简单地假设一个固定的瓶颈会导致很多问题。约束理论也没有提供任何好的方法来寻找瓶颈。当然，增加缓冲区的大小会减少转移，但也会导致更高的库存，这反过来又带来许多令人不快的副作用。

## 9.6.2 忽视瓶颈堵塞问题

鼓-缓冲-绳明确地在鼓前面放置一个缓冲，以防缺料（即缓冲用于防止鼓的物料耗尽）。然而，许多资料完全**忽略了鼓被下游工序堵塞的可能性**，这同样可能导致瓶颈停机。虽然瓶颈之后的缓冲通常接近于空，但还是有必要提供缓冲空间，以防下游工序出现问题，堵塞瓶颈。如果你想使用鼓-缓冲-绳这种方法，要确保在瓶颈下游有足够的缓冲空间。

## 9.6.3 只在价值流的一段有拉动

鼓-缓冲-绳控制了鼓前面的缓冲，而且还控制了瓶颈上游的整个库存。**对于瓶颈之后的价值流却很少考虑或根本没有考虑**。这不仅包含紧随其后的缓冲空间，还一直延续到客户的那部分价值流。因此，整个系统的库存是不受限制的，虽然瓶颈之后通常是空的，但在某些情况下仍然可能导致生产过剩。再加上不断变化的瓶颈，下游库存很有可能会时不时地失去控制。

## 9.6.4 默认只有一个拉动循环

鼓-缓冲-绳**在瓶颈和第一道工序之间只有一个大循环**。我们有很多理由使用一个以上的循环，如节拍的差异、物料流的合流或分流或系统自身的极限，详见第 11 章。

总之，鼓-缓冲-绳被证明比其他拉动系统的性能要差。[87,88,89] 与鼓-缓冲-绳相比，看板或 CONWIP 系统更灵活，控制效果更好。

---

[87] Mabel Qiu, Lawrence Fredendall, and Zhiwei Zhu, *TOC or LP?*, *Manufacturing Engineer* 81, no. 4 August 1, 2002: 190-95.

[88] Alexandre Linhares, *Theory of Constraints and the Combinatorial Complexity of the Product-Mix Decision*, *International Journal of Production Economics*, Modelling and Control of Productive Systems: Concepts and Applications, 121, no. 1 September 1, 2009: 121-29.

[89] Dan Trietsch, *From Management by Constraints* (*MBC*) *to Management by Criticalities* (*MBC II*), *Human Systems Management* 24 January 1, 2005: 105-15.

## 9.7　常见问题

### 9.7.1　应该使用鼓–缓冲–绳法吗

非常好的问题。我个人认为它**不如看板或 CONWIP**，尽管它衡量的是实际工作负荷而不是简单的数量。但对瓶颈的要求太过严格，根据我的经验，绝大多数的生产系统都会有变化的瓶颈。

此外，作为约束理论的一部分，鼓–缓冲–绳常被用于各行业中，许多使用者声称它确实有帮助，提高了生产系统的性能。因此，我的建议是：**如果你已经使用了鼓–缓冲–绳，并且有效，那就继续使用它**！但是，请忽略只有一个大循环的限制，这个循环也只在瓶颈前结束，因为这会显著降低系统整体的性能。**如果还没有使用该系统，请继续考虑使用看板或 CONWIP**，如果实施得当，它们也能发挥作用，帮你改善生产系统。

### 9.7.2　可以固定瓶颈吗

鼓–缓冲–绳的一个问题是变化的瓶颈。在理论上，你可以通过让一个工序明显慢于其他工序来避免这个问题。这将迫使该工序几乎始终是瓶颈，不再移动。

然而，这也会产生巨大的低效率。瓶颈上游的工序总是等待瓶颈清空上游物料，瓶颈下游的工序将总是等待瓶颈产出所需物料。整个生产线被有意设计的不平衡——除了瓶颈，其他所有工序出现很多等待。**我很犹豫，是否要故意创造这样一个不平衡的生产系统，引入许多人为的浪费**。

可能会有一些例外，即瓶颈是最大和最昂贵的设备，管理层对这些昂贵设备的高效利用很重视。常见的例子是造纸厂或铸造厂，在这些地方，巨大的主设备在规模和投资上往往使其他工序相形见绌。但是，对于大多数系统来说，我相信强行设置某个工序成为瓶颈，带来的问题会更多。

### 9.7.3　它真的是一个拉动系统吗

我把鼓–缓冲–绳列为拉动系统。它不是限制库存，而是限制工作负荷，绳是作业释放的信号，这使得鼓–缓冲–绳成为一个拉动系统。然而，根据鼓–缓冲–绳的类型，拉动循环只从瓶颈（鼓）向上游延伸，鼓下游的任何工序不再有库存限制。因此，鼓-缓冲-绳只是在鼓的上游是一个拉动系统。

　　鼓的下游是一个推动系统，物料允许堆积。如果鼓真的是瓶颈，那么这种情况就不太可能发生，因为无论如何，瓶颈下游的所有工序都会缺料等待，但瓶颈的转移或系统中的变化如果不能通过转移鼓来反馈，会导致物料在鼓的下游堆积。因此，鼓-缓冲-绳只是一个部分拉动系统，因为工作负荷只在鼓的上游受到了限制。

# 第 10 章
# 制造业之外的拉动系统

本书描述的拉动系统，主要关注于制造领域，**但拉动的理念并不局限于制造业**，还有许多行业，如医疗、行政、研发等也可以使用拉动系统。本章将提供一些制造领域以外应用拉动系统的案例，当然本书不会对这些案例做面面俱到的解释。

所有需要用到物料采购的非制造系统都可以使用拉动来供应按库存订货（order-to-stock）的物料。任何看板系统或重订货系统都适用于供应频繁被消耗的物料。仅有那些定制的物料才不用拉动系统来控制，通常需要时再订购，这也与制造系统相似。

下面介绍一些在不同行业如何使用拉动系统的想法和示例。阅读这个章节或许能给你一些启发，这些想法经常能拓宽思路，有助于解决不同行业中的类似问题。

## 10.1  医疗行业

医院里的物料流和患者流可以通过拉动系统来管理。如第 2.2 节所述，拉动是指限制医院系统中的医疗用品数量或就诊患者的数量，并设置相应的补充或释放信号。

## 10. 1. 1　一次性使用的医疗用品

　　医院内经常用到的医疗用品有药物、绷带、防护设备、消毒剂、湿巾、一次性医疗器械等，这些都可以使用看板或重订货点轻松管理。可以通过运输看板和循环取货从中央仓库向不同科室分发这些物品。对系统的安全系数需要格外注意，关键药物缺货可能会导致患者病情加重甚至死亡。这里又需要权衡库存成本和缺料的影响，但在医疗行业，缺药的后果很可能是致命的。

　　医疗行业也有类似于制造业的流程。一些药物和医疗用品是按患者病情的需要而准备的。一些医生在手术室里会有一套自己定制的手术工具，这些工具都会事先放在一起，使用前必须进行消毒。这些物品可以按库存生产，也可以按订单生产。当然，也可以使用传统制造业中用于按订单生产和按库存生产的拉动系统。鉴于医疗用品缺货带来的严重性，**对于按库存生产的物品，更需要确保物料供应的高可靠性，而不是库存持有成本。同样地，对于按订单生产的物品，更需要关注物品的交付时间，而不是利用率。**

## 10. 1. 2　多次使用的医疗用品

　　医疗行业也有些特殊的过程，医疗用品在循环中不停地周转。有些工具仪器是可重复使用的，如手术器械、内窥镜、床单、呼吸器或其他多用途物品，但每次使用后都需要消毒、清洁、包装、充电等。这些用品本身就是按照拉动系统补料的，这种拉动系统的库存限额就是循环中的用品数量，医疗用品本身就是看板，而且这种**多次使用的物品通常遵循按库存生产**，这有助于它们的管理。

　　但是，设计这种拉动循环会有些复杂。以止血钳为例，医院有一个带高压灭菌器的集中灭菌科室，为其他所有科室（如手术室）提供灭菌服务。灭菌后的止血钳类似于附有看板的零件，使用过的止血钳就是看板的回流，表示需要重新补货。

　　拉动循环可以有几种不同的方式，可以分别为灭菌室和每个手术室建立其单独的循环。要做到这一点，只能交出使用污染过的止血钳更换灭过菌的止血钳，这是不切实际的，如图 150 所示。

　　另一种方式是，在灭菌室和每个手术室之间建立单独的循环，如图 151 所示。这种解决方案也不好，因为止血钳只能在特定的循环中使用，这不够灵活。

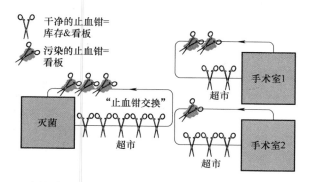

图 150：有缺陷的医院止血钳管理系统，每个科室都有独立的循环

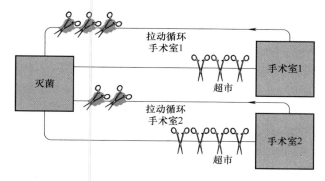

图 151：有缺陷的医院止血钳管理系统，每个终端科室都与供给
科室之间有独立的循环

最好的方式可能是嵌套循环。每个部门都有自己的循环，包括超市，类似于运输看板。这个循环需要有一个足够高的库存，以确保随时有干净的止血钳可用。灭菌室本身没有一个明确的循环，所有返回的止血钳都会被灭菌，并被放到一个随时可供取用的干净库存区。但是，这个库存区不是超市，如果一个干净的止血钳被取走，它不会释放一个补货的信号。如果没有信号，它就不能算是拉动系统中的超市，而只是"近似超市"。尽管如此，使用过的止血钳信号最终会回来，但必须在经过下游的工序（手术室）之后才回来，这个嵌套系统如图 152 所示。

无论如何，该系统限制了循环中止血钳的总数。尽管类似补货信号不常见，但也存在着补货信号，因此这个系统属于拉动系统。在灭菌室和所有终端手术室之间，库存限额就是医院止血钳的总数，任何回来的污染过的止血钳都是触发灭菌室工作的信号。

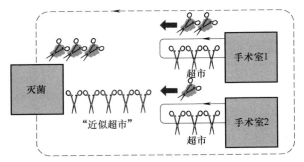

图 152：带有嵌套循环的医院止血钳供应示例

此外，为了便于管理，不管实际消耗了多少止血钳，手术室都要最大限度地填满超市的库存。每当手术室从超市中取用一个止血钳，就应触发补充止血钳的信号。这可以通过循环取货的运输看板来完成。如果只有当污染过的止血钳返回时才允许消过毒的止血钳补进超市，就会限制系统的灵活性。

总之，在止血钳的重用循环中，总库存是受限制的，同时也有补货信号。否则，止血钳可能会堆积在某个地方，导致手术室没有干净的止血钳可用。

确保有足够多的止血钳填满所有超市，覆盖返回途中及消毒中的数量。手术室超市中的止血钳和循环流转中止血钳的总数量都需要明确定义，还需要定期检查系统中的止血钳数量，看看是否有缺失。这与在第 13.1 节中介绍的检查缺失的看板类似。

## 10.1.3 就诊患者

首先医院里的就诊患者是一种特殊情况，他们既是"产品"又是客户。实际上，医疗更像是一种服务，由医生为患者提供服务。对于这样的拉动系统，会有多种复杂情况，尤其是**很难限制患者的数量**。如第 2.6.1 节所述，这是对患者使用拉动系统的主要困难点。

第二，**让零件无限期等待没有问题，但患者却不行**。让他们等待太久，他们会抱怨，病情可能会加重，严重时甚至可能导致死亡。如果让他们重新预约，他们可能会错过时间，而且多次就诊对患者的经济负担也很大。因此，对患者来说，这种及时性的需求也是非常重要的。

但在这里，也可以使用拉动，你需要将刚进入医院的患者流与已经进入医院系统的患者流隔离开来。实际上，你会让（部分）患者等待，当然也不是所有的患者都可以等待，必须根据紧急程度来确定患者的优先次序。对于制造系统，我通常不建议有超过两个级别的优先级（紧急和正常），但医疗系统是个例外，强烈推荐采用多个优先级别，这也被称为分流。图 153 所示为具有明确的标准和四个优先级的分诊（分流）系统，不同的医院使用的优先级可能有所差别。[90]

| | 1 红色<br>急救<br>0min | 2 橙色<br>紧急<br>15min | 3 黄色<br>不太紧急<br>60min | 4 绿色<br>不紧急<br>180min |
|---|---|---|---|---|
| 呼吸 | 气道阻塞<br>喘鸣 | 气道有危险 | | |
| 血氧饱和度<br>(SpO₂) | <80 | 80～89 | 90～94 | ≥95 |
| 呼吸速率 | <8或>35 | 31～35 | 26～30 | 8～25 |
| 心率 | >130 | <40或121～130 | 40～49或111～120 | 50～110 |
| 收缩压 | <80 | 80～89 | | |
| 格拉斯哥<br>昏迷评分 | <8 | 9～13 | 14 | 15 |
| 体温 | | <32或>40 | 32～34或38.1～40 | 34.1～38 |

图 153：具有明确的标准或四个优先级的医院分诊系统，基于 Barfod 论文[91]

大多数医疗机构的复杂情况是，**患者在系统中的流动类似于一个异序作业**。一些医疗机构可能更像一个流水作业，特别是专门从事某种特定类型疾病治疗的，如眼部激光手术或整形手术。但对于规模较大的综合医院来说，患者会在医院内的不同科室之间流动，很少有重复，图 154 所示为患者通过医院不同科室的路径示例。异序作业一般比流水作业更难管理。

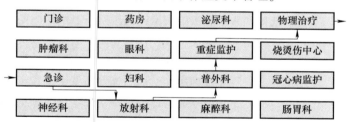

图 154：患者通过医院不同科室的路径示例，这实际上是异序作业

此外，患者通过医院内的路径往往难以事先确定和计划，患者在每个科室停留的时间也有不确定性。根据对患者的诊断结果，医生可能还要更改患者的

---

[90]　这不可避免地会引起凯伦的抱怨，"偏头痛等了两个多小时了，而刚刚进来的那个到处流血的人却马上得到了治疗！"

[91]　Charlotte Barfod et al. , *Abnormal Vital Signs Are Strong Predictors for Intensive Care Unit Admission and In-Hospital Mortality in Adults Triaged in the Emergency Department-a Prospective Cohort Study*, *Scandinavian Journal of Trauma*, *Resuscitation and Emergency Medicine* 20, no. 1 April 10, 2012：28.

检查计划。在最坏的情况下，患者死亡，后续的预约都可以取消，但这又会让医院停尸房忙碌起来。

同样的，**患者看病就像按订单生产的情形。**"每个患者都不同"是医生的陈词滥调，但这的确是事实。即使现在许多医生都很专业，但患者的年龄、体重、性别、病史等方面有许多不同，使标准化的治疗变得困难。即使有可能标准化，你也不能事先做几个阑尾切除术，让患者来的时候有库存可以使用。

最后，在制造业中，操作员工（在某种程度上）习惯于遵守管理层下达的命令，但在医疗行业却不是这样。医生们**通常对医院应该如何运作有自己的见解**。随便乱指挥"白衣天使"就是自找麻烦，想尝试说服他们，更不容易。例如，手术室等有限资源的分配往往是一个策略性权力问题，而不是基于实际的需要。一些医院成功地将患者管理与治疗严格分开。患者的流动由拉动系统管理，而治疗则由医生自主选择。

要解决所有这些问题，患者管理就变得非常具有挑战性。在某些情况下，拉动系统会自然而然地形成。例如，患者数量受到物理空间的限制，如医院床位、重症监护床位、手术室和其他只够一个患者使用的医疗设备。患者数量不能多于床位数，床位少，则床位的利用率高，但床位多，医院又可以更好地处理峰值需求，只要有床位，医院就可以接收新的患者。

实际上，良好的"床位管理"对于将患者分配到正确的病区是非常重要的。现实中，患者被安排到错误病房的情况远比医院自己承认的要多。我曾经在一家日本医院与九位老年妇女同住一晚，仅仅是因为医院在入院单上把我的性别写错了。虽然他们看了我一眼后，这个误解很快就消除了，但此时男性病房已满，使我尴尬地被迫住在女性病房，对那九位女患者来说甚至更尴尬。

与住院治疗不同，在非住院治疗或门诊治疗中，患者是在家里或候诊室中等待。对于医疗机构来说，有多少患者在家里等待预约，其实并没有任何限制。只是这往往会造成非常长的候诊时间，病人付出的则是时间和痛苦的代价。

总之，安排患者是一项极其复杂且困难的工作，类似于异序作业中的生产计划。有很多关于医疗行业的文献，这超出了本书的范围。[92,93] 我自己很喜欢

92  Mark Graban, *Lean Hospitals: Improving Quality, Patient Safety, and Employee Engagement, Second Edition*, 2nd edition New York, USA: Productivity Press, 2011, ISBN 978-1-4398-7043-3.

93  Marc Baker, Ian Taylor, and Alan Mitchell, *Making Hospitals Work: How to Improve Patient Care While Saving Everyone's Time and Hospitals' Resources*, 1.1 Edition Lean Enterprise Academy Limited, 2011, ISBN 978-0-9551473-2-6.

关于美国华盛顿州西雅图市的弗吉尼亚梅森医疗中心的成功案例。[94]

# 10.2 项目管理和研发

项目管理也受益于精益方法。在软件研发方面，一种流行的方法是敏捷软件研发，它与精益生产理念有很多相同的地方。精益产品研发也经常包括"面向制造和装配的产品设计"（DFMA）等方法。

一般来说，在**异序作业**中的项目流类似于**按订单生产**。与所有按订单生产的系统一样，**项目的数量需要权衡交付时间和资源利用率**。但零件生产和项目研发之间存在一些差异。

在制造业中，一道工序通常一次只能加工一个零件。但在研发过程中，**多个研发人员或程序员可以同时处理同一个项目**，他们分别完成项目的不同子组件、子程序或子模块。通常，当研发人员等待项目研发所需的信息时，他们可以处理另一个项目。

另一个区别是，在制造业中，设备的利用率随着系统中库存的增加而上升。百分之百的利用率在理论上需要有无限的库存。**在项目管理中，如果项目太多，交付时间和资源利用率都会变差**。研发人员和其他的项目相关人员之间需要协调合作。在产品设计中，机械工程师、电子工程师和程序员经常参与到同一个项目中。根据研发的产品不同，可能还需要化学家、生物学家、数学家等参与研发。同样的，就算只是软件研发，也经常涉及许多分工不同的程序员。

协调相关项目成员，这需要时间。**项目研发人员拥有的项目越多，花在协调工作上的时间就越多**。我曾见过一些部门的研发人员负责十个甚至更多的项目，大多数时间都花在了协调会议上，几乎没有时间用于实际研发。研发人员通常会将注意力集中在他们认为最重要的一到两个项目上，把其他的项目放在一边（尽管他们更多地会与管理层进行沟通）。由于十个项目中有八个根本没有什么进展，所以这八个项目的交付时间会变得非常长，实际项目效果也会因此受到影响。

对此，你需要谨慎决定每个**项目成员手上的项目数量**，以使项目团队的效率最高。请记住，往往**许多项目都依赖于几个关键成员，当然他们通常会有很**

---

94 Charles Kenney and Donald M. Berwick, *Transforming Health Care：Virginia Mason Medical Center's Pursuit of the Perfect Patient Experience*, 1st edition Boca Raton, Florida, USA：CRC Press, 2010, ISBN 978-1-56327-375-9.

**高的工作负荷**。每个人手上到底同时进行几个项目是合理的，这个问题有很多争议。通常认为，一个员工同时进行三个左右的项目比较合适，当然这也取决于你的实际情况。

同样，**正在研发中的项目总数**也应受到限制。项目的数量取决于有多少员工，以及他们能同时进行多少个项目。这与 CONWIP 系统非常相似，你可以限制项目的总数，或者你可以限制这些项目的工作负荷。在后一种情况下，较小的项目需要的研发人员也较少，但还是建议对工作负荷进行估计。通常，简单地限制同时进行的项目数量是最容易的。

你还可以跟踪和限制研发过程中不同阶段的项目数量。例如，软件研发的流程往往是从计划到分析、设计、研发、测试和实施。对于产品研发，往往是从筛选想法到可行性分析、研发和测试。如果你从事过研发工作，肯定曾将整个过程分为类似的子步骤。

图 155 所示为一个虚构示例，用于跟踪和限制产品研发不同阶段同时进行的项目数量。一个已完成的项目只有在下一项目阶段有空位释放时才能向前推进。待完成项目经过排序，优先级最高的项目会首先进入研发系统。

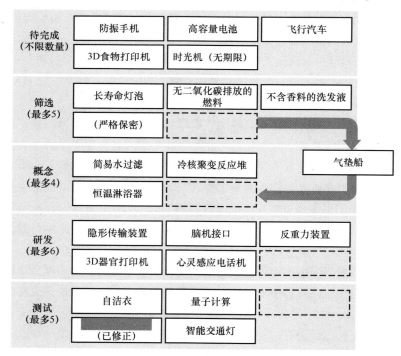

图 155：跟踪不同研发阶段项目数量的虚构示例

# 10.3  行政管理

不同行政管理工作之间的区别可以很大。你经常会遇到高度重复性的任务，也可能会遇到每个都不同的高度专业化任务。与制造业类似，行政管理工作从高度重复到少见特殊有着不同的频率分布，当然特殊工作很可能会比重复工作少得多。

即使是高度重复的行政管理工作，通常也不能建立"库存"，而只能按订单生产方式进行。只有很少的部门才会建立"已完成的行政管理工作库存"，以备客户需要。对于大多数行政部门来说，即使处理过程非常相似，但工作任务本身也还是独一无二的。因此，这是一种按订单生产的情况，目标是权衡提前期和人力资源的利用率。

针对这种情况，CONWIP 及其变型可用于行政部门拉动系统的建立。待完成任务也可以按优先级排序，对于经常和重复的任务，如果这些任务需要经过多个行政人员，你甚至可以考虑为这些任务设计一个连续流。

拉动系统在行政部门实施看起来与制造业不同，但基本原理是相同的。限制任务数量以缩短交付时间。每当一个任务离开系统时，应该释放一个信号来启动下一个任务。

# 10.4  建筑行业

建筑行业所需的大部分物料都可以用传统的拉动系统来提供，但有一些物料要求从准备到消耗的时间非常短。例如，货车中的热沥青或搅拌车中的混凝土，等待时间过长，沥青就会变冷，混凝土就会开始凝固。

以热沥青为例，我们可以很容易地建立拉动系统，使用货车将热沥青从沥青工厂供应到正在施工的道路工程。看板的数量就是供应循环中货车的数量。你需要足够的货车来确保沥青的连续供应，以确保铺路机不会因为没有沥青而等待。在这个示例中，一辆货车代表一张看板，即一车热沥青。

货车的数量取决于补货时间。行驶时间越长，需要的货车就越多，同时也需要考虑覆盖波动。由于这些波动可能同时发生在货车的去程和回程，会出现有多辆货车在铺路机前等待的情形，这时等待摊铺的沥青就会慢慢冷却。如果货车等待时间过长，沥青温度下降到达不到铺设要求，就不得不返回工厂重新加热，如图 156 所示。

图 156：使用拉动系统供应沥青的示例（沥青正在冷却，等待铺设）

现在对这个沥青拉动系统稍作修改，我们可以增加一个信号，货车不在铺路机前等待。相反，空载货车在沥青工厂门口等待。铺路机发出信号，从沥青工厂释放下一辆货车。这辆货车装满沥青，并将其运到铺路机前。信号释放必须足够早，以便货车即使在有波动的情况下都有足够的时间装满沥青并行驶到施工现场。这样一来，大多数货车只是空车等待，只有少数货车装着热沥青在铺路机前等待。由于装有沥青的货车数量较少，等待中沥青冷却的时间较短，如图 157 所示。类似的系统同样适用于混凝土搅拌车。

图 157：优化过的带有触发信号的沥青供应系统示例
（铺路机释放信号通知下一辆货车运输沥青）

# 第 11 章
# 拉动系统布局

　　拉动系统建立了一个反馈循环——从零件或作业离开系统，循环到新零件、新订单或新作业被释放进入系统的起点。一个零件离开系统，是下一个零件进入系统的信号。循环中的库存数量是有限制的。这几个要素组合在一起就形成了拉动系统。因此，拉动的一个关键问题是这些循环的覆盖范围。**你的循环应该从哪里开始，到哪里结束？** 你是否应该把一个大循环分成多个小循环？你是否应该将几个小循环合并？在这个章节，我们会详细探讨如何解决这个问题。

## 11.1　循环大小

　　对于循环来说，一个关键的区别是你是否有一个**流水作业**（更容易），还是有一个带分支的流水作业（稍困难一些），或者有一个**异序作业**（更困难）。当然，也还有许多中间状态的系统，如系统中的一部分是流水作业，而其他部分是比较混乱的异序作业。甚至对于不同的产品也可能是不同的，有些产品很容易形成流水作业，一些产品可能会部分经过流水线，另一些产品则可能在某一工序之后离开流水线而跳到其他工序，甚至可能出去之后又回到原来的流水线上。**物料流中的特殊情况越多，就越难做出良好的循环。**

## 11.1.1　单一大循环

做一个**单一的全方位的大循环**总是可行的。这对直线排布的流水作业来说是最容易的，对带分支的流水作业或异序作业也是可行的，如图 158 所示。

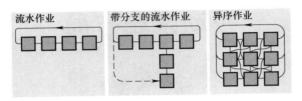

图 158：单一大循环的流水作业、带分支的流水作业和异序作业

如果有进入主流程的分支（如产品的子部件），那么这个大循环也要能够触发这些子部件的生产或运输。每当物料或作业离开系统时，补货信息不仅需要回到主流程的起点，还需要回到子分支的起点。子组件的开始生产时间可以与主流程同时开始，也可以晚一些或早一些，只需确保该组件在主流程需要的时候已经准备就绪。

以汽车座椅制造为例，在大多数情况下，每种座椅都是配套给指定的车型的。当收到汽车订单时，不仅要开始生产汽车，也要开始生产座椅。座椅还必须按顺序交货（just-in-sequence），以避免混料。如果不能实现按顺序交货，在子流程的最后一道工序和对应的主流程工序之间的缓冲库存需要重新调整座椅的顺序，以满足按订单生产的要求。

如果系统是一个异序作业，不同产品的生产路径是不同的，甚至还可能无法事先知道最终的生产路径。在这种情况下，也可以有一个单一大循环。每当一个作业离开异序作业，就可以开始下一个新的作业，但这个系统需要关于产品路径的额外信息（即每项作业的工艺流程需要事先知道或在生产过程中确定）。

## 11.1.2　分段循环

设置**分段循环**或工序组也是一种可行的方式。这里的挑战是如何管理两个循环之间的连接。前一个循环的输出是下一个循环的输入，如图 159 所示。

这种分段循环的方式相对于单一大循环来说更为复杂，除非有特殊理由，否则不建议采用这种方式。具体如何切分循环，请参阅第 11.2 节。对于异序作业来说，这个切分点很难找。

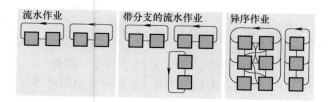

图 159：使用分段拉动循环的流水作业、带分支的流水作业和异序作业

## 11.1.3　单工序循环

最后，也可以为**每个工序设置独立的循环**。这是最复杂的解决方案，设置和维护非常耗时。但从另一个方面来看，它可以提供最精细的单工序工作负荷，并可以在每道工序前都有机会调整优先级。第 7 章介绍的 POLCA 方法实际上默认使用这种类型的循环。图 160 所示为单工序循环的流水作业、带分支的流水作业和异序作业示例。

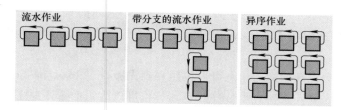

图 160：单工序循环的流水作业、带分支的流水作业和异序作业示例

## 11.1.4　单循环后的物料流分流

对物料流进行分流的最简单方法是在单循环之后，如图 161 所示。如果是一个按库存生产的拉动系统，拉动循环的末端是库存超市，下游的工序需要什么就从库存超市拿什么。如果是按订单生产的系统，作业就根据下游工序的规则，在完成拉动循环之后被移到下一道工序。缓冲库存空间应该能够容纳所有库存，以防止堵塞。

图 161：单循环后物料流分流

## 11.1.5　多循环后的物料流分流

　　另一种方式是，针对每一条分流出去的物料流，都有一个对应的独立循环，如图162所示。拉动循环的数量随着分流的分支增加而增加，这也是波尔卡（POLCA）默认的方法。

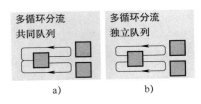

图162：有共同队列和独立队列的多循环拉动系统的物料流分流

　　为了实现这一点，**每个循环末端必须能够容纳总库存或总的工作负荷**，否则任何一个循环都有可能堵塞第一道工序。返回第一道工序的卡的顺序也需要考虑一下，由于存在从多个循环中返回的卡，**第一道工序需要决定优先处理哪张卡**。所有可能的作业，不管来自哪个循环，都需要被分配优先级。

　　来自不同循环的返回信息可以按照先到先服务（first-come-first-serve）的原则进入一个共同队列，如图162a所示。也可以为每个循环建立单独的生产队列，如图162b所示。在这种情况下，第一道工序需要一个明确的标准，即何时处理哪条生产队列。应该注意，当循环分流时，物料需要沿正确的方向移动，同时确保卡上有关于循环的信息清晰可见。

　　即使循环内有多个工序，这样的**多循环分流**与单循环分流相比**也更容易理解**。但另一方面，**多循环分流大大增加了拉动系统的数量**。这取决于你系统的实际情况，是少而复杂的循环有优势，还是多而容易的循环更有优势。**如果有疑虑，先尝试使用单一大循环分流**。

## 11.1.6　每个可行路径的独立循环

　　有些学术文献建议，特别是针对CONWIP，为每个可能的物料流都建立一个独立的循环。这被称为m-CONWIP，即"多循环CONWIP"[95]。这在学术上

---

[95]　Remco Germs and Jan Riezebos, *Workload Balancing Capability of Pull Systems in MTO Production*, *International Journal of Production Research* 48, no. 8 April 15, 2010：2345-60.

有意义，但在实际应用中很快就会出现问题。图 163 所示为九道工序的异序作业有三个独立的循环。

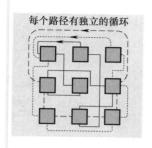

图 163：九道工序的异序作业有三个独立的循环

尽管只有三条独立的循环，但已经变得令人困惑和难以管理。操作员必须很小心，以确保每张卡在其设定的路径上流转。这种系统运转起来很混乱，而且可以想象得到会经常出错。**我强烈建议不要为每条路径设置独立的循环**。如果只有少数几条差不多的路径，这种方式可能是可行的，如图 162 所示的多循环分流。如果路径变得复杂，则要避免这样做，因为它很快会使实际情况变得非常复杂。

## 11.1.7　连续拉动循环组合

把价值流中不同类型的拉动生产（有时甚至是推动生产，如果不可避免的话）组合起来也是可行的。一个或多个用于超市补货的看板循环可以轻松地供应一个或多个 CONWIP 循环，如图 164 所示。类似的情况也适用于许多其他拉动方法。

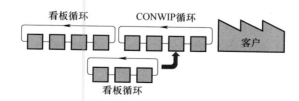

图 164：多个看板循环供应 CONWIP 循环

图 165 所示为不同类型系统可能的组合。哪种类型的拉动系统（或推动系统）可以接入另一种类型的拉动系统（或推动系统）。大多数可以兼容，只有少数组合有一些限制。

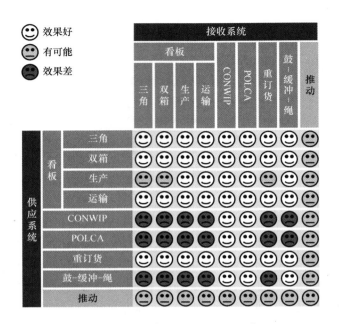

图 165：不同类型系统可能的组合

　　首先，**避免从按订单生产的系统转换到按库存生产的系统**。适合按库存生产的系统，如看板系统或重订货系统，可以很容易地接入适合按订单生产的系统，如 CONWIP 或 POLCA，但反过来不合适。如果 CONWIP 系统向看板系统供货，那么就会存在定制的零件向库存产品供货的情况，由于只有在有需求的情况下才会生产定制零件，整个系统的提前期会很长。因此，我建议不要采用这种组合。幸运的是，很少有这种情况发生，因为这在技术上通常没有意义。

　　其次，尽量避免让**小批量生产的上游系统出现低频率的大批量订单**。特别是，**重订货系统**可能会有大批量，以将整个库存重新填充到目标水平，但**三角看板**和**双箱看板**系统也可能将需求合并，形成较大的订单。

　　这些系统在达到最低库存之前不会发送其需求信息。一旦它们达到最低库存，就会要求补全库存。有可能有一个这样的供应系统，即一个有低频大量需求的接收系统，频繁地供应小批量产品，但这需要额外的库存来隔离这些波动。因此，如果能从接收系统获得批量小的订单，情况可能会更好。

　　总之，为了避免大量的缓冲库存，在第一个看板系统之后，用另一个看板系统代替重订货系统会更好些。当然，如果接收系统是重订货系统，它的最低库存水平和目标水平之间的差距足够小，直接连接看板系统和重订货系统也还是可行的。

最后，**所有涉及推动的组合都标为中性**，因为拉动系统几乎总是优于推动系统。如果仔细设置，有可能连接推动系统和拉动系统，不管推动还是拉动哪个在上游。如果价值流还没完成从推动系统到拉动系统的转变，或者如第 2.5 节所述，拉动系统不适用于价值流中某个部分，会出现推拉系统之间的界限。尽管如此，如果可能的话，尽量使用拉动系统，把推动系统作为当前的一个暂时状态，直到你有时间把它变为拉动系统。这种连续循环的组合，适用于从拉动到推动，也适用于从推动到拉动。

## 11.1.8　重叠和嵌套循环

让**不同类型的循环重叠**是可行的。如果打算这么做，请特别考虑看板和 CONWIP 的组合，如图 166 所示。正如第 6.2.1 节所述，看板和 CONWIP 可以很好地组合在同一个循环中。重要的是，在价值流的任何位置，**每个型号的零件都要明确地分配到某个循环中**。如果一个零件在系统中属于哪个循环都模糊不清，那么就容易出现问题。**在每道工序中，始终有一个明确的标准来决定生产哪个零件**，这一点也很重要。理想情况下，第一道工序需要有一个明确的标准来确定先执行哪个循环，所有后续工序只需按 FIFO 的顺序工作即可，详见第 6.2.3 节和第 6.2.4 节。由于控制方法不同，要避免包括鼓-缓冲-绳、波尔卡和重订货点的组合。

图 166：CONWIP 循环与看板循环重叠

另一种经常提到的方法是在价值流的同一段中，实施**推动与拉动的组合**。一些零件，通常是按库存生产的零件，用拉动系统来控制库存限额。其他零件，通常是按订单生产的零件，只要有需要就会被推送到系统中。

图 167 所示为不推荐使用看板的推拉混合系统。它可以运转，但前提是推动零件的占比明显小于拉动零件。即使如此，也存在着推动零件的高需求导致被拉动零件的延迟和缺货的风险。由于推动本身的性质，如果有太多的零件被同时推入系统，该系统的整体库存也会失去控制。我更愿意用 CONWIP 系统或其他拉动系统来控制"推动"的零件。

图 167：不推荐使用看板的推拉混合系统

还有一种更复杂的可行方案，是**不同规模的循环重叠**。如图 168 所示，两个按库存生产的看板循环与一个按订单生产的单 CONWIP 循环重叠在一起，工序可能有两种可能的输入，每个循环各一个。重要的是，**在每一道工序中，总需要有一个明确的标准来决定先生产哪个零件**。例如，在图 168 中，对每个看板循环的第一道工序都可以设定这样的规则：任何 CONWIP 零件优先于看板零件。所有其他工序都可以遵循 FIFO 的原则按顺序生产。特别是两个看板循环连接处的两道工序，也需要有非常明确的标准，即何时启动哪个信息流。如果信息流错误，会让整个系统陷入混乱。我个人觉得这种风险太高，**不建议采用这种循环结构**。

图 168：可行但不推荐的 CONWIP 循环与两个看板循环重叠

图 169 显示了另一个示例，乍一看与图 168 非常相似，但实施起来更让人头痛。CONWIP 循环比看板循环晚一道工序开始。CONWIP 的物料从哪里来？如果它来自看板材料，那么看板就会在循环中间的某个地方被取走，这就不好了。即使有很好的物料供应，要决定生产哪个零件也是件麻烦事，特别是在第二道工序。

图 169：一个 CONWIP 循环与两个看板循环部分重叠和相交的复杂情况

总之，**建议避免部分重叠循环**，减少潜在的模糊和错误。我强烈建议避免**交叉的循环**。如果所有零件的循环都从同一个工序或库存开始，并且也在同一个工序或库存结束，这是最简单的也是最好的。在第 11.2 节中，我将更详细地介绍何时何地将价值流分成不同的拉动循环。

也请避免在同一拉动循环内进行推动系统和拉动系统的组合。拉动的关键特征和好处是限制拉动循环内的零件数量，以及触发补货信号。如果一个重叠的推动系统可以不受限制地将物料推入拉动循环，你最终不会得到一个"半"拉动系统，而只能得到一个推动系统。推动部分可以把物料不断地推进拉动循环，直到拉动系统失去其有限库存的优势。**只要有可能，就尽量避免在拉动循环内使用推动方式。**

## 11.1.9　循环间的物料衔接

关于物料的转移，图 170 显示了两种方式。你可以考虑**完成的零件在前一个循环外**，一旦零件在循环的最后一道工序生产完成，拉动信息就被返回，该循环开始。这有时被称为"推动间隙"，因为两个循环中间的物料不再受任何拉动系统控制，因此它属于推动。你也可以把**已完成的零件放在前一个循环内**。在这种情况下，所有的物料都可以通过拉动方式来控制。

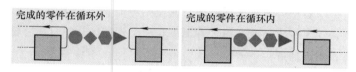

图 170：完成的零件可以在循环外或内，后者通常更好

在这里必须区分按库存生产和按订单生产。按库存生产控制的是循环内的成品库存。因此，按库存生产**必须将已完成的零件包含在拉动循环内，直到它们被转移到下一个循环**。在拉动循环中，拉动循环的信息始终附在零件上，只有在后道工序或客户实际取走零件时，这个信息才会被删除。在最坏的情况下，如果零件报废或拆卸，卡片上的信息也会被删除。无论如何，按库存生产的零件都应该控制在一个循环内，否则就会有生产过剩的风险，系统将不再是拉动系统。两个循环之间的物料可能会堆积起来，这将失去拉动系统的优势。

如果是**像 CONWIP 这样的按订单生产的系统，这两种方式都可行**。按订单生产的目标不是确保库存的高可靠性，而是权衡设备利用率和库存水平。在这里，通常可以假设客户希望尽快交付，因此也不会有库存过高的情况。但即使如此，将所有物料控制在循环内也是一种更安全的做法。关于 CONWIP 系统的这个问题，具体请见第 6.7.1 节。

# 11.2　何时切分循环

通常，好的精益生产系统往往被分为不同的拉动循环。这使系统容易管理，也可以提高其速度。但最大的问题是，应该在哪里把价值流切分成独立的循环？图 171 所示为将一个有三道工序的系统切分成不同循环的四种可能性。

图 171：将一个有三道工序的系统切分成不同循环的四种可能性

在工序之间，你总是有两种选择。它可以是两个循环之间的连接，对于按库存生产，这种连接通过超市来实现。如果它不是循环之间的连接，那么它应该是一个有限额的缓冲库存，最好是一个 FIFO。你可以在所有三道工序上做一个大循环，也可以把工序分到两个循环中，甚至把工序分成三个独立的循环，每个工序一个循环。

一般来说，**只要没有合适的理由，就优先应用 FIFO**，因为 FIFO 更容易控制和管理。建立一个拉动循环通常有不少其他工作要做，同时还要维持它顺利运行，除非有充分的理由，否则默认应用 FIFO。

在丰田公司，这被称为"能流动的地方流动，不能流动的地方拉动"。这可能会引起混料，因为物料肯定也会在拉动系统中流动。丰田公司在这里所说的"拉"，对看板系统来说是超市，或者更笼统地说是拉动系统之间的断点。因此，物料在超市之间"流"，或者在循环之间的中断，是通过超市"拉"出来的。我完全同意这个观点。在能应用 FIFO（"流"）的地方尽可能地应用，在不能应用 FIFO 的地方切分循环（"拉"）。

因此，**除非有充分的理由，否则要让拉动循环尽可能地大**。下面是我将一个系统分成两个拉动循环的理由。这些理由大多不是绝对必要的，只是建议。你总是需要权衡建立两个独立循环所需要付出的努力和获得的收益。

## 11.2.1　因批量差异而切分循环

因为批量不同可能需要切分成不同的循环。如果在整个价值流中使用相同的批量，就可以避免这种切分循环的情况。但有时一些工序要么是需要某种特定的批量，要么能从某种批量中受益。例如，一种热处理工艺可能只适合一定数量的零件，或者一个换型耗时过长的工序能通过较大的批量减少换型损失。如果价值流中的工序有不同的批量要求，可能有必要将其切分成几个不同的拉动循环。

据我所知，批量差异可能是切分循环唯一必要的情况，所有其他原因都只是针对不同侧重点的建议。图 172 所示为只有两道工序的简单拉动循环，两道工序有着不同的批量。

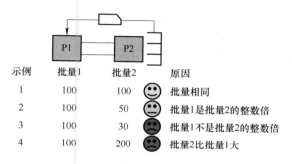

图 172：批量不同的两道工序

如果**批量相同**，如图 172 所示的示例 1，将系统分成两个独立的拉动循环没有任何意义，这是最理想的批量情况。

如果**上游工序的批量是下游工序批量的整数倍**，那也不是问题。在图 172 所示的示例 2 中，P1 的批量为 100，正好是 P2 批量的两倍，P2 实际上就被迫根据两倍的批量，即与 P1 相同的批量生产。

如果**上游工序的批量不是下游工序批量的整数倍**，那么问题就复杂了。图 172 中的示例 3 显示了这样一种情况，P1 的批量为 100，P2 的批量为 30。不能再像示例 2 那样，上游的批量是下游批量的整数倍。如果你每次都需要对 P2 使用 30 的批量数，那么不是 P2 有 10 个零件没有完成，就是 P2 的下一个批次将缺少 20 个零件。如果**批量是固定的**，而且你又不想重新调整 FIFO 中的零件顺序，那么唯一的选择是在 P1 处安排 3 个批次（300 个零件），然后在 P2 处分成 10 个批次（也是 300 个零件）。如果**批量不是固定的，而只是一个最小值**，情况就不同了。如果 P2 处的批量不是固定的 30 个，而是可以灵活设定，如至少 30 个，那么 P2 的批量就可以定义为 100 个，满足至少有 30 个的要求。

最后，如果**下游工序的批量比上游工序的批量大**，那么在下道工序就有可能无法形成一个完整的批量。在图 172 的示例 4 中，P1 可以完成 100 个零件，但 P2 需要满 200 个零件才能形成一个完整的批量开始生产。因此，P2 可能会出现缺料，因为 P1 已经在生产其他零件了。在这种情况下，总是要在 P1 处生产两个批次，才能满足 P2 对批量的要求。

总的来说，只要有可能，**在整个循环过程中，尽量保持一个批次的批量不**

变，因为在一个循环中改变批量是件很麻烦的事情。

请注意，这并不意味着所有通过该系统的产品都需要相同的批量，甚至连同一产品不同批次的批量也可以不同，只要**避免在一个拉动循环内改变某个批次的批量就可以了**。例如，你可以很容易地建立一个系统，在整个拉动循环中，常规产品 A 的批量为 100，但非常规产品 C 的批量只有 30。你甚至可以让产品 A 当前批次的批量为 100，而下一个批次的产品 A 的批量为 80。这不是一个问题，在许多生产系统中也是这样做的。只有当你有一个批次的产品 A，批量为 100，而在同一个拉动循环中的某个时刻，这个批次产品 A 的批量被改成了 80，这才是一个问题。

## 11.2.2　因客户而切分循环

大多数情况下，我都强烈建议在客户之前结束拉动循环。换句话说，你系统内的最后一道工序或库存应该是拉动循环的终点，如图 173 所示。否则，拉动循环会延伸到客户，这意味着触发你补货的信号也必须流经客户。

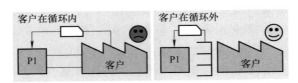

图 173：客户在循环内和循环外的拉动系统

客户会直接向你发出补货订单，但并不总是那么容易。客户也会控制你拉动循环的库存，同时这也会使你难以遵守供应工序应该负责管理库存超市的规则。你能控制客户的库存吗？客户能控制你的生产流程吗？如果零件在客户处离开拉动循环，客户必须主动给你反馈信号，这很麻烦。如果客户忘记给你信号，会导致你系统利用率降低，提前期增加，可能会缺货，交付也会延迟。总之，**最好把你的拉动循环和客户的拉动循环分开**，该规则也适用于你和你的供应商。

有些例外情况，你可以在供应商和客户之间使用运输看板或重订货循环。在这种情况下，循环是由客户控制的（即客户控制运输）。由客户直接控制生产不常见！如果你是按顺序（just-in-sequence）交货，客户有可能控制你生产的最后一个循环。常见的示例是汽车座椅供应商，座椅通常按顺序到达汽车总装线。

即使你在供应商和客户之间有运输看板或按顺序交货，负责这个循环的责任方也应该只有一个。例如，客户可以使用运输看板循环向你订购产品，当收到运输看板时，你再把运输看板和零件一起送回给客户。这个循环是由客户管理的，你的最后一个循环应该在客户运输看板循环开始的地方结束。

## 11. 2. 3　因物料流分流而切分循环

使用独立的拉动循环对物料流进行隔离的另一个原因是物料流的分流。如果一些零件走一个分支，另一些零件走另一个分支，则使用两个循环可以更容易管理物料流。图 174 所示为物料流分流的几种方式：FIFO 之后分流、FIFO 之前分流和完全独立的循环（无分流）。

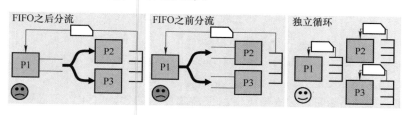

图 174：物料流分流的几种方式

如果**下游的两个分支能处理任何零件，那么这样的分流更容易在同一个拉动循环内进行管理**。如果图 174 中离开 P1 的零件可以由 P2 或 P3 处理，那么你可以使用同一个拉动循环，尽管这时候零件的顺序可能不再遵循 FIFO。在这种情况下，在 FIFO 之后进行分流会比较容易。

但是，如果**零件只能走特定的分支**，那么使用同一个拉动循环就会带来一些问题。假设在图 174 中，零件 A 必须进入 P2，零件 B 必须进入 P3。实际上，你就必须打破 FIFO 的规则重新排序。即使 FIFO 中有一个完美的 ABAB……序列，下游工序也可能由于其他原因而不得不等待，进而导致上游工序的堵塞。以上这种分流有可能行得通，但我建议还是不要这样操作，最好还是有独立的循环，后续的拉动循环从前一个拉动循环末端的库存中获取它们需要的零件。更多细节见第 4.6.2 节。总之，有独立的循环会更容易管理分流的物料流，另见第 11.1.5 节。

## 11. 2. 4　因物料流合流而切分循环

同样地，使用独立的循环也有助于物料流合流。这种情况经常与物料流分流一起发生，即物料流分流到平行工序，然后再次合并。图 175 所示为物料流合流的几种方式。

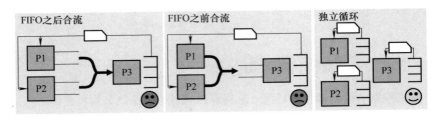

图 175：物料流合流的几种方式

这里有几种可选方案。**下游工序是否使用前面两道（或多道）工序的零件组装产品？**如果使用的是一个大的循环，就必须按顺序交货，以确保在产品换型时不发生混料。如果有独立的拉动循环，就没有按顺序交货的必要。相反，只要下游的工序从上游工序的库存超市中取走它所需的物料即可。这样看来，独立循环还是更容易管理。

**后道工序是否可以独立随机使用上道工序中的零件（不需要匹配零件）？**在这种情况下，需要注意顺序。在图 175 中，按顺序离开 P1 的零件和按顺序离开 P2 的零件序列合流到达 P3。如果让 P3 的操作员来决定，他们可能更喜欢来自单独一道工序的零件。也许是因为有些零件比较靠近他或比较容易生产，也许是习惯，但这会导致前两道工序的零件消耗不均衡。如果有规则要求交替使用 P1 和 P2 的零件，从长期来看，前面如果一道工序比另一道工序快，也可能会失去控制。最好的办法是，总是从相对较满的 FIFO 通道中取走零件，但即使如此，可能还会遇到其他问题。

尽管存在以上的问题，但合流还是可行的。例如，丰田公司在给汽车安装座椅时使用了两条合流的 FIFO。每当一辆汽车从装配线上下来时，匹配的座椅必须出现在两条合流 FIFO 的末端。对于丰田公司来说，座椅种类太多，以至于没有理由建立一个超市。当然，只要有可能，**将系统分成独立的拉动循环，管理起来会更简单。**

## 11.2.5 因节拍差别大而切分循环

如果两个工序的节拍差别很大，也可能需要切分循环。使用 FIFO 将具有不同节拍的工序连接起来，将导致较快工序的等待时间较长；另一方面，如果能够隔离两道工序，那么较快的工序就可以切换生产其他产品，或者减少班次。反之，如果较快工序有很多短的空闲时间，那么把两个工序放在同一个拉动循环中还是可行的。这种情况在自动工序中很常见，但在手动工序中应尽量避免这种情况。

## 11.2.6　因班次模式不同而切分循环

与不同的节拍类似，对于具有不同班次的工序，也可以将物料流隔离。例如，如果一道工序每天只生产一个班次，而另一道工序每天生产两个班次，那么，**将循环分段会使管理变得更容易**。在任何情况下，第一道工序都必须储存足够的物料，以供第二道工序第二个班次使用。无论是一个循环还是两个循环，都需要这么多物料。

切分循环的好处是提高了灵活性。如果在下道工序第二班出现问题，中间的库存可以提供替代的物料；另一方面，如果使用 FIFO 的方式，由于 FIFO 的顺序要求，物料会被卡在 FIFO 顺序中。当然，可以破坏 FIFO 规则，手动调整 FIFO 的顺序。与 FIFO 相比，切分循环反而可以给生产带来更多的灵活性。

## 11.2.7　因型号多而切分循环

如果后道工序产生了许多不同型号的产品，那么切分拉动循环也是有意义的。这种情况在工业中很常见，特别是在从按库存生产的零件变为按订单生产的零件时。

假设第一道工序制造标准坯件，第二道工序将这些坯件定制为不同型号的零件，如图 176 所示。因此，第二道工序使用第一道工序生产的坯件加工出四种不同的零件。

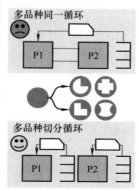

图 176：第二道工序使用第一道工序生产的坯件加工出四种不同的零件

在 FIFO 中，工序通过 FIFO 知道要生产什么型号，但当需要开始区分型号时，关于即将要生产的型号的信息需要事先分配给前道工序中的通用零件；其次，这些信息必须从拉动循环的开始一直传递到生产新型号零件的工序上。因此，所有从拉动循环生产出来的零件从一开始就被指定为某种特定型号，即便第一道工序实际还不需要这个信息（注：生产新型号的工序需要）。

这种方式虽然可行，但对于按库存生产来说，超市可能是一个更容易的选择。**拉动循环中的分切（拆成两个循环）可以避免一路沿 FIFO 传递额外的信息。**此外，在超市里，你可以灵活地将所取原材料用于任何型号的生产，大可不必过早地将型号信息提前分配在本不需要它的工序。这就不需要过早地做出所生产型号的决策，客户订单的周转时间更短，因而灵活性更好。

## 11.2.8　因工序间距离长而切分循环

FIFO 对于物理距离上互相接近的工序来说非常有效，但如果距离较远，保证 FIFO 并了解 FIFO 中的信息就需要花费更多精力。因此，**对于较远的距离，使用独立的循环更好。**对于按库存生产的系统，**超市应该设立在供应循环的末端，**下游的消耗循环则在超市中获取零件，这有助于供应工序的可视化管理，并缩短提前期。

**对于较远的距离，也可以在两个循环之间插入第三个循环，这个循环仅用于管理运输过程。**在看板系统中，这是一个运输看板，而不是一个生产看板。如图 177 所示。对于按订单生产，这种情况不太常见，而且定制的零件只是被运到目的地。

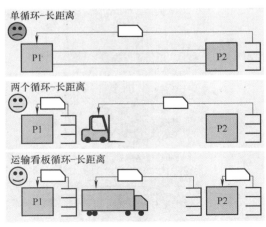

图 177：远距离的大循环被切分成两个或三个循环

对于非常远的距离，甚至可以有**一连串的运输拉动循环**。你可以在中国的供应商到美国的中央仓库之间使用一个运输看板循环；在中央仓库到工厂的入库仓库之间建立第二个运输看板循环；在入库仓库和供应生产线的超市之间建立第三个运输看板循环。

当然，也可以在非常远的距离上使用 FIFO，但这会极度复杂。让零件从工厂的一端运到另一端，还是可以使用 FIFO 的方式。但是，如果从中国进口零件到美国，我强烈建议不要使用 FIFO。

在较远的距离之间使用 FIFO，除了管理困难，运输时间也是一个重要因素。切分循环比 FIFO 的方式更灵活，并且可以在下游工序很轻松地从一种产品更换为另一种产品。

## 11.2.9 因节省生产空间而切分循环

另一个需要切分循环的原因是为了节省空间。这在制造业中很常见，特别是在装配流程中。如果装配工序紧挨着，可以更有效地组织生产，这也意味着工序之间和周围的空间都很紧凑。装配工序需要用到的零件很多，为了节省装配线周围宝贵的空间，通常在中央仓库和装配线之间有一个独立的拉动循环，物料会先从中央仓库运输到线边超市。连接仓库和线边超市的运输看板是通过循环取货来实现的，这可以直接减少在装配工位上所需的物料数量和存储空间。

## 11.2.10 因柔性而切分循环

循环的跨度越大，需要的管理成本就越低，但大跨度也会增加提前期，从发出补货信号到成品交付完成需要的时间更长。

因此，如果你希望系统反应速度快，最好让循环不要太大。特别是对于按库存生产的系统来说，较小的循环可以对不断变化的客户需求做出更快的反应。如果有许多低销量的产品，不需要建立库存，需要时按订单生产，尤其对价值流中的最后一个循环（最靠近客户）。

## 11.2.11 因责任变化而切分循环

将一个循环切分成两个循环，而不是继续使用 FIFO 的最后一个原因是责任的变更。如果物料离开一个部门进入另一个部门，那么切分循环可以使责任变得更明确。

从物料流和信息流的本质来说，这是没有必要的，但只要有人参与的事情，就不能按一般逻辑来处理。切分循环同时也可以切分责任，这与事实无关，但与"我的地盘"和"你的错"之类的事情有关。

如果有一个跨部门的 FIFO，就可能出现一个部门随便把物料丢到另一个部门，另一个部门同样随便地把信息丢回来，两者都无助于工厂的整体运作。双方都可能将问题归咎于对方，花费大量时间、精力和资源来证明对方有错。

切分循环可以使这些系统更加独立且责任明确。从单纯的逻辑角度来看，这可能没有必要，但我见过许多工厂，这种乒乓游戏是日常工作的主要组成部分。你可以自己判断这是否是一个工厂运作值得考虑的因素。

## 11.3  对库存的影响

我的硕士生 Denis Wiesse 对超市和 FIFO，以及它们对库存和交付率的影响进行了比较详细的对比分析。[96,97] 我们比较了一个简单的看板系统的两种情况，该系统有两道工序，使用了 FIFO 连接的单一大循环，或者使用的是超市连接两道工序的双看板循环，如图 178 所示。目标是看哪一个系统需要的看板更少，即在相同的交付率下库存更低。

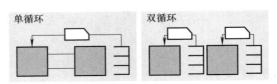

图 178：使用单循环或双循环的两道工序

我们使用许多不同的节拍和设备利用率来测试该系统，还通过不同的看板数量和 FIFO 容量进行了测试，甚至使用了随机分布的停机，看看这是否也有影响。在数千次模拟数据中，我们尝试寻找库存和交付率的最佳组合，图 179 所示为单循环和双循环系统的库存和交付率比较。

96  Denis Wiesse, *Analyse des Umlaufbestandes von Verbrauchssteuerungen in Abhängigkeit von der Nutzung von Supermärkten und FiFo-Strecken* Master Thesis, Karlsruhe, Germany, Karlsruhe University of Applied Sciences, 2015.

97  Denis Wiesse and Christoph Roser, *Supermarkets vs. FIFO Lanes-A Comparison of Work-in-Process Inventories and Delivery Performance*, in *Proceedings of the International Conference on the Advances in Production Management System* International Conference on the Advances in Production Management System, Iguassu Falls, Brazil, 2016.

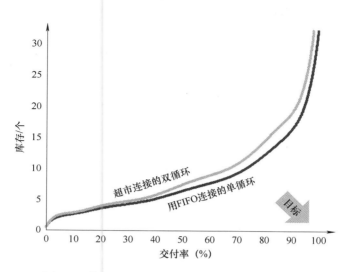

图 179：单循环和双循环系统的库存与交付率比较

（罗瑟 图，基于 Wiesse 的数据）

　　这两条线很接近。Wiesse 还计算了置信区间，并进行了统计假设检验，以验证这种差异并非只是随机结果。对于交付率大于 50% 的情况，这种差异具有统计学意义，这也正是大多数工厂的情况。

　　无论模拟哪种系统，结果都非常相似。在所有模拟的情况中，对于同样的交付率，单循环系统需要的库存比双循环系统略少。或者反过来说，在看板数量相同的情况下，单循环的交付率略高。因此，我们的结论是，在其他条件相同的情况下，**单循环比多个小循环需要更少的库存来实现相同的交付率**。如果系统本身交付率不高，不管采用哪种方式，库存的差异很小；对于交付率较高的系统，库存的差异更明显。

　　在一个大循环中，库存流聚集到超市中，造成不平衡和不均衡的库存。因此，对我来说，主要还是要权衡建立和维护两个拉动循环需要付出的努力和获得的收益。在做决定时，不需要着重考虑单循环的库存相对较少或交付率相对较高。不管怎么说，你都应该先尝试用 FIFO 进行大循环，除非有充分的理由要切分这个大循环。

# 第 12 章
# 拉动系统启动爬坡

在本章中，我们开始讨论拉动系统的实施细节，在车间里落地可比纸上设计要复杂得多。下面的解释大多是针对一般的拉动系统，但请注意，很多细节也取决于拉动系统的类型。例如，如果我谈增加卡片数量，那这将不适用于没有卡片的重订货系统。如果下面的建议你觉得不适用，请根据系统的实际情况进行调整。

## 12.1　全局——从哪里开始

你可能在工厂内负责多条价值流，即使只负责一条，它也可能很长，无法只通过一个拉动循环控制。正如第 11 章所讨论的，可以把系统分成多个拉动循环，**但不要试图在同一时间实施所有的拉动循环**。这样风险很高，会对生产系统造成重大干扰。

相反，应当从实施一个循环开始，甚至应该从该循环中的单个产品型号开始。当然，只有当循环中的大多数或所有零件型号都使用拉动时，拉动系统的优势才会显现。当完整地实施了一个循环之后，再开始下一个循环。开始实施第二个拉动循环时，你已经有了第一个循环的经验，能使其更完善。精益生产本质就意味着很多小改进，实施一个循环已经是一个很大的挑战了，同时实施多个循环很可能会导致你的职业危机。**因此，一次只实施一个循环！**

现在的问题是，应该从哪里开始？应该先实施哪个拉动循环？关于这个问题，不同的学派有不同的观点。你可以**从最容易实施的拉动循环开始**。简单意味着成功概率大，这不仅能给你和你的团队带来宝贵的经验，也能给员工带来信心，让他们相信管理层的精益变革可以实现。如果只是出于培训目的，我喜欢给办公室的咖啡豆或文具建立一个看板系统。使用三角看板或双箱看板，可以在一个完全无风险的环境下向员工传授看板知识，但这些都只是学习步骤。如果你想去解决生产系统中存在的一些问题，想给老板留下深刻的印象，想培养员工改善的意识，应该到实际的价值流中去展现其价值。记住，**流水作业比异序作业容易，型号少比型号多容易，稳定的系统比混乱的系统容易，跨度短的循环比跨度长的循环容易。最后，重订货点系统相比其他系统更容易。**

第二种方法是**首先实施收益最大的拉动循环**。哪个拉动循环会给你的系统带来最大的收益？在哪里价值最高？哪里最容易缺料？就在这个缺料的环节实施拉动循环，以提高物料供应的可靠性。哪里最混乱？在最混乱的环节实施拉动循环，可以提高工作效率，这对车间是最有帮助的，但也可能最具挑战性。

最后，还有一种方法是**在管理层关注度最高的区域实施拉动循环**。通常这个区域是总装。管理层的注意力通常更多地集中在一个系统上，如高价值的总装区域。在总装成功实施拉动系统，容易得到管理层的关注，并可能对你的职业生涯有帮助。并不是说这是最重要的标准，但这也不失为一个好的选择。我的经验是，总装通常是最先被转换实施拉动的，或者说任何的改进项目通常都是总装优先。

所以，可以**在那些简单、收益高、管理层关注的环节实施拉动**。也许你已经在脑海中浮现出这样的一个循环，能符合上面提到的所有标准，但更有可能的是，一时半会无法找到符合所有这三个标准的循环。现在开始周全考虑，选择一个最符合公司需求的循环。再次强调，第一次实施时，远离那些困难的价值流，因为第一个项目如果失败了，会使员工和管理层都不开心，那以后所有的变革就会更加困难。

# 12.2　准备工作

在实施拉动系统之前，弄清楚你想要什么样的系统，这是本书前面几章的重点。除了考虑拉动系统的类型，还要识别拉动循环的起点和终点。这可以是针对全新系统的价值流设计，或者只是简单概要地在新拉动系统中进行物料流和信息流设计。

进行一些必要的计算或估计。对于看板系统，计算的是看板数量，与CONWIP、POLCA 和鼓-缓冲-绳系统类似。对于重订货点系统，则是重订货点和目标库存水平。

如果你使用看板卡或其他类型卡片，还需要设计卡片外观，是纸质看板吗，还是数字看板？卡片上有什么信息？纸质卡片需要装在什么样的壳子里？如果放在箱子上，使用什么样的箱子？如果是数字系统，该系统已经能够实现哪些功能，哪些功能需要重新研发？

整个实施过程应该**让实际使用拉动系统的员工参与进来**。车间员工参与的越早，参与的越深入，他们就越能把自己的知识和经验应用到系统中。这也意味着他们更容易接受这个新系统，也意味着该系统更有可能完全发挥作用。如果车间员工从一开始就拒绝一个新想法，那么这个想法必将很难实施。

下面要讲的内容，假设你已经有了一个生产系统，这也是大多数拉动系统的实际应用场景。如果还没有生产系统，你可能会觉得下面很多内容有点抽象，但无论如何这都是要经历的过程。

## 12.3 时间规划

首先需要考虑一下时间规划。一些工作可以在旧系统仍在运行时进行，另一些工作只有在新系统启用之后才能进行，还有些工作只能在系统停止时进行。与换型过程类似，要尽量减少生产系统的停机，尽量把内在工作变成外在工作，减少实际的停机时间。如图 180 所示。

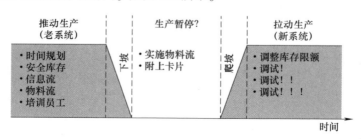

图 180：实施拉动系统的步骤，在实施过程中尽可能减少生产停机

如果有机会，就把实施拉动所需的生产停机时间安排在系统利用率低或完全闲置的时段，如周末或夜班。如果不着急实施，可以把它计划在需求低的季节。例如，如果你生产冰淇淋，就不要在夏天最热的日子里实施新系统！根据你与客户的关系，你也可以将生产的临时中断告知客户。

## 12.4　停机时需要的安全库存和产能

根据系统实施的范围，启用拉动系统可能会造成暂时的中断。例如，你可能需要将生产停下来，然后把卡片附在零件上，如果出现一些预想不到的问题，实际的时间可能比预计时间要多得多。尽量减轻这种停机带来的负面影响，确保客户能及时拿到货。

对于按库存生产，最常见的方式是在系统实施前**建立一些缓冲库存**，避免缺货。额外的缓冲库存应该足以覆盖预计的停机时间，并留有一些安全量。这个缓冲库存是正常库存之外的库存，否则当系统重新开始工作时，库存很可能就会消耗完。可能还需要找地方暂时存放库存零件，以便有空间安装超市或FIFO，以及一些其他相关的改进。

对于按订单生产的零件，这就更复杂了，因为这些零件不可能提前生产。有时可以使用额外的工序**提供额外的产能**，覆盖停机时间。最坏的情况下，可能会出现延迟交货，因此一定要尽力使停机时间越短越好。

## 12.5　信息流的准备

现在我们来看看拉动循环中的信息流。所有拉动系统的信息流都是为了触发补货信号，这可能是物理形式或数字形式的卡片流动，也可能是重订货系统的数字端。根据你的需要，信息流的区别会很大。

### 12.5.1　卡片

如果涉及某种类型的卡片，如看板卡或 CONWIP 卡，请事先准备好。打印出必要的卡片，并将它们插入壳子中或附在盒子上。

建议多打印几张卡片，并把它们放在一边备用。万一因为某些原因，估计的卡片少了，可以简单地拿出这些卡片，把它们丢进系统。如果物料多于卡片，也可能需要用到这些卡片帮助爬坡，如第 12.9.2 节所示。

### 12.5.2　数字系统

如果使用数字系统来跟踪和管理信息，也需要提前做好准备。现有的 ERP 系统也被归类为拉动系统所需的工具，大多数 ERP 系统可以创建数字看板和重订货点，甚至还可以实现 CONWIP。通过 ERP 系统实现 POLCA 和鼓-缓冲-绳则不太常见。

许多这样的拉动系统都有打印卡片或工票的功能。从 ERP 系统打印纸质信息应该也是起作用的吗？你有打印机吗？你需要多少台打印机？这同样适用于将纸质信息传回 ERP 系统，这通常又会涉及条形码、二维码或射频识别（RFID）芯片。你有合适的扫码仪吗？它们是否能与 ERP 系统建立无缝连接？

你是否已经有一个现成的解决方案，或者已经包含在你购买的软件包内？还是需要让程序员参与进来？无论如何，都要确保为软件升级计划留有足够的时间。升级完成后，**还需要对软件系统进行彻底的测试！**有很多这样案例，在升级 ERP 系统时搞砸了，损失了大量的金钱，甚至破产。

## 12.5.3 返回上游的信息流

准备好返回上游的信息流，这是从成品库存或超市回到第一道工序的信息流，如图 181 所示。最简单的情况，这是一张卡片，它被物理地带回到循环起点，以启动下一个生产。但它也可以是一个盒子或其他容器，或数字信息流。

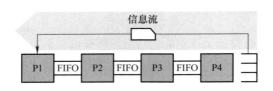

图 181：拉动系统中的信息流是通过卡片传递的

当零件从成品库存中被取走时，卡片必须回到循环起点以获得更多的零件。如果跟着卡片走，会发现卡片回到第一道工序。先不要添加卡片，我们后面会讲到这个问题。先问问自己以下问题：

谁会从成品中取走卡片，何时取走？卡片在被取走之前存放在哪里？（对于看板，它们暂时存放在看板收集盒中）是否涉及看板扫描或其他数字过程，谁来做这件事？需要什么样的硬件和软件？如果已经有了，那它能用吗？谁会把卡片带回来？多长时间一次？卡片会被扔在哪里？第一道工序是否清楚要先使用哪张卡片？（如果拉动系统在工序开始前有多条生产队列，这一点尤其重要）

**跟着信息流多走几遍，仔细考虑信息的流动，**同时也让车间员工参与进**来。**如果涉及较远的距离，像跨工厂或跨国的运输，如果有机会的话，尽可能访问拉动系统的两个端点。最后就是尽可能把可视化和防呆[98]做好。

## 12.5.4　排序

对于按库存生产，特别是看板系统，返回的看板卡可能需要排序。可以为其创建批量，或者根据换型要求进行优化，或者因为其他原因需要排序。谁来做这个？在哪里做？如何做？规则和标准是什么？可以可视化吗？你需要一个图 73 所示的卡片分类板吗？你需要其他硬件或软件吗？强烈建议**让操作员参与到排序标准的制订中来**。

## 12.5.5　待完成作业

对于按订单生产，会有一个待完成作业队列。这些信息是如何存储的？是打印出来，还是存在 ERP 系统中？对于打印出来信息，如何将这些信息组织到纸张上？创建待完成作业优先级的规则是什么？谁来决定优先级？计划周期是多长？每次需要排多少作业？如何知道物料是否可用或是否会及时到达？如何处理缺料的作业？

## 12.5.6　系统进入点

待完成的作业通常有一个系统进入点。谁来处理到达的卡片或信息，并将作业释放到生产队列中？什么时候释放？拉动循环的信息和作业是如何组合的？把所有的东西都放在一个塑料文件夹里吗？有足够的文件夹吗？再次强调，要让它可视化，易于理解。**让操作员参与到规则的制订中来**。

## 12.5.7　生产队列

对于按库存生产和按订单生产，都会有一个等待生产队列。你是如何组织生产队列的？在最简单的形式下，可以是一个 FIFO 系统。等待生产时间最长的作业（排在第一位的）应该首先被处理，这在现实中是如何运行的？如何安排这些信息？是否很容易看到各项作业的优先级？

如果系统中有两个生产队列，它们是如何组织的？由谁来完成？对于操作员来说，是否清楚这两条队列最前面的两个作业中哪个优先级更高？确定优先级的工作标准是什么？通常，按订单生产的作业有单独的队列，优先级高于按

---

[98]　正确的说法是"防错"，谁都不想被称为傻瓜！

库存生产的生产队列。同样，尽可能地使用可视化管理，**制订标准时让操作员参与进来**。

### 12.5.8　去往下游的信息流

现在开始从生产工序回到超市，或者从看板回到超市。这主要是物料流，但任何物料流也是一种信息流，如图 182 所示。

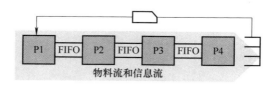

物料流和信息流

图 182：拉动系统中的物料流和信息流是卡片与物料一起向下游流动

信息如何与物料保持一致？是把卡片或信息直接附在零件上，还是附在零件的载体上？是以纸质形式还是以数字形式？如果信息是箱子或容器，如何向下游移动？

同样，还没有开始添加卡片，只是看看卡片会如何沿产线移动。卡片应该在任何时候都与零件待在一起，这可行吗？如果零件通过 900℃ 的回火炉，纸质卡片就行不通。涂层工艺也会遇到同样的问题。

何时、何地、何人将卡片附在零件上？在某些加工工序中，是否必须把卡片从零件上取下？如果加工时必须取下卡片，卡片应该放在哪里？由谁来放？谁再把它放回去，什么时候放回去？如何处理返工和报废的零件？

有大量的细节需要考虑，强烈建议**与卡片最终的使用者一起来做这件事**，包括信息流和物料流。同样，如果涉及跨工厂、跨国家这样较远的距离，如果有机会，尽可能访问两个端点。还有就是不要忘记把可视化和防错做好。

## 12.6　物料流的准备

与信息流类似，物料流也要准备好。如果有现成的生产线，那已经有一个物料流了。这个物料流可能需要进行调整，其中一些调整可以在系统运行时完成，还有一些调整可能不得不停止生产。在停止生产之前，尽量把能做的准备工作都提前完成。**这些工作也应该尽可能多地让操作员参与进来。**

## 12.6.1　FIFO 库存

根据最初的计划，工序间的常规库存会被转化为 FIFO 库存。有些工序之间的连接可能已经是 FIFO，但有些没有。看看你想建立 FIFO 的工序，为什么一定要用 FIFO？怎么做 FIFO 的防呆，以确保 FIFO 的顺序？需要滚动轨道吗？如何限制 FIFO 空间，防止操作员把 FIFO 塞得过满？是否有数字系统追踪 FIFO 库存信息？

## 12.6.2　超市

如果选择按库存生产，就需要用到超市。超市的设置取决于进入超市物料容器的类型和数量。理想情况下，超市应该能够容纳所有流通中的看板卡所对应的库存。如果缺乏物理空间，那么对于一些高量常规产品，空间可设置的小一些。如果是这样的话，就需要提前制订一个备用计划，一旦超市满了，物料应该放在哪里，详见第 5.7.3 节。

如果容器尺寸允许，可以考虑第 5.3.2.3 节介绍的带滚轮的轨道。从轨道的一端添加物料，物料能够自动滑落到另一端，这样可以很容易把超市设计成一个 FIFO。

不管什么情况，你都需要存储设备来建立超市。这里面也有很多细节需要考虑，超市是否能够用于零件？现有厂房的空间是否能够容纳这个超市？超市需要通电吗？对超市的载重有要求吗？超市有没有影响安全门？问题不胜枚举，上面的问题只是一些例子。请让所有相关的员工参与进来，不管他们是负责技术的还是法务的。如果你手头已有能够适用于超市的存储设施，那安装它，不然还需要进行设计、采购、安装；如果有可以回用的超市，不妨拿来试试。

在 ERP 系统中建立虚拟超市也是可行的方案。软件系统负责跟踪库存中的所有零件，按照虚拟的 FIFO 顺序补充或移出库存。当然，这些软件功能也需要进行安装和调试，确保**移除物料都能触发信息流**。如果没有触发信号，任何物料都不允许被移出超市。

## 12.6.3　非超市库存

特别是对于按订单生产和异序作业，无法设置像 FIFO 或超市这样的库存，但其作业也需要被关注。能按时完工吗？可视化如何？能很方便地找到需要的零件吗？现有的作业有可能通过拉动系统来控制，但要事先确认。

# 12.7　培训

所有使用拉动系统的操作员都需要接受相关培训，最好在切换到拉动系统之前完成。如果拉动系统已经设置好，培训起来会更容易些。如果在开始使用系统之前，就已经让一些操作员接受了培训，那么系统启动后生产可以进行的顺利些。

如果你有追踪操作员技能的工具，如资格矩阵，那就可以把拉动系统的使用更新在矩阵内。最好有部分操作员能够充分理解这个系统，这样他们可以帮助培训其他使用者。

操作员的一个常见的错误是，如果在 FIFO 或生产队列中没有零件可用，操作员就会自己找活来干，这种情况不允许发生！**如果工序没有被分配作业，工序就必须停止**。操作员不愿意设备停下来，去生产一些没有附看板卡的零件，为了忙而忙，这就是生产过剩！千万不要这样做。如果没有零件可用于生产，应该去找主管或经理。他们可以被暂时分配到另一个工序，直到前道工序下料，继续有料可生产。记住，**没有拉动系统的生产指令，如看板卡或 CON-WIP 卡，不要开始生产**。

# 12.8　解决物料供应问题

还有一个挑战是，实施拉动系统的前提是原材料的可靠供应。拉动系统的建立需要确保有原材料可用于生产。如果供应系统已经是一个有效的拉动系统，那么原材料的供应是正常可靠的。

然而，如果原材料是由推动系统提供的，**就需要再次确认生产所需原材料的供应良好**。如果一个中央系统在整个价值链上使用推动系统，只有一个环节被转换为拉动，这种情况就很麻烦。根据实际所用的软件，可能很难在推动和拉动之间实现无缝连接。

# 12.9　切换到拉动系统

完成了之前的准备工作，就可以将现有系统切换为拉动系统。现在是时候停下现有的系统运行，沿着拉动系统的设定，将卡片放置到定义好的零件上，包括超市或成品库存中的零件。在每个零件都附着一张卡片。如果使用箱子或其他容器作为卡片，那就确保容器中有需要的卡片内容。同样地，如果使用数

字拉动系统，需要将实际库存和数字库存做好链接。实施这样的系统，**最好也
在生产停止时进行**，否则对于那些正在向下道工序转移的零件，在数字系统中
就容易出现偏差。

在生产仍然运行时完成这些工作也是有可能的。在这种情况下，建议从成
品库存开始，顺着物料流往上游走，这样零件就会向你移动，就不太容易漏掉
某个零件。

将卡片附在物料上，有三种可能性：在完美的情况下，正好有足够的卡片
来满足循环中的所有物料，不多也不少；但更有可能的是卡片的数量和系统中
的物料数量不匹配，如果卡片的数量多于物料，这种情况比较容易；如果物料
数量比卡片多，就比较麻烦。

## 12.9.1　卡片比物料多

如果在每个物料附上卡片后还有剩余的卡片，就把它们放入循环中，正如
它们刚从成品库存中返回一样。对于**按库存生产**，可以在排序前加入这些卡
片，如图 183 所示，如果没有排序或批量形成，则直接添加到生产队列中。

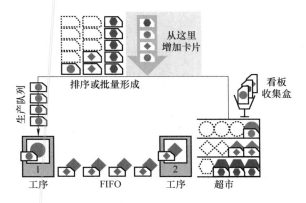

图 183：拉动系统爬坡时卡片数量多于物料

卡片应尽量避免自发地整合成较大批量的物料，这与单件流均衡模式非常
相似，如图 184 所示。即使使用较大的批量，也应该用类似的方式。

图 184：额外卡片的排序

对于一个全新的、还没有任何现有物料的空白系统，所有的卡片都要按照这个模式混合，将这些卡片添加到排序过程之前。还有一种可选办法：创建一个临时的优先级，让任何来自超市的卡片都比初始序列中还未生产的卡片优先级高。通过这种方式，生产就更接近实际需求。

对于**按订单生产**，卡片是在系统进入点之前添加的。由于卡片还没有分配物料，所以卡片的顺序与按订单生产的系统并不相关。

假设你有按库存生产的卡片等待排序，或者按订单生产的卡片等待进入系统，这时你应该根据排序规则，尽可能地排成队列，或者从待完成作业中尽可能多地将卡片与作业需求匹配。换句话说，在规则允许的范围内，尽可能地将卡片移入生产队列。

## 12.9.2 物料比卡片多

如果每张卡片都附在零件或盒子上之后，物料数量多于卡片数量，那就会有些额外的工作了。根据拉动系统的规则，系统所拥有的物料应多于设计的，但拉动系统又要求，所有物料都必须有一个（数字或物理）卡片与之相关联。因此，需要更多的额外卡片，用它们暂时代替多出来的物料，如图185所示。

图 185：物料数量多于卡片，因此使用标有"+"的额外卡片

这样做会超出最初计划的库存限额，这对于刚切换到拉动系统的价值流来说是没有问题的，但要确保这些卡片上有特殊标记，如"+"号。有一个小技巧，就是把这些额外卡片附在超市里的物料上，或者靠近拉动循环的末端，当这些物料被取走时，这些额外卡片可以更快被释放出来。

现在所有的物料都有卡片，随着时间的推移，再抽走这些额外的卡片，回到设计的库存限额。每当客户从成品库存中取走一个零件时，你就会释放一张卡片。如果是一张"常规"的卡片，就正常进入拉动循环；如果是一张额外的卡片，就从系统中移除。随着时间的推移，所有额外的卡片都会从系统中被取走，最后只剩下目标数量的卡片，如图186所示。

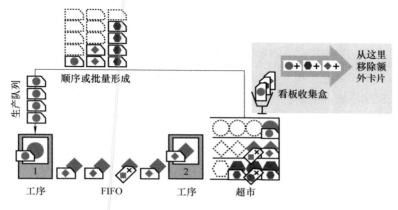

图 186：标有"+"的额外卡片被移除

　　理论上，你也可以关闭这条生产线，直到目标数量的卡片和实际系统设定的一致，但这样做浪费了产能。你可能有多种型号的零件在生产，但大多数物料只用于个别大批量的零件型号。如果关闭生产线，就有可能使那些物料备货少的零件型号缺货。最好的办法是逐步减少卡片的数量，而不是一次性将卡片数量降到目标值。

　　需要提出的是，**只有当这些额外卡片没有附在零件上，并且还没有在批量形成队列或其他队列中时，才可以将其取出**。否则，移除卡片会带来其他一些问题。如果这些额外卡片上面做了标记或贴了标签，就很容易识别。

# 12.10　调试和 PDCA 改进

　　附完卡片后，就可以再次重启系统了。在重启之前，再次确认操作员是否知道如何使用新系统中的卡片。

　　万事俱备！现在系统已经开始运行了，卡片正在流转，这意味着现在已经完成了一半以上工作。先别急着庆祝，调试、调整和验证的这几个重要步骤常常被人遗忘。

　　系统正在运行并不意味着它运行得很顺利，还有**更多的工作要做，以调试错误，修复漏洞，并解决一些小问题**。这是普通系统和精益系统存在差异的原因之一，这个步骤需要消耗的精力也不容小觑。**经常和操作员交谈**，看看他们遇到了什么问题。可以把这些问题分分类，一类是由于操作员不习惯新系统造成的（一般人们都很抗拒改变），另一类是实际运行中发生的问题。优先解决后一种问题，但也要时刻关注操作员由于这种转变导致的心态问题。

**确认操作员是否遵循了新标准**，如果标准执行出现了偏差，找出人为错误或标准缺陷；如果标准有问题，就优化标准，直到拉动系统有一个可执行的、健全的标准；如果操作员只愿意坚持旧标准，一定要说服他们采用新标准。正如之前一直提到的，从一开始就让标准的使用者参与系统的设计，这将大大提高系统成功实施的概率。

实施拉动系统影响流程本身的情况很少，但也存在这样的可能性。可能会出现质量问题。例如，由于零件在工序之间的等待时间缩短，零件到达下一道工序时可能比以前温度更高，或者留给树脂的硬化时间变短了。如果有必要，做一些质量检查，以确保零件质量。

但重点是要让拉动系统正常运作。卡片是否能按我们的想法流动？是否有什么小插曲？总的来说，调试过程也是图 187 所示的计划-执行-检查-行动（PDCA）循环中的检查和行动，这有助于了解系统是否真的能够运作，它是否比之前的系统好。**不要想当然地认为，改变就一定比之前更好！**

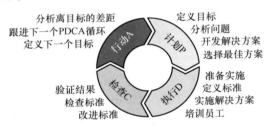

图 187：PDCA 循环

PDCA 是精益生产的关键要素之一，或者说是任何改进过程的关键要素，它是任何变革的基本框架。**计划**指想做的事情，**执行**指实际操作和实施。这一章的爬坡就是执行这个步骤。

人们很容易忽略检查和行动部分。**检查**它是否真的按计划运行，以及目标是否实现。不仅要在实施后立即检查，而且要在过一段时间后继续检查，看它是否仍然有效。可能会发现，一个精心设计的系统没多久就变质了，尽管这个新系统一开始运行良好。如果新系统没有达到预期的效果，总结研究补救措施，找出它不工作（或不再工作）的原因并加以解决。**如果省略了 PDCA 的检查和行动这两个步骤，那么之前所有的努力都是徒劳的，结果甚至可能比改进前更糟。**

# 第 13 章
# 拉动系统维护

拉动系统的维护主要包括两个方面，**定期检查缺失卡片和定期更新库存限额**。在数字系统中检查缺失的卡片比较容易，因为可以创建一个规则，将任何在一段时间内没有移动的卡片标记出来。对于重订货系统来说就更容易了，因为系统本身不需要卡片，只要偶尔调整重订货点和目标库存即可。

## 13.1 检查缺失卡片

卡片丢失，不管是数字还是物理系统，对于任何拉动生产系统来说都是需要关注的，重订货系统除外。如果卡片丢失，拉动循环中的库存限额就会缩水，下降到某一时刻，就无法覆盖补货时间。如果是按库存生产的系统，这会导致缺货和客户投诉；对于按订单生产来说，这会导致系统利用率低和老板的不满意，尽管提前期会缩短。

即使非常小心，有时也避免不了卡片丢失。20 张卡片缺失 1 张问题不大，拉动系统的稳健性很强。一旦卡片丢多了就会给系统带来问题，如图 188 所示。如果使用的是双箱系统，即使只丢失 1 张卡片也会造成系统无法运转。因此，要时不时地检查一下系统中实际的卡片数量是否仍然是当初设计时的数量。

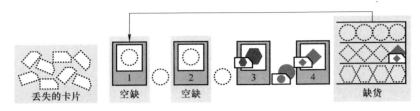

图 188：卡片丢失过多会让车间和客户都不高兴

丰田有时不仅检查缺失卡片，甚至还会检查系统中卡片的顺序。如果一个零件型号的看板开始时的顺序是 1-2-3-4，但后来的顺序是 1-4-2-3，那么 FIFO 的顺序肯定出了问题。在这一点上，丰田甚至会深挖这种顺序颠倒的原因，但这对丰田以外的大多数生产系统来说太复杂了。

## 13.1.1　减少卡片丢失的可能性

有很多措施可以减少卡片丢失，减少卡片丢失可能性的方法之一是使用**坚固的设计**。一张简单的纸片很快就会损坏和/或丢失，纸片至少应该放在结实的塑料套里，当然使用更加坚固的金属卡片或盒子也是可行的，详见第 5.3.1.1 节。

在北欧的一家工厂里，我遇到过一个有意思的卡片丢失事件，卡片在冬天总是会丢失。后来发现，这些卡片的塑料套很适合用来刮除汽车风窗玻璃上的冰；然后工厂想了个办法，把塑料套边缘做成锯齿状才解决了卡片丢失的问题。优化后的卡片看起来与图 189 中的右图类似。

图 189：锯齿状边缘的卡片会刮坏风窗玻璃

另一个需要关注的是系统的**稳健性和可视化**。是否有一个明确定义的位置，卡片应该如何附在零件上？附着是否良好，运输过程中是否会掉下来？例如，如果工件是铁制品，带磁性的卡片可以吸附在工件上。卡片贴的地方是否明确，操作员是否要绕着工件走一圈才能找到卡片？在生产的开始和结束时，是否有明确标记的卡片收集盒？卡片的可视化管理如何，是否可以很容易地看到有多少卡片在哪里？拉动系统设计之初就要考虑如何减少卡片丢失的可能性。

　　还要**培训员工**，让他们知道并理解卡片的重要性，卡片是重要的生产信息。看板一词来自日语中的商店招牌，商店招牌不仅仅是一个标志，更代表着荣誉。因此，需要培训所有员工，使其理解卡片的意义。

## 13.1.2　数字卡片

　　如果有数字化的系统能够支持你实施拉动系统，卡片的检查就容易多了。系统可以每次都打印一张新的一次性的卡片，也可以每个循环都扫描一次卡片并将信息输入计算机。通过这样的系统很容易追溯每一张卡片上一次打印或使用的时间。

　　如果某张卡片最近一次打印的时间比其他卡片要早得多，那么这张卡片很可能已经丢失。如果找不到这张卡，那么可以在数字系统中重置这张卡片的状态。如果旧卡片再次出现，则系统中就会有两张相同的卡片。简单的方法是，在系统中将旧卡设置为无效，并重新设置一张新卡片。具体解决方案取决于在ERP 系统中的选项。

## 13.1.3　物理卡片

　　如果只有物理卡片，那么检查丢失的卡片就会比较费时。先要打印出一份清单，列出所有应该在循环内的卡片。接下来，遍历整个拉动循环，查看循环中的所有卡片，从清单上一张张排除。这包括附在零件上的卡片，在卡片收集盒中等待的卡片，在批量形成过程中的卡片，或者在等待生产的卡片，以及正在处理零件的工序中的卡片。此外，还要检查返工站和主管的办公桌。

　　在检查卡片时，沿着物料流和信息流的反方向检查会容易得多，因为这样卡片流向检查人，不容易遗漏。在异序作业里，由于没有标准的流程，检查比较困难。在这样的系统中，最好是利用非工作时间或周末进行检查，生产停止时物料和卡片不会移动。

　　那些找不到的卡片大概率是遗失了。重新打印这些丢失的卡片，使实际可用的卡片达到目标数量。也会出现在检查过程中漏数了一张，卡片实际并没有丢失。因为重新打印了一张，这样系统中的卡片就会比计划的多。只要能够区分这些卡片（例如，每张卡片拥有一个独立的识别码），那么就不是什么大问题。拉动系统非常强大，多一张或少一张卡片通常不会破坏系统，而且在下一次查找丢失的卡片时，还有机会识别出这张多出的卡片。

对于简单的短循环，"卡片"可以更简单一些，如使用彩色的垫圈或彩色的球。由于这些物体与纸质卡片不同，一般没有编号，所以无法逐一检查这些"卡片"。在这种情况下，就只能简单数数每种类型"卡片"的数量，并与目标数量进行比较，如果有差异，就相应地调整。

### 13.1.4　检查频率

至于应该多久检查一次卡片数量，没有简单的答案。如果车间员工表示卡片太少可能有问题，肯定需要检查。否则，检查频率取决于卡片丢失的速度，当然这只有在检查几次之后才知道。对于 ERP 系统，可以设置自动检查，标记出已经闲置了一段时间的卡片。

对于物理卡片，简单估计一下多长时间检查一次。如果之前已有相关经验，大概就可以知道卡片丢失的速度，可以在新系统上尝试使用这个经验。对于全新的系统，我通常要在实施后频繁检查确认，看看员工是否能按照标准处理卡片，同时做好可视化管理，制订卡片检查计划。

对于设计良好的拉动系统来说，丢失一张卡片通常不是问题（双箱系统除外），但一定要在卡片丢失到一定数量之前采取措施。

## 13.2　调整库存限额

维护拉动系统的第二个重要步骤是定期检查并调整库存限额。对于大多数系统来说，库存限额就是卡片的数量；对于不使用卡片的重订货系统，需要调整重订货点和目标库存。

### 13.2.1　何时调整

**当拉动系统的基本要素发生变化**时，就需要对卡片数量进行调整。例如，客户需求是否由于季节性的原因而发生变化？法律法规是否发生变化？世界是否刚刚遭受了一场全球大流行病？海关关税是否发生了变化？补货时间是否有变化（如由于新机器或批量的改变）？有没有推出新产品并逐步淘汰旧产品？

每当这些基本计算要素发生变化时，就需要重新计算或估计卡片的数量。如果能事先知道这些变化，这将很有帮助。季节性的变化不会让一个经验丰富的生产经理感到意外，生产线的变化或产品组合的变化也都会提前通知。

**如果拉动系统偏离设计之初的平衡点**，也可以进行调整。对于按库存生产，如果库存水平或交付率发生变化，就需要检查卡片的数量是否仍然足够。同样地，对于按订单生产，如果设备利用率或提前期发生变化，也要更新卡片数量。通常，车间员工或销售人员能够给你及时反馈，如客户因缺货投诉，就需要调整卡片数量。注意，并非所有这种变化都是由于卡片数量不对造成的。例如，供应商减少了供货，交付率、库存和设备利用率都会下降，但这不是卡片数量能解决的问题。如果问题出在卡片数量上，那么请进行调整。

**定期检查卡片数量可以作为预防措施**。不管怎样，时刻关注你的拉动系统，确保它按预期运行，这对新系统来说尤其重要。不管是使用计算方法或对卡片数量进行估计，都有很大的不确定性，但行业惯例通常忽略这一点，直到问题出现。如果能在接到客户投诉电话之前，及时发现问题所在，这不是很好吗？

对于按库存生产或按库存发货的系统，或者一张卡片被永久地分配给某个产品，就必须**检查每个零件的卡片**，不能只检查所有零件的卡片总数。

## 13.2.2　按库存生产：跟踪交付率

对于按库存生产，衡量该系统的一个简单方法是跟踪一段时间内的成品库存（通常是超市中的库存水平）。关键指标是**交付率，或者超市空缺物料的时间占比。超市中空缺物料的时间占比可以有效估计你的交付率**。

但请注意，超市库存趋势在不同的系统参数下区别会非常大，特别是补货时间决定了超市库存在总库存中的占比。补货时间越长，循环中正在补货的产品就越多，超市中产品的库存就越少，详见第 5.7.3 节关于超市补货水平的详细讨论。

以图 190 中的两张图为例，显示了两个不同系统的超市库存水平随时间变化的趋势。这两个系统都有**非常好的交付率，大约为 99%**。图 190a 所示的拉动系统只有一道工序，补货时间短，超市经常达到库存限额。图 190b 的交付率也在 99% 左右，但这个循环是一个多工序的系统，补货时间相对较长。尽管交付率也是 99%，但在任何特定时间，超市里最多有一半的库存零件。超市库存的分布以直方图显示在图 190 的右侧。请注意，图中（包括后文类似的图）的直方图百分比的区间刻度不同，但加总起来都是 100%。库存为空的直方图条也常常看起来占了一个不成比例的较大区域，但这只是由于条的打印宽度设定造成的。

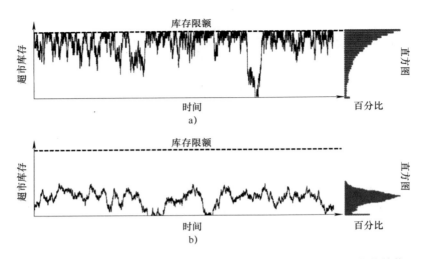

图 190：在一个交付率为 99% 的拉动系统中，超市库存随时间变化的趋势
a）补货时间短的系统　b）补货时间长的系统

图 191 所示为相似系统的超市库存，**交付率一般，只有 90%**。两张图中库存水平为零的情况更为频繁。

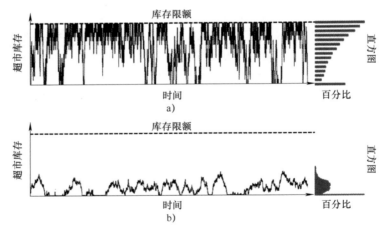

图 191：在一个交付率为 90% 的拉动系统中，超市库存随时间变化的趋势
a）补货时间短的系统　b）补货时间长的系统

图 192 再次显示了一个相似的系统，其交付性能不达标，只有 80%。两张图都频繁地出现库存为零的情况，但图 192a 所示的系统仍然经常填满超市，图 192b 所示的系统在超市里甚至从未达到 50% 的超市库存限额。

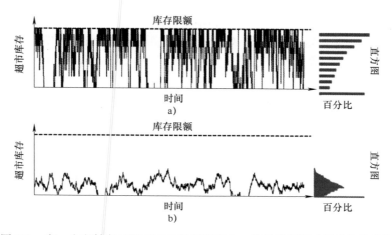

图 192：在一个交付率只有 80% 的拉动系统中，超市库存随时间变化的趋势

a）补货时间短的系统　b）补货时间长的系统

请注意，图 190、图 191 和图 192 中的图表看起来如此相似，简单目测这些曲线的区别很困难。通过计算交付率或缺货频率可以使你对系统有一个更好的了解。

图 193 再次显示了这两个系统的库存情况。但在这种情况下，系统没有足够的产能来满足客户的需求。如果产能不足，拉动系统也无能为力。如果客户一直等待他们的零件，那么随着时间的推移，交付率将接近零。在图 193b 中会看到这一趋势，系统开始时超市几乎是满的。持续的低交付率可能是由于库存限额太小、产能不足或材料短缺。只有在库存限额过低确实导致低交付率时，使用更多的卡片才会有所帮助。需要确定问题的根本原因，再寻找解决方案。

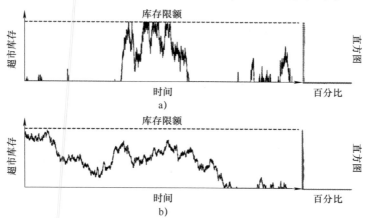

图 193：在一个产能不足的拉动系统中，超市库存随时间变化的趋势

a）补货时间短的系统　b）补货时间长的系统

最后，图 194 所示为在一个**库存限额过高**的系统中，超市库存随时间变化的趋势。补货时间短的系统总是处于或接近上限，该超市从未低于 80% 的填充水平。同样地，补货时间长的系统也从未低于 60% 的库存限额，但由于补货时间长，超市也从未达到 100% 的库存水平。这两种情况，交付率都是 100%，但库存限额太高了。也许可以把库存限额降低 60%，风险也不大，同时还能降低与库存管理相关的成本。

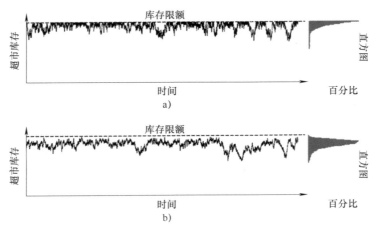

图 194：在一个库存限额过高的拉动系统中，超市库存随时间变化的趋势
a）补货时间短的系统　b）补货时间长的系统

通过对超市库存的观察，特别是交付率或缺货频率，就可以调整库存限额。通过用真实的数据观察真实系统，可以精细调整看板公式中的粗略估计。如果交付能力不足，并且确定原因不是产能不足或材料短缺，那么增加库存限额是有用的。如果交付率比要求的高，可以尝试降低库存限额，但这取决于补货时间，超市里永远不会有所有的零件和经常有所有的零件同样正常。

## 13.2.3　按库存生产：预测交付率

跟踪超市库存可以帮助你决定是提高还是降低库存限额。

对超市数据的仔细分析也可以预测降低库存限额对交付表现的影响。需要一个直方图来说明对于一个给定的零件号，超市中零件数量的分布。

图 195 所示为一个交付率为 95.02% 的超市库存直方图。该数据基于一个模拟系统，该超市有 4.95% 的时间是空着的，0.79% 的时间正好只有一个零件，1.02% 的时间有两个零件，以此类推。该系统的交付率为 95.02%，这意味

着 100%-95.02%＝4.98%的时间客户不得不等待他们的零件。这与超市中空置率 4.95%密切相关,通过这个数据可以大致算出交付率为 100%-4.95%＝95.05%。

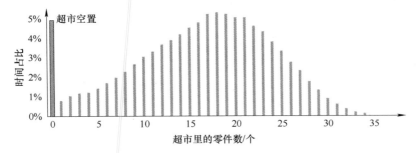

图 195:一个交付率为 95.02%的超市库存直方图

现在可以用这个直方图来预测库存限额较低的系统的交付率。假设我们想把库存限额减少两个零件。通过这个直方图,可以预测超市空置率。我们把超市正好有一个或两个零件的时间占比加到超市空着的时间百分比上,如图 196 所示。

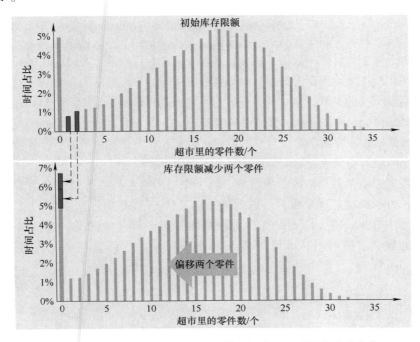

图 196:如果库存限额减少两个零件,超市空置时间占比的变化

在这个例子中，预测的超市空置时间占比现在是 $4.95\% + 0.79\% + 1.02\% = 6.76\%$，这反过来又预示着交付率为 $100\% - 6.76\% = 93.24\%$。实际测量的交付率几乎是相同的，为 93.21%。在现实中，由于系统的随机行为，计算误差会大一点。[99]

我在不同情况下测试了这种方法。如图 197 所示，在预测中，我使用了一个库存水平过高的单一模拟的数据，这导致了 100% 的初始交付率。图 197 中右侧的点就是这个模拟点。基于这些数据，我预测了每个库存限额下的交付率，直到库存限额为一个零件。

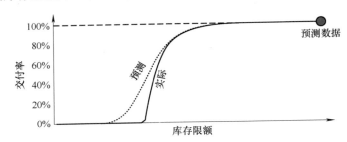

图 197：基于单一数据点的预测和实际交付率的比较

总之，对于交付率超过 50% 的系统，预测非常精准，这两条线大部分都是重叠的。对于交付率一般的系统，误差较大，在交付率接近零时，这些线又会合。因此，在减少库存限额后，想要计算交付率是非常容易的，特别是对于交付率高于 50% 的系统。这里的关键数据是超市库存水平的直方图。但要注意的是，对于低交付率的系统，预测并不准确。

预测减少库存限额对交付率的影响在数学计算上是很简单的，但要预测增加库存限额对交付率的影响则比较复杂，如图 198 所示。

将直方图向右移动所需的槽数，除了库存为空置的那条。现在你添加更多的长方形来填补这个空白。这些增加的长方形的高度将从空置的长方形的高度中移出。图 198 显示了库存限额增加两个零件的情况。在这里没有简单的数学方法可用，可以做复杂的曲线拟合。我的建议是，直接用眼睛看！

---

99   为了提高准确度，模拟使用了相同的随机因子（即每次模拟使用相同的随机数），这就"消除了"不同模拟运行之间的随机性。当然，在现实中，随机事件总是会随着时间的推移而不同。这些随机事件会使实际测量的值围绕预测值波动，导致由于随机而产生的误差会更大一些。

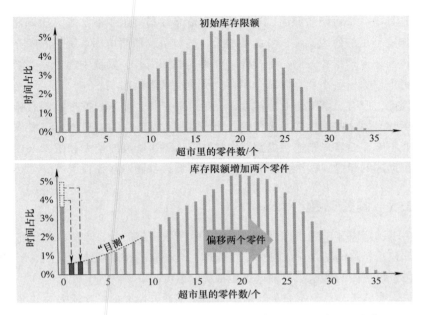

图 198：如果库存限额增加两个零件，超市空置时间占比的变化

我还目测了图 198 中的变化情况。我目测，多了两个零件后，超市里 0.7%的时间正好有两个零件，0.65%的时间正好有一个零件，其他都向右移了两个零件。因此，在 0.7%＋0.65%＝1.35% 的时间里，超市将不再是空着的，这就把超市空置的时间百分比从 4.95% 减少到 3.6%，这相当于 100%－3.6%＝96.4% 的交付率。实际模拟的交付率是 96.46%，再次非常接近。对于库存限额大幅增加的情况，目测会有困难。另外，在波峰附近的误差可能会比较大。但总的来说，**超市库存的直方图提供了一个简单预测交付率的工具**。

最后，上述模型假设是一个稳定的系统。在现实中，如果看到会缺货，员工就会开始救火，重新安排生产队列的优先次序，以避免缺货。这会改变超市的库存直方图，可能会得到与理论预测略有不同的结果。尽管如此，这种方法还是很适合用来做初步估计的。

## 13.2.4  按订单生产：跟踪利用率和提前期

追踪超市库存可以简单诊断按库存生产的拉动系统的运行状况，但这种方法对按订单生产的系统并不适用，因为这种系统通常并没有多少库存，没有特别清晰的拉动运行是否良好的信号。你可以跟踪系统的利用率。工序和操作员是否繁忙？如果操作员抱怨作业不够，那么缺乏卡片（CONWIP、POLCA 等）

可能是其中一个可能的原因，其他原因可能是缺料或组织混乱等。如果缺少卡片是作业不足的原因，可以考虑增加卡片的数量，从而增加系统中的库存。

提前期也是很相关的一个指标。如果提前期太长，系统中的卡片可能太多了。考虑移除一些卡片，以减少库存，从而也缩短提前期。

因此，没有足够的作业意味着没有足够的卡片，而太长的提前期意味着太多的卡片，但这些信号并不像跟踪超市库存那样清晰。很有可能存在操作员抱怨作业不够，而客户则抱怨提前期太长，但你不可能同时增加和减少卡片的数量。根据你的经验，做出合理的权衡，让所有人都满意往往很困难。

## 13.2.5 调整幅度

为了确定库存限额，你可以按照相应章节中提供的计算方法，但所有这些计算都只是粗略的估计。如果你正在调整一个现有的拉动系统，已经有了比计算中的假设更好的数据——来自真实系统的数据。

与其纠结于计算，不如更新估算。如果感觉卡片太多了，就去掉一些；如果你觉得数量太少，就增加一些，以真实系统中的现状为出发点。

至于变化的幅度，在这里你也可以进行预估。不要太担心精度，因为拉动系统通常对与理想状态的偏移相当稳健。**如果有疑虑，就改变的少一些**。增加或移除一些看板，看看系统如何响应。如果你认为可以增加或移除更多，就这么做。如果发现调整过头，就再朝反方向返回一小步。第13.2.3节展示了一种（在数学上并不复杂的）方法，根据超市直方图来估计按库存生产系统的交货表现。

**不要试图涵盖所有可能的情况**，这是不现实的，只会导致越来越高的库存。对于按库存生产，要尽量保持库存的高可靠性；对于按订单生产，要保持良好的提前期和利用率，只有这样才能少出问题。如果偶尔出现问题，与其增加库存水平，不如试着找出产生波动的根本原因，而不是通过更多的库存来缓冲、隐藏问题。

## 13.2.6 增加卡片

根据计算或估计，可能需要在系统中增加卡片，这与第12.9.1节中的爬坡非常相似。如果是物理卡片，就准备好额外的卡片，或者调整ERP系统中的卡片数量，然后将这些卡片加入循环中。

对于**按库存生产**的拉动系统，卡片是在批量形成或排序之前加入的，如

图 199 所示。在按库存生产的系统增加卡片时，需要有一个合适的卡片组合和序列，如图 184 所示。如果同一类型的卡片太多，会造成生产失衡。如果没有排序，并且让卡片直接进入生产队列，这种失衡尤其明显。同样地，如果你增加了很多卡片，会导致系统一直忙于生产新卡片，从而影响其他产品的生产。如果变化较大，可以考虑在一段时间内逐步增加卡片。

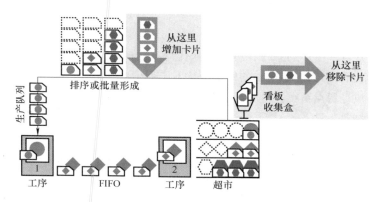

图 199：对于按库存生产的系统，在排序或批量形成之前增加卡片，在离开超市后移除

对于**按订单生产**的系统，卡片只是在系统进入点之前添加。与按库存生产不同的是，在同一时间添加大量的卡片并不是什么问题。由于卡片都是空白的，所以添加卡片时不需要考虑顺序，如图 200 所示。

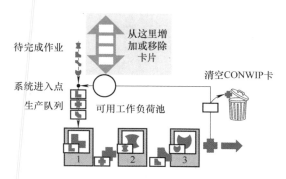

图 200：对于按订单生产的系统，在系统进入点之前增加或移除卡片

对于**重订货点系统**，只需增加重订货点和/或目标库存即可。如果目前的库存（包括现在已经订购中的数量）低于更新过的重订货点，就单独触发一个订单，以满足新的库存要求。

## 13.2.7 移除卡片

移除卡片就比较容易了，**按库存生产**的系统可以随时移除卡片，只要它们没有附在某个零件上或属于序列或批次的一部分。不应该从生产队列中移除卡片，也不要违反批次大小或顺序形成的任何规则，或者物流系统已经开始为这个产品准备材料了。最佳选择是，超市中的零件被取走后同时移除卡片，如图 199 所示。

对于**按订单生产**的系统，可以移除任何空白的卡片（即没有附在任何待完成作业上的卡片）。最简单的做法是从工作负荷池中移除，如图 200 所示。

对于**重订货点系统**，只需减少重订货点和/或库存限额即可。对于超过库存限额的物料，只需等到正常消耗达到库存限额，并最终达到重订货点，这时就可以触发新的订购。

如果你同时取走多张卡片，工序可能会因为缺少卡片而无法生产，这时就可能要为系统计划更少的生产时间，或者慢慢地逐步移除卡片。总之，无论是增加还是移除卡片，**逐渐的小变化通常比结果不确定的大调整要好**。

# 第 14 章

# 结　　语

　　拉动系统是精益生产中强有力的工具之一，它可以帮助你权衡按订单生产的提前期和利用率，也可以帮助你权衡按库存生产的物料供应可靠性和库存水平。但**它只是一个工具，效果如何取决于你如何使用它**。

　　拉动是改善（Kaizen）战略的一部分，**任何改善总是从你想要解决的问题开始**。这既可以是给你工厂带来麻烦的棘手问题，也可以是一个可以快速解决的小问题，还可能是培养员工对精益生产兴趣的问题。它不是一个随机的问题，我们没有足够的能力来解决所有的问题，我们要让付出的努力得到最大的回报。因此，**专注于那些你投入努力之后能带来巨大收益的问题**。

　　其次，这也应该是**一个影响安全、质量、成本或时间的实际问题**。偶尔有管理人员告诉我，他们的问题是"没有看板"。不，没有看板不是问题，有看板也不是问题。看板和一般的拉动系统只是解决与提前期、交付率或成本相关的问题的方法。因此，不要一开始就想使用看板系统，可能有更好的解决方案，甚至生产组织问题可能不是你当下最大的问题。

　　关于这一点，我最后再强调一下，**总是从问题开始，并从那里开始努力寻找解决方案**。你可以构思多个解决方案，然后挑选出最符合常识的一个。特别是对于拉动系统，其计算方法可以帮助你识别出哪些方面对卡片的数量影响最大。如果你想减少库存或提前期，计算可以为你提供有价值的线索，告诉你改进方向。

在方案实施后任务还没有完成，**不要忘记 PDCA 的"检查"和"行动"步骤**。实施之后要彻底检查，确保系统正常运转，这个步骤甚至需要持续数月。如果效果不够好，找出问题所在，制订改善方案，详见第 12.10 节。PDCA 是一系列连续的循环，直到实现你的目标和愿景，如图 201 所示。

图 201：PDCA 是一系列连续的循环，直到问题真正得到解决。
在这之后，再解决下一个问题

绝大多数公司都知道改进，但**真正优秀的公司专注于朝着愿景的方向前进，并持续努力，从不止步于短期成就**。丰田公司在三十年间的时间里，一直专注于减少冲压工具的换型时间，即著名的"快速换模"（SMED），现在他们已经将换型时间从 8h 降低到 10min 以下。**三十多年来，几代管理层持续支持，将一个问题向同一个方向推进**，这在绝大多数公司中几乎是看不到的。

提高成功概率的秘诀在于，挑选合适的问题，选择合适的解决方案，专注于方案实施和验证，让其真正地落地，然后再开始处理下一个问题。

我真诚地希望本书能在这个过程中帮助到你，让你对拉动生产有一个全面而实用的了解。现在开始，**走出办公室，努力解决一线的问题，组织你的行业**！

# 附　　录

## 附录 A　变量表

这个列表包括本书中使用的所有变量，每个都有一个简短的描述。在括号中，我给出了该变量通常使用的单位类型，如时间可以用天、小时、分钟或秒来衡量。别忘记单位换算，以使公式中的单位一致，如不要在同一个公式中混用小时和秒。另外，请注意，许多变量在按库存生产和按订单生产系统中的定义方式略有不同，如提前期 LT 在按库存生产系统中包含最坏的情况，在按订单生产系统中只包含平均情况。

| | |
|---|---|
| BD | 覆盖故障和中断的额外时间（时间） |
| CO | 一张订单的成本（货币单位） |
| $CO_n$ | 零件型号 n 的一张订单的成本（货币单位） |
| D | 在给定的时间段内的需求（零件或作业数量） |
| $D_n$ | 在给定的时间段内零件型号 n 的需求（数量） |
| $D_{All}$ | 给定时间段内所有零件型号的需求（零件或作业数量） |
| DF | 需求频率（零件数量/时间或作业数量/时间） |
| $DF_n$ | 零件型号 n 的需求频率（零件数量/时间或作业数量/时间） |
| $DF_{All}$ | 所有零件型号的需求频率（零件数量/时间或作业数量/时间） |
| HC | 在给定时间内一个零件的持有成本［货币单位/（时间·数量）］ |
| $HC_n$ | 在给定时间内一个零件型号 n 的持有成本［货币单位/（时间·数量）］ |
| I | 通用库存（数量） |

| | |
|---|---|
| $I_{Max,n}$ | 零件型号 n 的库存限额（数量） |
| $I_{Min,n}$ | 零件型号 n 的最低库存（数量） |
| $I_{\Delta,n}$ | 零件型号 n 的库存差值（数量） |
| KL | 一个批量的看板数量（看板数量） |
| $KL_n$ | 零件型号 n 一个批量的看板数量（看板数量） |
| LT | 提前期（时间） |
| m | 拉动循环中所有零件型号计数（无单位） |
| n | 泛指某个零件型号（无单位） |
| $NC_{CONWIP}$ | CONWIP 卡的数量（数量） |
| $NC_{看板}$ | 看板数量（看板数量） |
| $NC_{看板,n}$ | 零件型号 n 的看板数量（看板数量） |
| $NC_{POLCA}$ | POLCA 卡片的数量（卡片数量） |
| $NPC_n$ | 零件型号 n 每张看板的零件数量（数量/看板） |
| OS | 订单大小（数量） |
| $OS_{Max,n}$ | 零件型号 n 的客户最大订单（数量） |
| PD | 客户峰值需求（数量） |
| $PD_n$ | 零件型号 n 的客户峰值需求（数量） |
| PT | 所有工序时间之和（时间） |
| $PT_n$ | 零件型号 n 的所有工序时间之和（时间） |
| Q | 通用数量（数量） |
| $Q_n$ | 零件型号 n 的生产数量（数量） |
| $Q_{All}$ | 所有零件型号的数量（零件或作业数量） |
| RP | 重订货周期（时间） |
| $RP_n$ | 零件型号 n 的重订货周期（时间） |
| RT | 通用补货时间（时间） |
| $RT_n$ | 零件型号 n 的补货时间（时间） |
| $RT_{Max,n}$ | 零件型号 n 的最大补货时间（时间） |
| $RT_\emptyset$ | 平均补货时间（时间） |
| $RT_{\emptyset,n}$ | 零件型号 n 的平均补货时间（时间） |
| S | 安全（数量、卡片数量或工作负荷，取决于使用情况） |
| T | 通用时间（时间） |
| TI | 信息传输时间（时间） |
| $TI_n$ | 零件型号 n 的信息传输时间（时间） |

| | |
|---|---|
| TL | 生产线节拍（时间/零件数量或时间/作业数量） |
| $TL_n$ | 零件型号 n 的生产线节拍（时间/数量） |
| $TL_{All}$ | 所有零件型号的综合线节拍时间（时间/零件数量或时间/作业数量） |
| TP | 单位时间产出（数量/时间） |
| $TP_n$ | 零件型号 n 的单位时间产出（数量/时间） |
| $TP_{All}$ | 所有零件型号的单位时间产出（零件数量/时间或作业数量/时间） |
| TT | 客户节拍（时间/零件数量或时间/作业数量） |
| $TT_n$ | 零件型号 n 的客户节拍（时间/数量） |
| $TT_{All}$ | 所有零件型号的综合客户节拍（时间/零件数量或时间/作业数量） |
| TW | 系统的生产时间段（时间） |
| TWT | 所有运输和等待时间之和（时间） |
| $TWT_n$ | 零件型号 n 的所有运输和等待时间之和（时间） |
| WB | 在（看板、CONWIP 等）收集盒等待时间（时间） |
| WI | 在库存中的等待时间（时间） |
| WL | 工作负荷（工作负荷） |
| $WL_{Max}$ | 工作负荷上限（工作负荷） |
| WP | 生产队列等待时间（时间） |
| $WP_n$ | 零件型号 n 的生产队列等待时间（时间） |
| WQ | 排序等待时间（时间） |
| $WQ_n$ | 零件型号 n 的排序等待时间（时间） |
| WS | 运输队列等待时间（时间） |
| WT | 装车等待时间（时间） |
| α | 安全系数（%） |

# 附录 B 价值流图符号

价值流图（VSM）是以标准化的方式来描述物料流和信息流的一种常用方式。在本书中，我经常使用示意图来解释拉动系统，有时会用到价值流符号。有时很容易猜到符号代表的意思，尽管如此，我还是想花些时间带大家回顾一下本书中使用的价值流符号。我相信大多数读者对价值流图有基本的

# 拉动生产

了解，如果想深入了解，可以参考我的博文[100],[101],[102],[103],[104] 或主要来源文献105，图 202 所示为常用的价值流符号。

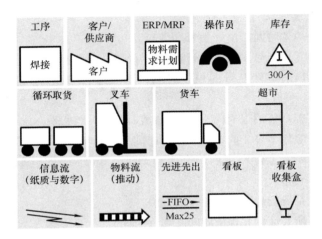

图 202：常用的价值流符号

最常用到的是**工序**图标，一个简单的方框，方框里经常会添加一些额外的数据。如添加"工厂"的图标用来代表**客户**或**供应商**。计算机图标代表 **ERP**

100 Christoph Roser，*When to Do Value Stream Maps（and When Not！）*，in *Collected Blog Posts of AllAboutLean. Com 2015*，Collected Blog Posts of AllAboutLean. Com 3 Offenbach，Germany：AllAboutLean Publishing，2020，212-19，ISBN 978-3-96382-013-7.

101 Christoph Roser，*Overview of Value Stream Mapping Symbols*，in *Collected Blog Posts of AllAbout-Lean. Com 2015*，Collected Blog Posts of AllAboutLean. Com 3 Offenbach，Germany：AllAbout-Lean Publishing，2020，220-28，ISBN 978-3-96382-013-7.

102 Christoph Roser，*Basics of Value Stream Maps*，in *Collected Blog Posts of AllAboutLean. Com 2015*，Collected Blog Posts of AllAboutLean. Com 3 Offenbach，Germany：AllAboutLean Publishing，2020，229-36，ISBN 978-3-96382-013-7.

103 Christoph Roser，*Practical Tips for Value Stream Mapping*，in *Collected Blog Posts of AllAboutLean. Com 2015*，Collected Blog Posts of AllAboutLean. Com 3 Offenbach，Germany：AllAboutLean Publishing，2020，237-44，ISBN 978-3-96382-013-7.

104 Christoph Roser，*Value Stream Mapping-Why to Start at the Customer Side*，in *Collected Blog Posts of AllAboutLean. Com 2013*，Collected Blog Posts of AllAboutLean. Com 1 Offenbach，Germany：AllAboutLean Publishing，2020，92-97，ISBN 978-3-96382-007-6.

105 Mike Rother and John Shook，*Learning to See：Value-Stream Mapping to Create Value and Eliminate Muda：Value Stream Mapping to Add Value and Eliminate Muda* Lean Enterprise Institute，1999，ISBN 0-9667843-0-8.

系统。**操作员**图标是人操作工位时的俯视图。利用三角形图标代表通用的**库存**，这需要与 FIFO 或超市库存（即不是由拉动管理的库存）有所区分。库存还可以标注出在创建价值流图时统计到的实际零件数量。表示运输的不同小图标，包括**循环取货**、**叉车**和**货车**。**超市**被象征性地表示为一个有三条通道的开放式盒子。一个简单的单向箭头用于表示**信息流**，如果见到"Z"字形的箭头，特指数字信息流。较粗的条纹箭头代表**推动式物料流**。**先进先出**（FIFO）的图标比较容易识别，通常需要标注 FIFO 最大量。**看板**用一个缺角的长方形表示。**看板收集盒**（有时也称看板信箱）采用的是一个像小支架一样的图标。

　　通过这些简单符号的组合，可以描述很庞大的价值流图，如图 203 所示。乍一看，价值流图给人的感觉是一个死板的标准。其实现存的符号比这里列出的要多，不存在公认的价值流图符号大全，业内对价值流符号的使用也没有统一的标准。创建价值流图的**目标是能够清晰地描述物料流和信息流，并通过它持续不断地改进你的系统**。所以，可以根据实际需求自由调整和发明你想要的符号，但须保持简洁。

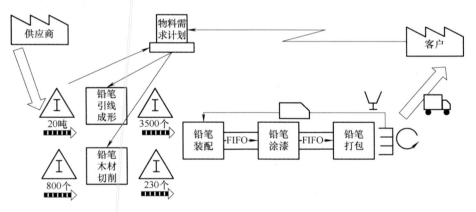

图 203：价值流图示例

# 附录 C　COBACABANA

　　科巴卡巴纳（Copacabana）是里约热内卢的一个非常漂亮的海滩。拼写略有差异，COBACABANA 是一种拉动生产控制方法，是"基于卡片导航控制平衡"（Control of balance by card-based navigation，COBA）的意思。

COBACABANA 是由 Martin Land 研发的，经 Matthias Thürer [106,107,108,109] 改进。设计这个方法的初衷是为了改善异序作业的管理，防止工序出现工作负荷不均衡的情况。实施该系统是一项极具挑战的工作，很多人尝试过，但少有成功。这个方法需要用到很多纸质卡片，已经可以想象到它的复杂性。在我的印象中，现实场景中没有使用 COBACABANA 的真实案例。因此，我没有把这个方法放在本书的主体部分，而是放在附录中，更多的是出于学术兴趣。如果想尝试这个方法，请提前做好风险管理。

## C.1　基本原理

COBACABANA 将客户订单交付流程切分为两个过程，如图 204 所示。第一步是**订单确认**。订单确认的任务是跟踪已经分配过工作负荷的待完成作业队列。每接收一张新订单时，系统首先统计该订单需要占用每个工序多少产能，以及系统中已经分配给待完成订单队列多少工作负荷。通过这个过程，系统可以计算出新订单的到期日，这个到期日应加有安全系数。

新订单工作负荷评估完成后，包含工作负荷信息的**订单确认卡**会被附到订单上，每一道生产工序都有独自的订单确认卡。之后，新订单就可以进入待完成订单队列排队等待，队列中的订单进入订单释放系统，对应订单的订单确认卡会被释放。

系统中的第二步是**订单释放**。订单释放过程也需要跟踪系统中每道工序的工作负荷。这个过程限制了工作负荷，只有在生产系统中的每道工序有足够可用产能的情况下，待完成订单队列中的作业才会被释放到生产队列。被释放到生产队列的作业都会附有**订单释放卡**，订单释放卡也包含工作负荷信息。作业完成后，对应的订单释放卡被返回。

---

106　Martin Land, *Cobacabana*（*Control of Balance by Card-Based Navigation*）：*A Card-Based System for Job Shop Control*, *International Journal of Production Economics* 117 2009：97-103.

107　Matthias Thürer, Mark Stevenson, and Charles W. Protzman, *COBACABANA*（*Control of Balance by Card Based Navigation*）：*An Alternative to Kanban in the Pure Flow Shop?*, *International Journal of Production Economics* 166 August 1, 2015：143-51.

108　Matthias Thürer, *Card-Based Control Systems for a Lean Work Design*：*The Fundamentals of Kanban, ConWIP, POLCA, and COBACABANA* Productivity Press, 2017, ISBN 978-1-138-43790-6.

109　Matthias Thürer, Nuno O. Fernandes, and Mark Stevenson, *Material Flow Control in High-Variety Make-to-Order Shops*：*Combining COBACABANA and POLCA*, *Production and Operations Management* 29, no. 9 2020：2138-52.

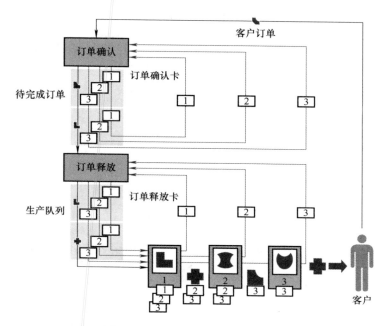

图 204：COBACABANA 中的信息流

推动系统会简单地将这些订单释放到生产系统，拉动系统则需要控制和限制车间的工作负荷。COBACABANA 属于拉动系统，生产系统中的工作总负荷通过订单释放卡来控制。从理论上讲，待完成订单队列是由订单确认卡来管理的，如图 204 所示的那样，所以 COBACABANA 比 CONWIP 或 POLCA 更复杂。

## C. 2　类型

自从 2009 年 Land 最初提出这个方法以来，已经进行了一些大的调整，但方法的命名没有改变。为了区分，可以将这些改进过的系统称为 COBACABANA 2.0（甚至 3.0）。

通常，COBACABANA 使用标准尺寸的卡片，每张卡片表示的工作负荷相同。例如，每张订单释放卡代表 2h 的工作量，如果新订单需要 6h，就附上 3 张卡片。为了避免卡片数量急剧增加，Thürer 还建议**每个订单的每个工站只使用一张定制的卡片，其大小（如长度）代表该工站所需的工作负荷**。这大大减少了卡片的数量，但需要为每个订单定制不同尺寸的卡片。

更新后，他们已经发现定制切割卡片很麻烦，现在改为推荐使用**不同尺寸**

**标准的卡片**，如定义三种尺寸（小、中、大），这在准确性方面已经够用了。遇到需要不同工作负荷的订单，只需在每道工序中挑选尺寸与订单工作负荷大致匹配的卡片即可，如图 205 所示。

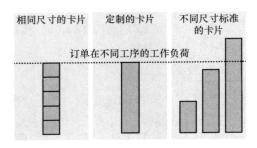

图 205：在 COBACABANA 中使用相同尺寸的卡片（原始方法）、
定制的卡片和不同尺寸标准的卡片来代表工作负荷

在 COBACABANA 的另一个改进版本中，为待完成订单队列中的每张未完成订单都附有一张**集合卡**（pool card）。前面提到的订单确认卡会发给销售人员，销售人员通过收到的订单确认卡的堆叠高度，可以预估作业到期日。集合卡则代替原来的订单确认卡，被附在待完成订单上。

在车间中也是类似的情况，除了订单释放卡，还多了一张**运转卡**（operation card）。订单释放卡被切割成标准尺寸，留在生产计划员手中，订单释放卡的堆叠高度代表了工作负荷，只有当堆叠卡片未达到堆叠高度上限时，计划员才允许从待完成订单队列中释放作业进入生产队列。运转卡会跟着作业一起前往各道工序。作业完成后，运转卡回到计划员处，计划员相应地也会将堆叠中的订单释放卡返回。

文献描述了在假设车间的提前期相对稳定的情况下，利用这些已确认的待完成订单的卡片来**估计新订单的到期日**，但这只是一个理论上的想法，还未在实践中得到检验。由于异序作业高度混乱的本质，我有点怀疑这种方法的真实效果。

他们还尝试改变订单确认过程和订单释放过程。在下一小节即将解释的原始版本中，订单确认过程和订单释放过程中的卡片代表可用产能，空位代表已用产能，如图 206 和图 207 所示。在 2014 年，他们把这个反了过来，**卡片代表已用产能**，空位代表可用产能。对于这种方法，每张卡片需要使用两次，一次用于订单确认过程和订单释放过程，还有一张复制的卡片随作业进入车间，这使卡片数量又翻了一倍。

## C.3 要素

COBACABANA 的两个主要要素是用于订单确认过程的订单确认堆栈和用于订单释放过程的订单释放堆栈。当然还需要其他的要素来处理纸质卡片，这些要素在原始文献中没有详细说明。我猜想，这些很可能与看板和 CONWIP 的要素相似。

### C.3.1 订单确认过程

一个客户订购了一件产品，这个产品需要在系统内的不同工序中进行加工，这个订单所需的时间是按每道工序估算的。假设该产品订单需要 6h 的铣削、8h 的热处理、4h 的磨削。这个订单首先需要进入**待完成订单队列**，然后才会被释放到**生产队列**。

为了能对工作负荷进行整体控制，每个工序都有一组代表特定工作负荷的**订单确认卡**。可用的卡片代表有可用的产能，而附在订单上的卡片则是被占用的产能，如图 206 所示。在这个例子中，每张卡代表 2h 的工作负荷。在待完成订单队列中已经有 10h 的铣削工作负荷，因此代表 10h 工作负荷的 5 张铣削卡已经被移除。同样，待完成订单中已经包括 18h 的热处理和 8h 的磨削，因此 9 张热处理卡和 4 张磨削卡已经被移除。为了便于可视化，图 206 中的每道工序都有自己的颜色。

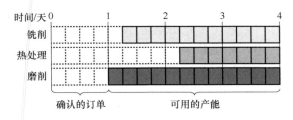

图 206：COBACABANA 订单确认堆栈

新订单对工艺的需求是，6h 的铣削、8h 的热处理和 4h 的磨削。因此，我们从铣削堆栈中移除 3 张卡（6h），从热处理中移除 4 张卡（8h），从磨削中移除 2 张卡（4h）。如图 207 所示，9 张卡被附在新订单上，然后新订单被移入待完成订单队列。

卡片移除后的订单确认卡堆栈看起来更像图 208，管理堆栈的人员可以很容易地看到，有多少订单已经承诺给客户，但此时还在排队等待进入生产队列。

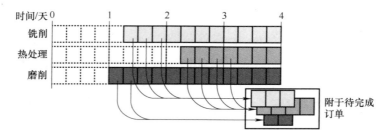

图 207：COBACABANA 在确认新订单时，从订单确认堆栈中取出对应数量的卡片

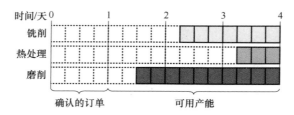

图 208：确认完新订单后的堆栈

## C.3.2 订单释放过程

类似的方法被用于订单释放过程。拉动系统的核心是限制系统中的作业。大多数拉动系统只是限制订单的数量，但 COBACABANA 实际上是限制工作负荷。只有当生产系统有足够的产能来处理新订单时，待完成订单队列中才会有作业被释放到生产队列。这个过程与上面的过程类似，该过程中的卡片被称为**订单释放卡**。卡片总数代表了你允许在同一时间投入系统的最大工作负荷。

如图 209 所示，每张卡片代表一定的工作负荷。我们假设每张卡片也相当于 2h 的工作负荷（原作者建议每张卡片的工作负荷可以定义为系统所能容纳负荷的 1%，也就是说每道工序都有 100 张卡片）。

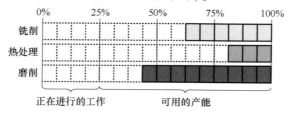

图 209：COBACABANA 订单释放堆栈

当把一个待完成订单释放到车间时，订单确认卡会回到订单确认站。订单释放卡从释放堆摆中移除，附在进入生产队列的订单上。系统必须有足够的订单释放卡才允许释放新订单。订单根据到期日进行释放，最紧急的订单应该排在生产队列的最前面。

如图 210 所示，可用的热处理卡已经很少了，无法将订单释放到车间。释放完新订单后的堆栈如图 211 所示。订单释放堆栈有助于了解当前每道工序的工作负荷情况。一旦订单完成，订单释放卡就会回到订单释放堆栈中，供下一个订单使用。

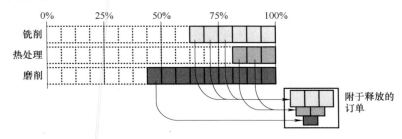

图 210：COBACABANA 在释放一个新订单时，从释放堆栈中移除订单释放卡

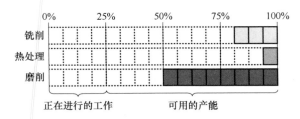

图 211：释放完新订单后的堆栈

## C.4 计算方法

原始文献中没有关于计算订单释放卡数量的细节。与 CONWIP 类似，订单释放卡的目标是在不堵塞系统和增加提前期的情况下保持系统的合理利用率。这很难计算，最好只做简单估计。

**订单确认卡的数量不是一个限制**，而只是用于估计交付时间。因此，不需要计算订单确认卡数量，只要数量足够，不够则继续添加。

## C.5 优势

COBACABANA 的主要优势在于它全部基于卡片。因此，系统非常直观，易于跟踪。与基于计算机的系统相比，也更容易调整和改进，因为计算机系统总是需要程序员，程序员又不了解生产。

我个人也喜欢纯粹的纸质系统，不需要复杂的 ERP。在这方面，COBA-CABANA 是相当纯粹的基于纸质卡片的方法，用于管理异序作业的工作负荷。关于这个主题的文章似乎源源不断，大部分由 Thürer 发表，也许在未来会有更多的更新和优化，使系统更容易使用。

# C.6 劣势

到目前为止，这种方法**更偏于理论**，虽然方法的发明人之一 Thürer 教授有一个备受尊敬的大师头衔，而且也有很多车间的实践经验，但我目前还没有看到过有车间使用这种方法。

**卡片的数量（或定制卡片的剪切）和方法的复杂性**可能是主要问题，尽管在我看来，异序作业的控制根本就没有简单的解决方案。COBACABANA 使用的卡片比其他拉动系统要多得多，这使得实际应用更加困难。

# C.7 常见问题

## C.7.1 可以用数字化的方式来实现吗

从理论上讲，以数字方式实现 COBACABANA 应该是可行的。作者研发 COBACABANA 的明确目标是制作一个基于纯卡片的系统，但到目前为止，这也只是一个理论，还没有在现实中运用。因此，COBACABANA 应该能够以数字方式来实现，但由于没有现成的 COBACABANA 软件，研发工作量巨大。

## C.7.2 可以用它来估算交货时间吗

据作者介绍，COBACABANA 可用于交付时间的估计。[110] 根据订单确认卡和订单释放卡的数量，可以估计提前期，从而估计出交货时间。问题是，这些卡片分别存在于系统中的每一个过程中，需要整合数据才能得到交货时间。总之，正如整个 COBACABANA 方法一样，这种交货时间的估计是一种理论上的假设，还没有在实践中得到验证。

---

110　Matthias Thürer, *Card-Based Control Systems for a Lean Work Design*：*The Fundamentals of Kanban*，*ConWIP*，*POLCA*，*and COBACABANA* Productivity Press，2017，ISBN 978-1-138-43790-6.

# 附录 D　推荐阅读

有很多关于精益、拉动、看板等相关主题的图书，以下是我认为比较值得推荐的书单。如果你喜欢我的写作风格，推荐看我的博客 AllAboutLean. com，网址是 https://www.allaboutlean.com/。尽管你可能已经猜到，本书的很多引用来自我自己的博客文章。

Baudin, Michel. *Working with Machines: The Nuts and Bolts of Lean Operations with Jidoka.* 1st ed. New York: Productivity Press, 2007. ISBN 978-1-56327-329-2. (Very hands-on and easy-to-read author. Two more of his books are below.)

Baudin, Michel. *Lean Assembly: The Nuts and Bolts of Making Assembly Operations Flow.* 1st ed. New York: Productivity Press, 2002. ISBN 978-1-56327-263-9.

Baudin, Michel. *Lean Logistics: The Nuts and Bolts of Delivering Materials and Goods.* New York, USA: Taylor & Francis Inc, 2005. ISBN 978-1-56327-296-7.

Dettmer, H. William. *Goldratt's Theory of Constraints: A Systems Approach to Continuous Improvement.* Milwaukee, Wisconsin, USA: McGraw-Hill Professional, 1998. ISBN 978-0-87389-370-1.

Lödding, Hermann. *Handbook of Manufacturing Control: Fundamentals, Description, Configuration.* Translated by Rett Rossi. New York, USA: Springer, 2011. ISBN 978-3-642-24457-5. (A bit academic, but very thorough. See below for updated German version.)

Lödding, Hermann. *Verfahren der Fertigungssteuerung: Grundlagen, Beschreibung, Konfiguration.* 3. Aufl. 2016. Berlin Heidelberg, Germany: Springer Vieweg, 2016. ISBN 978-3-662-48458-6. (Updated German version of the *Handbook of Manufacturing Control.*)

Suri, Rajan. *Quick Response Manufacturing: A Companywide Approach to Reducing Lead Times.* Portland, Oregon, USA: Taylor & Francis Inc, 1998. ISBN 978-1-56327-201-1. (First book on POLCA. For another, newer book by the same author see below.)

Suri, Rajan. *The Practitioner's Guide to POLCA: The Production Control System for High-Mix, Low-Volume and Custom Products.* Productivity Press, 2018. ISBN 978-1-138-21064-6. (THE book on POLCA)

Thürer, Matthias. *Card-Based Control Systems for a Lean Work Design: The Fundamentals of Kanban, ConWIP, POLCA, and COBACABANA.* Productivity Press, 2017. ISBN 978-1-138-43790-6. (Good overview of pull systems using paper cards rather than digital ERP systems, with a focus on COBACABANA)

# 参考文献

我在 AllAboutLean.com 上详细解释了很多精益技术和精益的基本原理。我经常参考自己的博客以了解更多相关细节，但这些超出本书范围。我还和我的学生一起通过自己的原创研究为知识体系做出贡献。

Baker, Marc, Ian Taylor, and Alan Mitchell. *Making Hospitals Work: How to Improve Patient Care While Saving Everyone's Time and Hospitals' Resources*. 1.1 Edition. Lean Enterprise Academy Limited, 2011. ISBN 978-0-9551473-2-6.

Balle, Freddy, and Michael Balle. *The Gold Mine: A Novel of Lean Turnaround*. Brookline, Massachusetts, USA: Lean Enterprises Inst Inc, 2005. ISBN 978-0-9743225-6-8.

Barfod, Charlotte, Marlene Mauson Pankoke Lauritzen, Jakob Klim Danker, György Sölétormos, Jakob Lundager Forberg, Peter Anthony Berlac, Freddy Lippert, Lars Hyldborg Lundstrøm, Kristian Antonsen, and Kai Henrik Wiborg Lange. *Abnormal Vital Signs Are Strong Predictors for Intensive Care Unit Admission and In-Hospital Mortality in Adults Triaged in the Emergency Department - a Prospective Cohort Study*. Scandinavian Journal of Trauma, Resuscitation and Emergency Medicine 20, no. 1, April 10, 2012: 28.

Breithaupt, Jan-Wilhelm, Martin Land, and Peter Nyhuis. *The Workload Control Concept: Theory and Practical Extensions of Load Oriented Order Release*. Production Planning & Control 13, no. 7, October 1, 2002: 625–38.

Chen, Hong, Murray Z. Frank, and Owen Q. Wu. *What Actually Happened to the Inventories of American Companies Between 1981 and 2000? Management Science*, July 1, 2005.

Cox, James F., and John G. Schleier. *Theory of Constraints Handbook.* McGraw-Hill Professional, 2010. ISBN 0-07-166554-4.

Dettmer, H. William. *Goldratt's Theory of Constraints: A Systems Approach to Continuous Improvement.* Milwaukee, Wisconsin, USA: McGraw-Hill Professional, 1998. ISBN 978-0-87389-370-1.

Duenyas, Izak. *A Simple Release Policy for Networks of Queues with Controllable Inputs. Operations Research* 42, no. 6, December 1, 1994: 1162–71.

Fredendall, Lawrence D., Divesh Ojha, and J. Wayne Patterson. *Concerning the Theory of Workload Control. European Journal of Operational Research* 201, no. 1, February 16, 2010: 99–111.

Germs, Remco, and Jan Riezebos. *Workload Balancing Capability of Pull Systems in MTO Production. International Journal of Production Research* 48, no. 8, April 15, 2010: 2345–60.

Goldratt, Eliyahu M., and Jeff Cox. *The Goal: A Process of Ongoing Improvement.* 2nd revised ed. North River Press, 1992. ISBN 0-88427-178-1.

Goldratt, Eliyahu M., and Robert E. Fox. *The Race.* Croton-on-Hudson, New York, USA: North River Press Inc., 1986. ISBN 978-0-88427-062-1.

Graban, Mark. *Lean Hospitals: Improving Quality, Patient Safety, and Employee Engagement, Second Edition.* 2nd edition. New York, USA: Productivity Press, 2011. ISBN 978-1-4398-7043-3.

Hopp, Wallace J., and Mark L. Spearman. *Factory Physics.* 3rd Edition. New York, NY: Waveland, 2011. ISBN 978-1-57766-739-1.

Hopp, Wallace J., and Mark L. Spearman. *To Pull or Not to Pull: What Is the Question? Manufacturing & Service Operations Management* 6, no. 2, April 1, 2004: 133–48.

Jäger, Yannic. *Einfluss von Priorisierung auf das Verhalten eines Produktionssystems.* Master Thesis, Karlsruhe University of Applied Sciences, 2017.

Jäger, Yannic, and Christoph Roser. *Effect of Prioritization on the Waiting Time*. In *Proceedings of the International Conference on the Advances in Production Management System*. Seoul, Korea, 2018.

Kenney, Charles, and Donald M. Berwick. *Transforming Health Care: Virginia Mason Medical Center's Pursuit of the Perfect Patient Experience*. 1st edition. Boca Raton, Florida, USA: CRC Press, 2010. ISBN 978-1-56327-375-9.

Land, Martin. *Cobacabana (Control of Balance by Card-Based Navigation): A Card-Based System for Job Shop Control*. International Journal of Production Economics 117, 2009: 97–103.

Lazarski, Adam. *Limitations of the Theory of Constraints and Goldratt Concept in Optimizing Project Portfolios*. ODiTK, 2010. https://www. akademiacontrollingu.pl/article/limitations-of-the-theory-of-constraints-and-goldratt-concept-in-optimizing-project- portfolios/.

Linhares, Alexandre. *Theory of Constraints and the Combinatorial Complexity of the Product-Mix Decision*. International Journal of Production Economics, Modelling and Control of Productive Systems: Concepts and Applications, 121, no. 1, September 1, 2009: 121–29.

Little, John D. C. *A Proof for the Queuing Formula: $L = \Lambda W$. Operations Research* 9, no. 3, June 1961: 383–87.

Nyhuis, Peter, and Hans-Peter Wiendahl. *Logistische Kennlinien: Grundlagen, Werkzeuge und Anwendungen*. 3. Aufl. 2012 Edition. Berlin Heidelberg Dordrecht London New York: Springer, 2012. ISBN 978-3-540-92838-6.

Oosterman, Bas, Martin Land, and Gerard Gaalman. *The Influence of Shop Characteristics on Workload Control*. International Journal of Production Economics 68, no. 1, October 30, 2000: 107–19.

Pound, Edward S., Jeffrey H. Bell, and Mark L. Spearman. *Factory Physics for Managers: How Leaders Improve Performance in a Post-Lean Six Sigma World*. New York: McGraw-Hill Education Ltd., 2014. ISBN 978-0-07-182250-3.

Qiu, Mabel, Lawrence Fredendall, and Zhiwei Zhu. *TOC or LP? Manufacturing Engineer* 81, no. 4, August 1, 2002: 190–95.

Richardson, Helen. *Control Your Costs–Then Cut Them. Transportation & Distribution* 36, no. 12, December 1995: 94.

Roser, Christoph. *An Introduction to Capacity Leveling*. In *Collected Blog Posts of AllAboutLean.Com 2014*, 281–86. Collected Blog Posts of AllAboutLean.Com 2. Offenbach, Germany: AllAboutLean Publishing, 2020. ISBN 978-3-96382-010-6.

Roser, Christoph. *Basics of Value Stream Maps*. In *Collected Blog Posts of AllAboutLean.Com 2015*, 229–36. Collected Blog Posts of AllAboutLean.Com 3. Offenbach, Germany: AllAboutLean Publishing, 2020. ISBN 978-3-96382-013-7.

Roser, Christoph. *Bottleneck Management Part 1 – Introduction and Utilization*. In *Collected Blog Posts of AllAboutLean.Com 2014*, 246–51. Collected Blog Posts of AllAboutLean.Com 2. Offenbach, Germany: AllAboutLean Publishing, 2020. ISBN 978-3-96382-010-6.

Roser, Christoph. *Calculating the Material for Your Milk Run*. In *Collected Blog Posts of AllAboutLean.Com 2018*, 268–72. Collected Blog Posts of AllAboutLean.Com 6. Offenbach, Germany: AllAboutLean Publishing, 2020. ISBN 978-3-96382-022-9.

Roser, Christoph. *Changeover Sequencing – Part 1*. In *Collected Blog Posts of AllAboutLean.Com 2017*, 149–54. Collected Blog Posts of AllAboutLean.Com 5. Offenbach, Germany: AllAboutLean Publishing, 2020. ISBN 978-3-96382-019-9.

Roser, Christoph. *Determining the Size of Your FiFo Lane – The FiFo Formula*. In *Collected Blog Posts of AllAboutLean.Com 2014*, 185–91. Collected Blog Posts of AllAboutLean.Com 2. Offenbach, Germany: AllAboutLean Publishing, 2020. ISBN 978-3-96382-010-6.

Roser, Christoph. *Effect of Prioritization on Waiting Times*. In *Collected Blog Posts of AllAboutLean.Com 2018*, 113–20. Collected Blog Posts of AllAboutLean.Com 6. Offenbach, Germany: AllAboutLean Publishing, 2020. ISBN 978-3-96382-022-9.

Roser, Christoph. *External Milk Runs*. In *Collected Blog Posts of AllAboutLean.Com* 2018, 286–93. Collected Blog Posts of AllAboutLean.Com 6. Offenbach, Germany: AllAboutLean Publishing, 2020. ISBN 978-3-96382-022-9.

Roser, Christoph. *"Faster, Better, Cheaper" in the History of Manufacturing: From the Stone Age to Lean Manufacturing and Beyond*. 1st ed. Productivity Press, 2016. ISBN 978-1-4987-5630-3.

Roser, Christoph. *How to Determine Your Lot Size – Part 1*. In *Collected Blog Posts of AllAboutLean.Com* 2017, 12–16. Collected Blog Posts of AllAboutLean.Com 5. Offenbach, Germany: AllAboutLean Publishing, 2020. ISBN 978-3-96382-019-9.

Roser, Christoph. *How to Prioritize Your Work Orders – Basics*. In *Collected Blog Posts of AllAboutLean.Com* 2016, 156–59. Collected Blog Posts of AllAboutLean.Com 4. Offenbach, Germany: AllAboutLean Publishing, 2020. ISBN 978-3-96382-016-8.

Roser, Christoph. *Introduction to One-Piece Flow Leveling – Part 1 Theory*. In *Collected Blog Posts of AllAboutLean.Com* 2015, 1–5. Collected Blog Posts of AllAboutLean.Com 3. Offenbach, Germany: AllAboutLean Publishing, 2020. ISBN 978-3-96382-013-7.

Roser, Christoph. *Mathematically Accurate Bottleneck Detection 1 – The Average Active Period Method*. In *Collected Blog Posts of AllAboutLean.Com* 2014, 133–36. Collected Blog Posts of AllAboutLean.Com 2. Offenbach, Germany: AllAboutLean Publishing, 2020. ISBN 978-3-96382-010-6.

Roser, Christoph. *Mixed Model Sequencing – Basic Example Introduction*. In *Collected Blog Posts of AllAboutLean.Com* 2019, 143–47. Collected Blog Posts of AllAboutLean.Com 7. Offenbach, Germany: AllAboutLean Publishing, 2020. ISBN 978-3-96382-025-0.

Roser, Christoph. *Mixed Model Sequencing – Complex Example Introduction*. In *Collected Blog Posts of AllAboutLean.Com* 2019, 159–64. Collected Blog Posts of AllAboutLean.Com 7. Offenbach, Germany: AllAboutLean Publishing, 2020. ISBN 978-3-96382-025-0.

Roser, Christoph. *Mixed Model Sequencing – Introduction.* In *Collected Blog Posts of AllAboutLean.Com 2019*, 128–32. Collected Blog Posts of AllAboutLean.Com 7. Offenbach, Germany: AllAboutLean Publishing, 2020. ISBN 978-3-96382-025-0.

Roser, Christoph. *Mixed Model Sequencing – Summary.* In *Collected Blog Posts of AllAboutLean.Com 2019*, 189–93. Collected Blog Posts of AllAboutLean.Com 7. Offenbach, Germany: AllAboutLean Publishing, 2020. ISBN 978-3-96382-025-0.

Roser, Christoph. *Overview of Value Stream Mapping Symbols.* In *Collected Blog Posts of AllAboutLean.Com 2015*, 220–28. Collected Blog Posts of AllAboutLean.Com 3. Offenbach, Germany: AllAboutLean Publishing, 2020. ISBN 978-3-96382-013-7.

Roser, Christoph. *Practical Tips for Value Stream Mapping.* In *Collected Blog Posts of AllAboutLean.Com 2015*, 237–44. Collected Blog Posts of AllAboutLean.Com 3. Offenbach, Germany: AllAboutLean Publishing, 2020. ISBN 978-3-96382-013-7.

Roser, Christoph. *Supermarket vs. FiFo – What Requires Less Inventory?* In *Collected Blog Posts of AllAboutLean.Com 2016*, 82–88. Collected Blog Posts of AllAboutLean.Com 4. Offenbach, Germany: AllAboutLean Publishing, 2020. ISBN 978-3-96382-016-8.

Roser, Christoph. *The Bottleneck Walk – Practical Bottleneck Detection Part 1.* In *Collected Blog Posts of AllAboutLean.Com 2014*, 142–48. Collected Blog Posts of AllAboutLean.Com 2. Offenbach, Germany: AllAboutLean Publishing, 2020. ISBN 978-3-96382-010-6.

Roser, Christoph. *The FiFo Calculator – Determining the Size of Your Buffers.* In *Collected Blog Posts of AllAboutLean.Com 2014*, 209–12. Collected Blog Posts of AllAboutLean.Com 2. Offenbach, Germany: AllAboutLean Publishing, 2020. ISBN 978-3-96382-010-6.

Roser, Christoph. *Theory of Every Part Every Interval (EPEI) Leveling & Heijunka.* In *Collected Blog Posts of AllAboutLean.Com 2014*, 287–92. Collected Blog Posts of AllAboutLean.Com 2. Offenbach, Germany: AllAboutLean Publishing, 2020. ISBN 978-3-96382-010-6.

Roser, Christoph. *Toyota's and Denso's Relentless Quest for Lot Size One*. In *Collected Blog Posts of AllAboutLean.Com 2016*, 250–55. Collected Blog Posts of AllAboutLean.Com 4. Offenbach, Germany: AllAboutLean Publishing, 2020. ISBN 978-3-96382-016-8.

Roser, Christoph. *Value Stream Mapping – Why to Start at the Customer Side*. In *Collected Blog Posts of AllAboutLean.Com 2013*, 92–97. Collected Blog Posts of AllAboutLean.Com 1. Offenbach, Germany: AllAboutLean Publishing, 2020. ISBN 978-3-96382-007-6.

Roser, Christoph. *When to Do Value Stream Maps (and When Not!)*. In *Collected Blog Posts of AllAboutLean.Com 2015*, 212–19. Collected Blog Posts of AllAboutLean.Com 3. Offenbach, Germany: AllAboutLean Publishing, 2020. ISBN 978-3-96382-013-7.

Roser, Christoph, Kai Lorentzen, David Lenze, Jochen Deuse, Ferdinand Klenner, Ralph Richter, Jacqueline Schmitt, and Peter Willats. *Bottleneck Prediction Using the Active Period Method in Combination with Buffer Inventories*. In *Proceedings of the International Conference on the Advances in Production Management System*. Hamburg, Germany, 2017.

Rother, Mike, and John Shook. *Learning to See: Value-Stream Mapping to Create Value and Eliminate Muda: Value Stream Mapping to Add Value and Eliminate Muda*. Lean Enterprise Institute, 1999. ISBN 0-9667843-0-8.

Sato, Masaaki. *The Toyota Leaders: An Executive Guide*. New York: Vertical, 2008. ISBN 1-934287-23-7.

Shimokawa, Koichi, Takahiro Fujimoto, Brian Miller, and John Shook. *The Birth of Lean*. Cambridge, Massachusetts: Lean Enterprise Institute, Inc., 2009. ISBN 1-934109-22-3.

Spearman, Mark L., David L. Woodruff, and Wallace J. Hopp. *CONWIP: A Pull Alternative to Kanban. International Journal of Production Research* 28, no. 5, May 1, 1990: 879–94.

Suri, Rajan. *Quick Response Manufacturing: A Companywide Approach to Reducing Lead Times*. Portland, Oregon, USA: Taylor & Francis Inc, 1998. ISBN 978-1-56327-201-1.

Suri, Rajan. *The Practitioner's Guide to POLCA: The Production Control System for High-Mix, Low-Volume and Custom Products.* Productivity Press, 2018. ISBN 978-1-138-21064-6.

Terlep, Sharon, and Annie Gasparro. *Why Are There Still Not Enough Paper Towels?* Wall Street Journal, August 21, 2020, sec. US. https://www.wsj.com/articles/why-arent-there-enough-paper-towels-11598020793.

The Economist. *Supple Supplies - Businesses Are Proving Quite Resilient to the Pandemic | Briefing.* The Economist, May 16, 2020. https://www.economist.com/briefing/2020/05/16/businesses-are-proving-quite-resilient-to-the-pandemic.

Thürer, Matthias. *Card-Based Control Systems for a Lean Work Design: The Fundamentals of Kanban, ConWIP, POLCA, and COBACABANA.* Productivity Press, 2017. ISBN 978-1-138-43790-6.

Thürer, Matthias, Nuno O. Fernandes, and Mark Stevenson. *Material Flow Control in High-Variety Make-to-Order Shops: Combining COBACABANA and POLCA.* Production and Operations Management 29, no. 9, 2020: 2138–52.

Thürer, Matthias, Nuno O. Fernandes, Mark Stevenson, and Ting Qu. *On the Backlog-Sequencing Decision for Extending the Applicability of ConWIP to High-Variety Contexts: An Assessment by Simulation.* International Journal of Production Research 55, no. 16, August 18, 2017: 4695–4711.

Thürer, Matthias, Nuno O. Fernandes, Nick Ziengs, and Mark Stevenson. *On the Meaning of ConWIP Cards: An Assessment by Simulation.* Journal of Industrial and Production Engineering 36, no. 1, January 2, 2019: 49–58.

Thürer, Matthias, Mark Stevenson, and Charles W. Protzman. *COBACABANA (Control of Balance by Card Based Navigation): An Alternative to Kanban in the Pure Flow Shop? International Journal of Production Economics 166, August 1, 2015: 143–51.

Trietsch, Dan. *From Management by Constraints (MBC) to Management by Criticalities (MBC II).* Human Systems Management 24, January 1, 2005: 105–15.

Trietsch, Dan. *Why a Critical Path by Any Other Name Would Smell Less Sweet? Towards a Holistic Approach to PERT/CPM. Project Management Journal* 36, 2005: 27–36.

Wiendahl, Hans-Peter. *Belastungsorientierte Fertigungssteuerung: Grundlagen-Verfahrensaufbau - Realisierung.* München: Hanser, Carl, 1987. ISBN 978-3-446-14592-4.

Wiendahl, Hans-Peter. *Die belastungsorientierte Fertigungssteuerung.* In *Fertigungssteuerung: Grundlagen und Systeme,* edited by Dietrich Adam, 207–43. Schriften zur Unternehmensführung. Wiesbaden: Gabler Verlag, 1992. ISBN 978-3-322-89141-9.

Wiesse, Denis. *Analyse des Umlaufbestandes von Verbrauchssteuerungen in Abhängigkeit von der Nutzung von Supermärkten und FiFo-Strecken.* Master Thesis, Karlsruhe University of Applied Sciences, 2015.

Wiesse, Denis, and Christoph Roser. *Supermarkets vs. FIFO Lanes – A Comparison of Work-in-Process Inventories and Delivery Performance.* In *Proceedings of the International Conference on the Advances in Production Management System.* Iguassu Falls, Brazil, 2016.

Womack, James P. *The Machine That Changed the World: Based on the Massachusetts Institute of Technology 5-Million-Dollar 5-Year Study on the Future of the Automobile.* New York: Rawson Associates, 1990. ISBN 0-89256-350-8.

# 图片来源

本书中的大部分图片和插图未注明来源的都是我自己的作品，以下是其他图片的许可和来源细节，其中一些是以知识共享许可协议提供的。我也认同这个许可，我的博客上的大部分图片也是以知识共享许可的方式授权的。我还在维基媒体上传了我选定的图片。知识共享许可协议要求提供来源和许可证的链接。下面列出了不同许可证的链接，以及图片和它们的来源。更多关于知识共享协议及其许可证的信息可在 https://creativecommons.org/ 获取。

许可证的链接：

- CC-BY 3.0：https://creativecommons.org/licenses/by/3.0/
- CC-BY-SA3.0：https://creativecommons.org/licenses/by-sa/3.0/

以下是部分或全部源于其他作者的图片列表，包括来源和许可证的详细信息。特别感谢那些免费向公众提供图片的贡献者！

- 封面图片——自行车球轴承，来源于 1911 年《大英百科全书》第 3 卷。属于公有领域，由罗瑟重新绘制为矢量图。
- 图 2 由未知作者创作，属于公有领域，链接如下：
  http://digitalcollections.sjlibrary.org/cdm/ref/collection/arbuckle/id/266
- 图 3 由 Clarence Saunders 设计，属于公有领域，链接如下：
  https://commons.wikimedia.org/wiki/File:Piggly_Wiggly_store,_1918.png
- 图 5 由 David Falconer 创作，属于公有领域，链接如下：
  https://commons.wikimedia.org/wiki/file:"no_gas"_signs_were_common_sight_in_oregon_during_the_fall_of_1973._this_station_on_the_coast_was_open_for_any..._-_nara_-_555415.jpg
- 图 32 由皮博地能源公司根据 CC-BY 3.0 许可授权，链接如下：

https://commons.wikimedia.org/wiki/File:Coal_Stockpiles_at_Kayenta_Mine.png

- 图 34 由 mulderphoto 提供，经 BigStock 许可。
- 图 61 由 Cschirp 根据 CC-BY 3.0 许可授权，链接如下：

  https://commons.wikimedia.org/wiki/File:Wheel_hub_assembly.jpg

- 图 62 由 Ypy31 提供，属于公有领域，链接如下：

  https://commons.wikimedia.org/wiki/File:2ZR-FE.jpg

- 图 92 经理人 Thomas Karol，属于公有领域，链接如下：

  https://www.ellsworth.af.mil/News/Photos/igphoto/2001807165/；操作员 style-photographs，经 BigStock 许可。

- 图 104 由 Siyuwj 根据 CC-BY-SA 3.0 许可授权，链接如下：

  https://commons.wikimedia.org/wiki/File:Geely_assembly_line_in_Beilun,_Ningbo.JPG

- 图 212 由 Schönwälder 设计，版权转让给罗瑟。

# 关于作者

图 212：克里斯托夫·罗瑟

　　克里斯托夫·罗瑟教授，博士学位，精益生产专家，德国卡尔斯鲁厄应用科技大学的生产管理系教授。早年在德国乌尔姆应用科技大学学习自动化工程，并在美国马萨诸塞大学获得机械工程博士学位，研究柔性设计方法。

　　毕业后，在日本名古屋的**丰田中央研究院**工作了五年，研究丰田生产系统，并研发瓶颈识别和缓冲分配方法。归国后，他加入了德国慕尼黑的**麦肯锡公司**，专门从事精益生产咨询，并在各工业领域推动了许多精益项目。在成为教授之前，他还在德国**罗伯特博世公司**工作过一段时间，先是作为精益专家进行研究和培训，然后利用他的专业知识在博世热力技术事业部担任生产物流总监。2013 年，他被任命为**卡尔斯鲁厄应用科技大学**的生产管理教授，继续从事精益生产的研究和教学。

在他的职业生涯中，罗瑟教授在近两百个不同的工厂开展过精益项目，包括汽车、机械制造、太阳能电池、芯片制造、燃气轮机、造纸、物流、电动工具、热力技术、包装、食品加工、白色家电、安防技术和金融等领域。

他是一位获奖作者，发表了五十多篇学术论文，并撰写了多部书籍。除了在精益生产方面的研究、教学、演讲和咨询，他对从古至今不同的生产组织方式非常感兴趣。更多关于他的经验和研究可以从 AllAboutLean.com 网站上获取。

# 译者简介

谢烜

师从 Holger Friebe 和 Christoph Roser 两位精益大师。现任职于博世德国 Homburg 工厂，从事生产运营、工业化等相关工作。曾在国内外多家博世工厂成功推动精益及工业 4.0 项目落地，主持精益智能产线及生产车间规划，带领大型组织完成精益及数字化转型，参与全球首批灯塔工厂建设等。负责 All-AboutLean.com 品牌在华运营。

华涛杰

利物浦大学供应链及运营管理硕士。曾供职于博世、蒂森克虏伯汽车等零部件企业，推崇精益理念与实践的结合，曾带领团队完成工厂首个均衡生产系统、拉动生产系统、MES 数字化瓶颈管理系统等试点项目，是全球首批工业 4.0 灯塔工厂核心成员。